Karl Marx' Oekonomische Lehren

Karl Kautsky

Karl Marx'

Oekonomische Lehren

Karl Marx.

Geb. 2. Mai 1818, gest. 14. März 1883.

Karl Marx'

Oekonomische Lehren

Gemeinverständlich dargestellt

von

Karl Kautsky

Sechste, unveränderte Auflage

— — —◆— — —

Stuttgart

Verlag von J. H. W. Dietz Nachf. (G. m. b. H.)

18..

o

Karl Marx'

Oekonomische Lehren

Gemeinverständlich dargestellt und erläutert

von

Karl Kautsky

Sechste, unveränderte Auflage

Stuttgart

Verlag von J. H. W. Dietz Nachf. (G.m.b.H.)

1898

G

Druck von J. H. W. Dietz Nachf. (G. m. b. H.) in Stuttgart.

Inhalt.

Vorwort zur ersten Auflage.

Wer wird nicht einen Klopstock loben?
Doch wird ihn jeder lesen? — Nein.
Wir wollen weniger erhoben,
Und fleißiger gelesen sein.

Auf keinen der modernen Schriftsteller dürften diese Zeilen Lessing's mit mehr Fug und Recht anzuwenden sein, als auf Marx. Schreiber Dieses ist durch seinen Beruf gezwungen, die neuere deutsche ökonomische Literatur zu verfolgen, und er hat gefunden, daß kein Name in ihr so häufig erwähnt wird, als der von Marx, dessen Lehren der Angelpunkt sind, um den sich die meisten ökonomischen Diskussionen der Neuzeit bewegen. Diese Thatsache erfüllt den Verfasser vorliegender Schrift jedoch keineswegs mit der Genugthuung, die man bei einem Angehörigen der Marx'schen „Schule" erwarten sollte, wenn man von einer solchen sprechen darf, denn er hatte leider nur zu oft Gelegenheit, zu konstatiren, daß Diejenigen, die über Marx schrieben, seine Werke entweder gar nicht oder nur sehr flüchtig gelesen hatten. Rechnet man dazu, daß die meisten der Literaten und Gelehrten, die sich mit Marx beschäftigten, dies nicht zum Zweck objektiver, wissenschaftlicher Erkenntniß, sondern zur Erörterung bestimmter Augenblicks-Interessen thaten, dann wird man nicht überrascht sein, zu sehen, daß im Allgemeinen die ungereimtesten Ansichten in Betreff der Marx'schen Lehren im Umlauf sind.

Es konnte nicht die Aufgabe von Marx sein, sich im Einzelnen mit der Widerlegung dieser irrthümlichen Auffassungen zu befassen. Seine einzelnen Lehren sind Theile eines festgefügten Systems und können nur verstanden werden in ihrem Zusammenhange; wer diesen nicht erkannt hat, wird bei der Auffassung der einzelnen Sätze stets an der Oberfläche haften bleiben. Irrthümliche Anschauungen konnten daher nicht mit einigen Worten beseitigt werden, sondern nur durch den Hinweis auf die Nothwendigkeit eines eingehenden Studiums der Marx'schen Schriften, oder durch eine umfassende Darlegung des Marx und Engels eigenthümlichen wissenschaftlichen Standpunkts. Eine solche besitzen wir in der That in der klassischen Polemik von Engels gegen Dühring, einem Buch, welches das Verständniß der Marx'schen Lehren mehr gefördert hat, als alle kurzen apodiktischen Aussprüche von Marx darüber, wie er in Bezug auf diesen oder jenen Punkt verstanden sein wolle, vermocht hätten.

In der deutschen Literatur fehlt jedoch noch eine Schrift, welche die ökonomischen Lehren von Marx kurz zusammenfaßt, allgemein verständlich darstellt und erläutert. Ansätze zu einer solchen Arbeit sind von verschiedenen Seiten gemacht worden, aber sie sind Fragmente geblieben.

Vorliegende Schrift macht den Versuch, die bestehende Lücke auszufüllen, oder wenigstens einen Beitrag zu ihrer Ausfüllung zu liefern.

Sie lehnt sich naturgemäß an das Hauptwerk von Marx, das „Kapital" an und folgt ihm in der Anordnung des Stoffes. Die anderen ökonomischen Schriften von Marx konnten nur hie und da herangezogen werden, zur Aufklärung schwieriger Stellen oder zu weiterer Ausführung des im „Kapital" Gegebenen.

Der Zweck der Darstellung geht in erster Linie dahin, solche, welche entweder nicht Zeit oder Mittel zum Studium des „Kapital" haben, mit dessen Gedankengang bekannt zu machen; der Verfasser hofft aber, daß seine Darstellung auch Manchen, die das „Kapital" besitzen, dessen Studium erleichtern, und daß sie endlich Viele veranlassen wird, das Originalwerk zu lesen, von dem sie sich entweder eine falsche Vorstellung gemacht, oder von dessen Studium sie die Schwierigkeiten des ersten Abschnittes abschreckten.

Nichts falscher, als die Ansicht von der trockenen und schwerverständlichen Schreibweise des „Kapital." Der Verfasser kennt kein ökonomisches Werk, welches sich an Klarheit und Lebendigkeit der Darstellung, an mitunter wahrhaft klassischer Schönheit des Stils mit dem „Kapital" messen könnte.

Und doch ist es so schwer verständlich!

An gewissen Stellen allerdings. Aber das ist nicht Schuld der Darstellung.

Man glaubt gewöhnlich, daß die Nationalökonomie ein Wissensgebiet sei, das Jeder mir nichts, dir nichts, ohne die geringsten Vorkenntnisse verstehen könne. Sie ist aber eine Wissenschaft, und zwar eine der schwierigsten, denn es giebt kaum ein anderes Gebilde, das so komplizirt ist, wie die Gesellschaft. Allerdings, zum Verständniß jener Sammlung von Gemeinplätzen, die Marx Vulgärökonomie nennt, ist nicht mehr Wissen nothwendig, als jeder Mensch bei den geschäftlichen Vorgängen des täglichen Lebens von selbst erwirbt. Das Verständniß des „Kapital" von Marx, welches in der Form einer Kritik der politischen Oekonomie ein neues historisches und ökonomisches System begründet, setzt dagegen nicht nur ein gewisses historisches Wissen, sondern auch die Erkenntniß der Thatsachen voraus, welche die Entwicklung der Großindustrie bietet.

Wer nicht die Thatsachen mindestens theilweise kennt, aus denen Marx seine ökonomischen Gesetze abgeleitet, dem wird der Sinn dieser Gesetze allerdings dunkel bleiben, der mag über Mystizismus und Hegelianismus klagen. Die klarste Darstellung wird ihm nichts nützen.

Dies ist unseres Erachtens eine gefährliche Klippe für jeden Versuch, das „Kapital" zu popularisiren. Marx hat so populär geschrieben, als nur möglich. Wo er schwerverständlich war, lag die Schuld nicht an der Sprache, sondern am Gegenstand und am Leser. Uebersetzte man diese so schwerverständlich klingende Sprache ohne weiteres in eine leichtverständlich klingende, so konnte dies nur auf Kosten der Genauigkeit geschehen; die Popularisirung mußte zur Verflachung werden.

Mit dieser Erkenntniß war für den Verfasser die Aufgabe gegeben. Sie lag nicht in einer bloßen Aenderung der Sprache. Marx hat, wie schon erwähnt, so populär und dabei so kurz und präzis geschrieben, daß ein Abweichen von seinen Worten oft sogar nur auf Kosten der Richtigkeit möglich gewesen wäre. Der Verfasser hat daher eine Reihe von Stellen aus den Marx-schen Schriften wörtlich wiedergegeben. Sie sind durch Anführungszeichen kenntlich gemacht und stammen, wenn nicht eine andere Stelle angegeben, aus dem „Kapital."

Die Aufgabe lag einestheils darin, den Leser auf die That-sachen aufmerksam zu machen, die den theoretischen Ausführungen zu Grunde liegen. Dies war namentlich nothwendig im ersten Abschnitt. Marx hat auf diese Thatsachen meist selbst hingewiesen, aber oft nur mit Andeutungen, die in der Regel übersehen wurden. An anderen Stellen mußte sich der Verfasser erlauben, auf die Thatsachen auf eigene Verantwortung aufmerksam zu machen. Dies gilt namentlich im ersten Paragraphen des ersten Kapitels. Es konnte sich in vorliegender Arbeit nur um Hinweise handeln. Eine ausführliche Darstellung der dem „Kapital" zu Grunde liegenden Thatsachen würde nicht nur den zugemessenen Raum, sondern auch die Kräfte des Verfassers weit übersteigen; eine solche hieße nichts geringeres, als eine Entwicklungsgeschichte der Menschheit von der Urzeit an verfassen. Das „Kapital" ist ein wesentlich historisches Werk.

In den Abschnitten, die von der modernen Industrie handeln, tritt dieser Charakter für Jedermann deutlich hervor. Sie enthalten nicht nur theoretische Ausführungen, sondern auch ausgedehnte historische Exkurse über Gegenstände, die bis dahin nur unvollständig oder gar nicht behandelt worden waren. In diesen Abschnitten sind die den theoretischen Ausführungen zu Grunde liegenden Thatsachen in solcher Fülle gegeben, daß deren Verständniß für jeden Denkenden ohne weitere Vorkenntnisse möglich war. Hier war die Aufgabe eine andere. Die Rücksichten auf den Raum erlaubten nur, das Wichtigste wiederzugeben. Es handelte sich nun darum, trotzdem den historischen Charakter der theoretischen Ausführungen zu wahren, die, wenn mit Weglassung der Mittelglieder gegeben, mitunter einen anderen Charakter erhielten und eine Behauptung als unbedingt erscheinen ließen, die nur unter gewissen historischen Voraussetzungen giltig ist.

Vorliegende Arbeit soll nicht nur eine Darstellung der Marx'schen Lehren, sondern auch ein Leitfaden zu dem Studium der Marx'schen Werke im Original sein. Der Verfasser hielt sich daher für berechtigt, Stellen, die bisher seines Erachtens zu wenig beachtet worden, oder bei denen leicht Mißverständnisse eintraten, eingehender zu behandeln, als ihrer Bedeutung für die theoretische Entwicklung entspricht; er glaubte dagegen bei anderen Stellen kürzer verweilen zu dürfen, wenn sie bereits allgemein bekannt und anerkannt sind und ein Mißverständniß nicht befürchtet zu werden braucht. Um den praktischen Werth des Büchleins zu erhöhen, wurde die Darstellung der thatsächlichen Verhältnisse z. B. bei der Fabrikgesetzgebung, mehrfach über den von Marx behandelten Zeitpunkt hinaus bis zur neuesten Zeit fortgeführt.

Die Marx eigenthümlichen Benennungen der einzelnen Kategorien sind beibehalten, Fremdworte jedoch so wenig als möglich gebraucht worden. Völlig ließen sie sich freilich nicht vermeiden. Das deutsche Volk hat seine Kultur und Wissenschaft nicht aus sich allein entwickelt, es hat viele Begriffe, ja ganze Wissenszweige und damit auch eine Reihe von Benennungen von anderen Nationen übernommen. So kommt es, daß wir eine Menge von Fremdworten gebrauchen, die entweder nur auf Kosten der Schärfe und Gedrungenheit des Ausdrucks oder gar nicht ersetzbar sind. Die Uebersetzung in Klammern dem Fremdwort beizufügen, ist eine Praxis, für die der Verfasser sich nicht erwärmen kann. Giebt es ein ganz entsprechendes deutsches Wort für das fremde, dann gebrauche man jenes von vorneherein. Giebt es ein solches nicht, dann kann auch die Uebersetzung nicht viel nützen. Es ist in solchen Fällen Aufgabe der Darstellung, das Fremdwort in einem solchen Zusammenhange zu bringen, daß es einem denkenden Leser nicht schwer fällt, seinen Sinn zu entnehmen. Nur wo seltenere Fremdworte im Text zum erstenmale gebraucht werden, hat der Verfasser die wirkliche Uebersetzung oder das nächstkommende deutsche Wort in Klammern beigefügt, um das Verständniß des fremden Wortes zu erleichtern, ohne daß er glaubt, mit dem deutschen Wort den Begriff des fremden völlig zu umfassen.

An Vorarbeiten konnte der Verfasser nur wenig benutzen. Hervorzuheben ist jedoch der französische Kapitalauszug von Deville*), der dem Verfasser sehr zu statten kam. An dieser Stelle fühlt er sich auch verpflichtet, seinen Dank abzustatten für die liebenswürdige Bereitwilligkeit, mit der Deville zu Gunsten der vorliegenden Arbeit auf die Herausgabe einer deutschen Uebersetzung seiner Schrift verzichtete.

Besondere Förderung erfuhr vorliegende Arbeit durch die freundschaftliche Theilnahme und Mitarbeiterschaft Eduard Bernstein's, der sich nicht auf Anregungen und Hinweise, sowie eine kritische Durchsicht des Manuskripts beschränkte, sondern verschiedene Kapitel selbständig bearbeitete. So rührt z. B. das große und wichtige Kapitel über die Großindustrie (im 2. Abschnitt) fast völlig von ihm her.

Diese Förderung und Unterstützung erkennt der Verfasser um so dankbarer an, je mehr er sich der Schwierigkeit seiner Aufgabe bewußt ist. Für die volksthümlichen Darstellungen großer origineller Geisteswerke gilt dasselbe, was Lessing den Prinzen Conti von der Malerei sagen läßt.

„Ha! Daß wir nicht unmittelbar mit den Augen malen können! Auf dem langen Wege aus dem Auge durch den Arm in den Pinsel, wie viel geht da verloren!"

---

*) Gabriel Deville, Le Capital par Carl Marx, résumé et accompagné d'un Aperçu sur le Socialisme scientifique. Paris, Henry Oriol, 324 S. Frs. 3.

Wenn zwei Maler genau den gleichen Gegenstand malen, so wird er auf jedem der beiden Bilder anders aussehen. Was der eine sieht, wird der andere übersehen; was dem einen bedeutsam erscheint, wird der andere nebensächlich behandeln: und was sie verschiedenartig gesehen, wird wieder verschiedenartig wiedergegeben. Das getreue Erfassen des Originals ist schwer; es getreu wiederzugeben, ist noch schwerer.

Was der Verfasser hier giebt, ist nicht eine Photographie des „Kapital," die das Original in verkleinertem Maßstab, Linie um Linie völlig getreu, aber farblos wiedergiebt, sondern ein Bild mit subjektivem Kolorit und subjektiver Zeichnung.

Ist auch, um Schwerfälligkeiten zu vermeiden, die Darstellung oft eine apodiktische, so bitten wir den Leser, doch stets im Auge zu behalten, daß es nicht Marx, sondern der Verfasser ist, der zu ihm spricht, der ihm über die ökonomischen Lehren von Marx berichtet. Man mag dies für eine bescheidene Aufgabe halten. Der Schreiber dieser Zeilen wird sich jedoch hochbefriedigt fühlen, wenn sie ihm gelungen, wenn er sein Scherflein beigetragen zur Verbreitung der Wahrheiten, die ein rastloser Forscher, ein gründlicher Gelehrter, ein großer Denker als Frucht der Arbeit seines ganzen Lebens zu Tage gefördert.

London, im Oktober 1886.

K. Kautsky.

Vorwort zur vierten Auflage.

Seit dem Erscheinen der ersten Auflage dieser Schrift haben sich einige der thatsächlichen Verhältnisse sehr geändert, auf die zur Illustrirung der theoretischen Ausführungen Bezug genommen wurde. Wir ergriffen daher gern die Gelegenheit, die uns vorliegende Neuauflage bot, Veraltetes auszuscheiden und die neueste Entwicklung zu berücksichtigen.

Auch stilistisch wurde die Schrift revibirt und verschiedene Stellen, die uns bei dieser Prüfung etwas schwer verständlich erschienen, wurden klarer gefaßt.

Außer diesen Aeußerlichkeiten haben wir nichts zu ändern gefunden. Das Buch ist im Wesentlichen dasselbe geblieben.

Sein Hauptzweck ging ursprünglich blos dahin, dem deutsch=sprechenden Theil des Proletariats das Studium der Marx=schen Lehren zu erleichtern. Wir haben jedoch mit Freuden gesehen, daß es auch ein Mittel geworden ist, nichtdeutschen Nationen, die aus dem einen oder andern Grunde einer Uebersetzung des Marx'schen „Kapital" noch nicht theilhaftig geworden sind, dessen Inhalt wenigstens einigermaßen zugänglich zu machen. Vorliegende Schrift ist übersetzt worden ins Schwedische, Tschechische und Polnische. Weitere Uebersetzungen werden vorbereitet.

Diese Uebersetzungen sind eines der vielen Symptome des Interesses, das gegenwärtig die Proletarier aller Länder den Marx'schen Lehren entgegenbringen, der Bedeutung, welche die Ideen des Stifters der „Internationale" für das internationale kämpfende Proletariat gewonnen haben.

Eine neue internationale Arbeiterassoziation ist im Erstehen, weit mächtiger und gewaltiger, als die frühere gewesen. Keine Organisation vereinigt sie. Das materielle Band, das sie zusammenhält, ist das gemeinsame Interesse der Proletarier in den verschiedenen Ländern der kapitalistischen Produktion; das geistige Band, das sie einigt, ist — das kann man wohl ohne Uebertreibung sagen — der Ideengehalt des „Kapital." Möge vorliegende Schrift auch ihren kleinen Theil beitragen zur Vereinigung der Proletarier aller Länder durch dieses geistige Band.

Stuttgart, im Oktober 1892.

K. Kautsky.

I. Abschnitt.

Waare, Geld, Kapital.

Erstes Kapitel.

Die Waare.

1. Der Charakter der Waarenproduktion.

Was Marx in seinem „Kapital" zu erforschen sich vornahm, war die kapitalistische Produktionsweise, welche die heute herrschende ist. Er beschäftigt sich in dem Werk nicht mit den Naturgesetzen, die dem Vorgang des Produzirens zu Grunde liegen; deren Erforschung ist eine der Aufgaben der Mechanik und Chemie, nicht der politischen Oekonomie. Er stellt sich andererseits nicht die Aufgabe, nur die Formen der Produktion zu erforschen, die allen Völkern gemein, da eine solche Untersuchung zum großen Theil nur Gemeinplätze zu Tage fördern kann, wie etwa den, daß der Mensch, um produziren zu können, stets Werkzeuge, Boden und Lebensmittel braucht. Marx untersuchte vielmehr die Bewegungsgesetze einer bestimmten Form des gesellschaftlichen Produzirens, die einer bestimmten Zeit (den letzten Jahrhunderten) und bestimmten Nationen eigenthümlich ist (den europäischen oder aus Europa stammenden; in letzter Zeit beginnt sich diese unsere Produktionsweise auch bei anderen Nationen einzubürgern, z. B. bei den Japanesen und Hindus). Diese, heute herrschende Produktionsweise, die kapitalistische, deren Eigenthümlichkeiten wir noch näher kennen lernen werden, ist von anderen Produktionsweisen streng geschieden, z. B. der feudalen, wie sie in Europa im Mittelalter herrschte, oder der urwüchsigen kom-

1*

munistischen, wie sie an der Schwelle der Entwicklung aller Völker steht.

Betrachten wir die heutige Gesellschaft, so finden wir, daß ihr Reichthum aus Waaren besteht. Eine Waare ist ein Arbeits= produkt, daß nicht für den eigenen Gebrauch, sei es des Pro= duzenten oder mit ihm verbundener Menschen, sondern zum Zweck des Austausches mit anderen Produkten erzeugt worden. Es sind also nicht natürliche, sondern gesellschaftliche Eigen= thümlichkeiten, welche ein Produkt zur Waare machen. Ein Bei= spiel wird das klar machen. Das Garn, das ein Mädchen in einer urwüchsigen Bauernfamilie aus Flachs spinnt, damit aus ihm Leinwand gewebt werde, welche in der Familie selbst ver= braucht wird, ist ein Gebrauchsgegenstand, aber keine Waare. Wenn aber ein Spinner Flachs verspinnt, um vom Nachbar Bauer Weizen gegen das Leinengarn einzutauschen, oder wenn gar ein Fabrikant tagaus tagein viele Zentner von Flachs ver= spinnen läßt, um das Produkt zu verkaufen, so ist dieses eine Waare. Es ist wohl auch Gebrauchsgegenstand, aber Gebrauchs= gegenstand, der eine besondere gesellschaftliche Rolle zu spielen hat, d. h. der ausgetauscht werden soll. Man sieht es dem Leinen= garn nicht an, ob es eine Waare ist oder nicht. Seine Natural= form kann ganz dieselbe sein, ob es in einer Bauernhütte zur Aussteuer der Spinnerin von dieser selbst gesponnen worden, oder in einer Fabrik von einem Fabrikmädchen, das vielleicht nie auch nur einen Faden davon selbst benutzen wird. Erst an der gesellschaftlichen Rolle, der gesellschaftlichen Funktion, in der das Leinengarn thätig ist, kann man erkennen, ob es Waare ist oder nicht.

In der kapitalistischen Gesellschaft nehmen nun in immer steigendem Maße die Arbeitsprodukte die Form von Waaren an; wenn heute noch nicht alle Arbeitsprodukte bei uns Waaren sind, so deswegen, weil noch Reste früherer Produktionsweisen in die

jetzige hineinragen. Sieht man von diesen ab, die ganz unbe=
deutend sind, so kann man sagen, daß heute alle Arbeits=
produkte die Form von Waaren annehmen. Wir können
die heutige Produktionsweise nicht verstehen, wenn wir uns über
den Charakter der Waare nicht klar geworden. Wir haben daher
mit einer Untersuchung der Waare zu beginnen.

Das Verständniß dieser Untersuchung wird jedoch unseres
Erachtens sehr gefördert, wenn wir vor Allem die charakteristischen
Eigenthümlichkeiten der Waarenproduktion im Gegensatz zu anderen
Arten der Produktion darlegen. Wir gelangen dadurch am leich=
testen zum Verständniß des Standpunktes, den Marx bei seiner
Untersuchung der Waare eingenommen.

Soweit wir in der Geschichte des Menschengeschlechts zurück=
sehen können, immer finden wir, daß die Menschen in kleineren
oder größeren Gesellschaften ihren Lebensunterhalt erworben haben,
daß die Produktion stets einen gesellschaftlichen Charakter
hatte. Marx hat diesen bereits in seinen Artikeln über „Lohn=
arbeit und Kapital" in der „Neuen Rheinischen Zeitung" (1849)*)
klar dargethan.

„In der Produktion beziehen sich die Menschen nicht allein
auf die Natur," heißt es da: „Sie produziren, indem sie auf
eine bestimmte Weise zusammenwirken und ihre Thätigkeiten gegen
einander austauschen. Um zu produziren, treten sie in bestimmte
Beziehungen und Verhältnisse zu einander, und nur innerhalb
dieser gesellschaftlichen Beziehungen und Verhältnisse findet ihre
Beziehung zur Natur, findet die Produktion statt.

„Je nach dem Charakter der Produktionsmittel werden
natürlich diese gesellschaftlichen Verhältnisse, worin die Produ=
zenten zu einander treten, die Bedingungen, unter welchen sie
ihre Thätigkeiten austauschen und an dem Gesammtakt der Pro=

---

*) Diese sind neuerdings auch in Broschürenform erschienen.

duktion theilnehmen, verschieden sein. Mit der Erfindung eines neuen Kriegsinstruments, des Feuergewehrs, änderte sich nothwendig die ganze innere Organisation der Armee, verwandelten sich die Verhältnisse, innerhalb deren Individuen eine Armee bilden und als Armee wirken können, änderte sich auch das Verhältniß verschiedener Armeen zu einander.

„Die gesellschaftlichen Verhältnisse, worin die Individuen produziren, die gesellschaftlichen Produktionsverhältnisse, ändern sich also, verwandeln sich mit der Veränderung und Entwicklung der Produktionsmittel, der Produktionskräfte. Die Produktionsverhältnisse in ihrer Gesammtheit bilden das, was man die gesellschaftlichen Verhältnisse, die Gesellschaft nennt, und zwar eine Gesellschaft auf bestimmter, geschichtlicher Entwicklungsstufe, eine Gesellschaft mit eigenthümlichem, unterscheidendem Charakter.“

Einige Beispiele mögen das Gesagte illustriren. Nehmen wir irgend ein urwüchsiges Volk, das auf einer niederen Stufe der Produktion steht, bei dem Jagd einen Hauptzweig der Erwerbung von Nahrungsmitteln bildet, wie die Indianer. Dodge berichtet in seinem Buch „Ueber die heutigen Indianer des fernen Westens“ folgendes über deren Art und Weise, zu jagen:

„Da Kopf und Herz nur gelegentlich zu Hilfe gerufen werden, die Anforderungen des Magens aber unaufhörlich sind, so steht der Stamm gewöhnlich unter der Herrschaft des „dritten Standes.“ Diese Macht besteht aus sämmtlichen Jägern des Stammes, welche eine Art Zunft oder Gilde bilden, von deren Entscheidungen in ihrem eigenen besonderen Bereich es keine Appellation giebt. Unter den Cheyennes heißen diese Männer „Hundesoldaten.“ Die jüngeren und rührigeren Häuptlinge gehören stets diesen „Hundesoldaten“ an, befehligen dieselben aber nicht nothgedrungen. Die „Soldaten“ selbst verfügen durch mündlichen Entschluß über allgemeine Angelegenheiten, deren Einzelheiten dann den unter ihnen ausgewählten berühmtesten und

scharfsinnigsten Jägern überlassen bleiben. Unter diesen „Hunde=
soldaten" befinden sich viele Jungen, welche die einweihende Probe
als Krieger noch nicht bestanden haben. Mit einem Wort, diese
Jägerzunft umfaßt die ganze Arbeitskraft der Bande und ist
diejenige Macht, welche die Weiber und Kinder beschützt und mit
Nahrung versieht.

„Jedes Jahr finden die großen Herbstjagden statt, um
möglichst viel Wild zu erlegen und einen bedeutenden Fleisch=
vorrath für den Winter einzuthun und zu dörren. Jetzt sind
die „Hundesoldaten" die Herren des Tages, und wehe dem Un=
glücklichen, der auch die unbedeutendsten ihrer willkürlichen oder
demokratischen Bestimmungen ungehorsam zu mißachten wagt!
Wenn alles fertig ist, so ziehen die besten Jäger Morgens lange
vor Tagesanbruch aus. Werden mehrere Büffelherden entdeckt,
so wird diejenige zum Schlachten ausersehen, deren Stellung so
ist, daß die einleitenden Vorkehrungen und Manöver zum Um=
zingeln derselben und das Geschrei und Schießen beim Anreiten
am wenigsten im Stande ist, die übrigen Herden zu beun=
ruhigen. . . . Während dieser ganzen Zeit hält der gesammte
männliche Theil der Bande, welcher bei der bevorstehenden Nieder=
metzlung der Büffel mitzuwirken im Stande ist, zu Pferde auf
einem Haufen in irgend einer benachbarten Schlucht, außerhalb
des Gesichtskreises der Büffel, schweigend und vor Aufregung
zitternd. Ist die Herde in einer für die Jagd günstigen Stellung,
so zählen die leitenden Jäger ihre Leute ab und schicken sie
unter zeitweiligen Anführern nach den vorbezeichneten Oertlich=
keiten. Wenn der leitende Jäger dann sieht, daß jeder Mann
an seiner richtigen Stelle und Alles bereit ist, so sucht er mit
einer Abtheilung Reiter die Herde zu umflügeln und die offene
Seite zu schließen, giebt dann das Zeichen und nun sprengt die
ganze Schaar mit einem gellenden Geschrei, das beinahe die
Todten auferwecken könnte, voran und dringt dicht auf das Wild

ein. Binnen wenigen Minuten ist das Gemetzel in vollem Gange; einige wenige mögen den Kordon durchbrochen haben und entkommen sein, diese werden aber nicht verfolgt, wenn andere Herden in der Nähe sind.

„Als noch Bogen und Pfeile allein gebraucht wurden, kannte jeder Krieger seine Pfeile und hatte keine Schwierigkeit, die von ihm getödteten Büffel positiv zu erkennen. Diese waren ganz sein individuelles Eigenthum, ausgenommen, daß er um einen gewissen Theil desselben besteuert wurde zum Besten der Wittwen oder der Familien, welche keinen Krieger als Versorger für sich hatten. Fanden sich Pfeile von verschiedenen Männern in demselben todten Büffel, so wurden die Eigenthumsansprüche je nach deren Lage entschieden. Wenn jeder Pfeil eine tödtliche Wunde verursachte, so wurde der Büffel getheilt, oder nicht selten auch irgend einer Wittwe zugeschieden. Der oberste Jäger entschied alle derartigen Fragen, allein gegen seine Entscheidung konnte noch eine Berufung an das allgemeine Urtheil der „Hundesoldaten“ eingelegt werden. Seit aber der allgemeine Gebrauch der Feuerwaffen die Identifizirung der todten Büffel unmöglich gemacht hat, sind die Indianer in ihren Ansichten kommunistischer geworden*), und die gesammte Masse von Fleisch und Häuten wird nach irgend einem Maßstab der gleichen verhältnißmäßigen Vertheilung nach ihrer eigenen Erfindung ausgetheilt.“ (S. 206—211.)

Wir sehen, bei diesem Jägervolke wird gesellschaftlich produzirt; es wirken verschiedene Arten von Arbeit zusammen, um ein Gesammtresultat zu erzielen.

Wir finden hier bereits Anfänge der Arbeitstheilung und

---

*) Richtiger hieße es wohl: sie sind in ihren Ansichten wieder kommunistisch geworden. Ursprünglich war die Haushaltung der Indianer eine kommunistische, also auch die Vertheilung des Ertrages der Jagd kommunistisch.

des planmäßigen Zusammenarbeitens (der Kooperation*). Je nach den verschiedenen Fähigkeiten verrichten die Jäger verschiedene Arbeiten, aber nach gemeinsamem Plane. Das Ergebniß des Zusammenwirkens der verschiedenen Arbeiten, „des Austausches der Thätigkeiten," wie Marx sich in „Lohnarbeit und Kapital" ausdrückt, die Jagdbeute, wird nicht ausgetauscht, sondern vertheilt.

Nur nebenbei sei darauf hingewiesen, wie die Aenderung in den Produktionsmitteln — Ersetzung von Bogen und Pfeil durch das Feuergewehr — eine Aenderung des Vertheilungsmodus zur Folge hat.

Betrachten wir nun eine andere, höhere Art einer gesellschaftlichen Produktionsweise, z. B. die auf dem Ackerbau beruhende indische Dorfgemeinde. Von dem urwüchsigen Kommunismus, der in derselben herrschte, finden sich in Indien nur noch einige kümmerliche Reste. Aber Nearch, der Admiral des makedonischen Alexander des Großen, berichtete noch, nach Strabo, XV, I, 66, von Gegenden Indiens, wo das Land Gemeineigenthum war, gemeinsam bebaut und nach der Ernte der Ertrag des Bodens unter die Dorfgenossen vertheilt wurde. Nach Elphinstone hat diese Gemeinschaft noch im Anfang unseres Jahrhunderts in einigen Theilen Indiens bestanden. Auf Java besteht der Dorfkommunismus in der Weise fort, daß das Ackerland von Zeit zu Zeit von Neuem unter die Dorfgenossen vertheilt wird, welche ihre Antheile nicht als Privateigenthum, sondern nur zur Nutznießung für eine bestimmte Periode erhalten.

---

*) „Die Form der Arbeit Vieler, die in demselben Produktionsprozeß oder in verschiedenen, aber zusammenhängenden Produktionsprozessen, planmäßig neben und mit einander arbeiten, heißt Kooperation" (S. 323). Zehn Seiten später sagt Marx in einer Anmerkung: „Linguet in seiner „Théorie des Lois civiles" hat vielleicht nicht unrecht, wenn er die Jagd für die erste Form der Kooperation erklärt."

In Vorderindien ist das Ackerland meist schon in das Privat=
eigenthum der einzelnen Dorfgenossen übergegangen, Wald, Weide
und unbebauter Boden sind jedoch vielfach noch Gemeineigenthum,
an dem alle Gemeindemitglieder das Nutzungsrecht haben.

Was uns an einer solchen Dorfgemeinde interessirt, die
noch nicht dem zersetzenden Einfluß der englischen Herrschaft,
namentlich der durch diese eingeführten Steuersysteme, zum Opfer
gefallen, ist der Charakter, den die Arbeitstheilung in der=
selben annimmt. Wir fanden bereits bei den Indianern eine
solche; eine viel höhere jedoch bietet die indische Dorfgemeinde.

Neben dem Gemeindevorstand, der Pateel heißt, wenn er
aus einer einzelnen Person besteht, Pantsch dagegen, wenn er
ein Kollegium von meist fünf Mitgliedern bildet, finden wir in
der indischen Wirthschaftskommune noch eine Reihe von Beamten:
den Karnam oder Matsabbi, den Rechnungsführer, der die finan=
ziellen Verhältnisse der Gemeinde zu ihren einzelnen Mitgliedern
und zu anderen Gemeinden und zum Staate zu überwachen und
zu leiten hat; den Tallier für die Erforschung von Verbrechen
und Uebertretungen, dem zugleich der Schutz der Reisenden und
deren sicheres Geleit über die Gemeindegrenze in die nächste
Gemeinde obliegt; den Toti, den Flurschütz und Landvermesser,
der darauf zu sehen hat, daß nicht benachbarte Gemeinden die
Grenzen der Flur verrücken, ein Umstand, der sich namentlich
beim Reisbau leicht ereignen kann; den Aufseher über die Wasser=
läufe, der sie im Stand zu halten und dafür zu sorgen hat,
daß sie gehörig geöffnet und geschlossen werden und jedes Feld
genügend Wasser erhalte, was insbesonders beim Reisbau von
großer Wichtigkeit; den Brahmanen zur Vollziehung der noth=
wendigen Gottesdienste; den Schullehrer, der die Kinder im
Lesen und Schreiben unterrichtet; den Kalender=Brahmanen oder
Astrologen, der die glücklichen oder unglücklichen Tage für Säen,
Ernten, Dreschen und andere wichtigen Arbeiten auszuforschen

hat; den Schmied, den Zimmermann und Rademacher; den Töpfer; den Wäscher; den Barbier; den Kuhhirten; den Arzt; die Devadaschi (das Tanzmädchen); mitunter sogar einen Sänger.

Alle diese haben für die ganze Gemeinde und deren Mitglieder zu arbeiten und werden dafür entweder durch Antheile an der Feldmark, oder durch Antheile an den Ernteerträgen entschädigt. Auch hier bei dieser hochentwickelten Arbeitstheilung sehen wir Zusammenwirken der Arbeiten, Vertheilung der Produkte.

Nehmen wir noch ein Beispiel, das Jedermann bekannt sein dürfte: das einer patriarchalischen Bauernfamilie, die ihren Bedarf selbst befriedigt; ein gesellschaftliches Gebilde, das sich aus einer Produktionsweise herausentwickelt hat, wie wir sie eben in der indischen Wirthschaftskommune geschildert haben, einer Produktionsweise, die sich im Anfang der Entwicklung aller näher bekannten Kulturvölker nachweisen läßt.

Eine solche Bauernfamilie zeigt uns ebenfalls keine isolirten Menschen, sondern ein gesellschaftliches Zusammenarbeiten und ein Zusammenwirken verschiedener Arbeiten, die nach Alter, Geschlecht und Jahreszeit wechseln. Da wird gepflügt, gemäht, das Vieh gewartet, gemolken, Holz gesammelt, gesponnen, gewebt, genäht, gestrickt, geschnitzt, gezimmert ꝛc. ꝛc. Die verschiedensten Arbeiten wirken da zusammen, beziehen sich aufeinander; die Produkte werden hier ebensowenig wie in den früheren Beispielen von den einzelnen Arbeitern ausgetauscht, sondern unter diese den Verhältnissen entsprechend vertheilt.

Nehmen wir nun an*), die Produktionsmittel einer Ackerbaugemeinde, wie wir sie geschildert, vervollkommneten sich so

---

*) Eine Reihe von Thatsachen beweist, daß die erste Entwicklung der Waarenproduktion thatsächlich in ähnlicher Weise vor sich gegangen, wie wir sie in den folgenden Zeilen schildern. Natürlich ist sie nicht so einfach erfolgt, wie hier angegeben, aber unsere Dar-

sehr, daß weniger Arbeit als bisher dem Ackerbau zu widmen
ist. Arbeitskräfte werden frei, die vielleicht, wenn die technischen
Hilfsmittel so weit entwickelt, dazu verwendet werden, ein auf
dem Gemeindegebiet gelegenes Lager von Feuerstein auszubeuten,
Feuersteinwerkzeuge und Waffen zu fabriziren. Die Produktivität
der Arbeit ist so groß, daß weit mehr Werkzeuge und Waffen
erzeugt werden, als die Gemeinde braucht.

Ein Stamm nomadischer Hirten kommt auf seinen Wander-
ungen in Berührung mit dieser Gemeinde. Die Produktivität
der Arbeit ist in diesem Stamm auch gestiegen, er ist dahin
gekommen, mehr Vieh zu züchten, als er bedarf. Es liegt nahe,
daß dieser Stamm gern seinen Ueberschuß an Vieh gegen überschüssige Werkzeuge und Waffen der Ackerbaugemeinde austauschen
wird. Das überschüssige Vieh und die überschüssigen Werkzeuge
werden durch diesen Austausch zu Waaren.

Der Waarenaustausch ist die natürliche Folge der Entwicklung
der Produktivkräfte über die engen Bedürfnisse der urwüchsigen
Gemeinwesen hinaus. Der ursprüngliche Kommunismus wird,
von einer gewissen Höhe der technischen Entwicklung an, zu einer
Schranke für deren Fortschreiten. Die Produktionsweise fordert
eine Erweiterung des Kreises der gesellschaftlichen Arbeit; da
aber die einzelnen Gemeinwesen einander fremd und unabhängig
gegenüber standen, war diese Erweiterung nicht möglich durch
Erweiterung der kommunistischen planmäßigen Arbeit, sondern
nur durch gegenseitigen Austausch der Ueberschüsse der Arbeit
der Gemeinwesen.

Wie der Waarenaustausch auf die Produktionsweise innerhalb der Gemeinwesen zurückwirkte, bis die Waarenproduktion die

---

stellung hat nicht den Zweck, die Geschichte der Waarenproduktion,
sondern nur ihre besonderen Eigenthümlichkeiten zu zeigen, die
am leichtesten erkannt werden durch Vergleichung mit anderen Produktionsweisen.

Produktion von einander unabhängiger Privatarbeiter wurde, denen die Produktionsmittel und die Produkte ihrer Arbeiten privateigenthümlich gehören, haben wir nicht zu untersuchen. Was wir zeigen wollen, ist Folgendes: Die Waarenproduktion ist eine gesellschaftliche Art der Produktion; sie ist außerhalb des gesellschaftlichen Zusammenhanges undenkbar, ja sie bedeutet eine Ausdehnung der gesellschaftlichen Produktion über die Grenzen der ihr vorhergehenden kommunistischen (im Stamm, der Gemeinde oder der patriarchalischen Familie) hinaus. Aber der gesellschaftliche Charakter tritt bei ihr nicht offen zu Tage.

Nehmen wir einen Töpfer und einen Ackerbauer, einmal als Mitglieder einer indischen kommunistischen Dorfgemeinde, das anderemal als zwei Waarenproduzenten. In dem ersteren Falle arbeiten beide in gleicher Weise für die Gemeinde; der eine liefert ihr seine Töpfe, der andere seine Feldfrucht ab; der eine erhält seinen Antheil an Feldfrüchten, der andere an Töpfen. Im zweiten Falle betreibt jeder unabhängig für sich seine Privatarbeit, aber Jeder arbeitet (vielleicht in demselben Maße, wie früher) nicht nur für sich, sondern auch für den Anderen. Hierauf tauschen sie ihre Produkte aus, und möglicherweise erhält der Eine eben so viel Feldfrüchte, der Andere eben so viel Töpfe, als er früher erhalten. Es scheint sich wesentlich nichts geändert zu haben, und doch sind beide Prozesse von einander grundverschieden.

In dem ersteren Falle sieht Jeder sofort, daß es die Gesell=schaft ist, welche die verschiedenen Arbeiten in Zusammenhang bringt, welche den Einen für den Anderen arbeiten läßt und Jedem seinen Antheil an dem Arbeitsprodukt des Anderen direkt zuweist. Im zweiten Falle arbeitet Jeder anscheinend für sich, und die Art und Weise, wie Jeder zu dem Produkt des Anderen gelangt, scheint nicht dem gesellschaftlichen Charakter ihrer Arbeit geschuldet, sondern den Eigenthümlichkeiten des Produkts selbst. Es scheint jetzt, daß nicht der Töpfer und der Feld=

arbeiter für einander arbeiten, daß also die Töpferarbeit und die Feldarbeit für die Gesellschaft nothwendige Arbeiten sind, sondern daß den Töpfen und den Feldfrüchten mystische Eigenschaften inne wohnen, die ihren Austausch in gewissen Verhältnissen bewirken. Die Verhältnisse der Personen unter einander, wie sie der gesellschaftliche Charakter der Arbeit bedingt, erhalten unter der Herrschaft der Waarenproduktion den Anschein von Verhältnissen von Dingen, nämlich von Produkten, unter einander. So lange die Produktion direkt vergesellschaftet war, unterlag sie der Bestimmung und Leitung der Gesellschaft und lagen die Verhältnisse der Produzenten zu einander klar zu Tage. Sobald aber die Arbeiten zu Privatarbeiten wurden, die unabhängig von einander betrieben wurden, sobald die Produktion damit eine planlose wurde, erschienen die Verhältnisse der Produzenten zu einander als Verhältnisse der Produkte. Fortan lag die Bestimmung der Verhältnisse der Produzenten zu einander nicht mehr bei diesen selbst; diese Verhältnisse entwickelten sich unabhängig vom Willen der Menschen, die gesellschaftlichen Mächte wuchsen ihnen über den Kopf, sie erschienen der naiven Anschauung vergangener Jahrhunderte als göttliche Mächte, sie erscheinen späteren „aufgeklärteren" Jahrhunderten als Mächte der Natur.

Den Naturalformen der Waaren werden jetzt Eigenschaften zugeschrieben, die mystisch erscheinen, so lange sie nicht aus den Verhältnissen der Produzenten zu einander erklärt werden. Wie der Fetischanbeter seinem Fetisch Eigenschaften andichtet, die nicht in seiner natürlichen Beschaffenheit begründet sind, so erscheint dem bürgerlichen Oekonomen die Waare als ein sinnliches Ding, das mit übersinnlichen Eigenschaften begabt. Marx nennt dies „den Fetischismus, der den Arbeitsprodukten anklebt, sobald sie als Waaren produzirt werden, und daher von der Waarenproduktion unzertrennlich ist."

Diesen Fetischcharakter der Waare — und, wie wir später sehen werden, auch des Kapitals — hat Marx zuerst erkannt. Der Fetischismus ist es, der die Erkenntniß der Eigenthümlichkeiten der Waare erschwert, ja unmöglich macht, so lange er nicht überwunden ist; es ist unmöglich, zum vollen Verständniß des Waarenwerthes zu gelangen, ohne sich des Fetischcharakters der Waare bewußt zu werden. Das Kapitel über „den Fetischcharakter der Waare und sein Geheimniß" erscheint uns daher als eines der wichtigsten des „Kapital," dem jeder Leser dieses Buches besondere Aufmerksamkeit schenken sollte. Und doch wird gerade dieses Kapitel von den Gegnern, ja vielfach selbst von Anhängern der Marx'schen Lehren fast gar nicht beachtet.

2. Der Werth.

Sind wir uns über den Fetischcharakter der Waare klar geworden, dann bietet ihre Untersuchung nur noch verhältnißmäßig geringe Schwierigkeiten.

Wie wir gesehen, hat die Waare den Zweck, ausgetauscht zu werden. Dies bedingt aber, daß sie ein menschliches Bedürfniß befriedigt, sei es nun ein wirkliches oder blos eingebildetes. Niemand wird ein anderes Produkt gegen sein Produkt eintauschen, wenn jenes für ihn nutzlos ist. Die Waare muß also ein nützliches Ding sein, sie muß Gebrauchswerth besitzen. Der Gebrauchswerth wird bestimmt durch die physischen Eigenschaften des Waarenkörpers. Gebrauchswerthe bilden den stofflichen Inhalt des Reichthums, welches immer seine gesellschaftliche Form sein mag. Der Gebrauchswerth ist also keine der Waare allein eigenthümliche Eigenschaft. Es giebt Gebrauchswerthe, die keine Waaren sind, z. B., wie wir oben gesehen, die Produkte eines kommunistischen Gemeinwesens; ja, es giebt Gebrauchswerthe, die nicht einmal Arbeitsprodukte sind, z. B. Früchte im

Urwald, Wasser im Fluß. Dagegen giebt es keine Waare, die nicht Gebrauchswerth besäße.

Sobald Gebrauchswerthe Waaren werden, d. h. sich gegenseitig austauschen, bemerken wir, daß dies stets in einem bestimmten Zahlenverhältniß geschieht. Das Verhältniß, in welchem sich eine Waare mit einer anderen austauscht, nennt man ihren Tauschwerth. Dies Verhältniß mag nach Zeit und Ort wechseln; für einen bestimmten Ort und eine bestimmte Zeit ist es jedoch eine bestimmte Größe. Wenn wir 20 Ellen Leinwand gegen 1 Rock austauschen, und gleichzeitig 20 Ellen Leinwand gegen 40 Pfund Kaffee, so können wir sicher sein, daß gleichzeitig 1 Rock sich gegen 40 Pfund Kaffee austauschen würde, wenn es zum Austausch käme. Der Tauschwerth des Rockes hat ein ganz anderes Gesicht, wenn ich ihn mit Leinwand, als wenn ich ihn mit Kaffee austausche. Aber wie verschieden der Tauschwerth einer Waare auch aussehen mag, es liegt ihm zu einer bestimmten Zeit und an einem bestimmten Ort stets der gleiche Gehalt zu Grunde. Zur Erläuterung dieser gesellschaftlichen Erscheinung diene eine ähnliche aus der Körperwelt. Wenn ich sage, ein Körper wiege 16 Kilogramm oder 32 Pfund oder ein russisches Pud, so weiß ich, daß allen diesen verschiedenen Ausdrücken ein bestimmter Gehalt zu Grunde liegt, eine bestimmte Schwere des Körpers. So liegt auch den verschiedenen Tauschwerthausdrücken einer Waare ein bestimmter Gehalt zu Grunde, und diesen nennen wir ihren Werth.

Damit sind wir bei der wichtigsten grundlegenden Kategorie der politischen Oekonomie angelangt, bei derjenigen, ohne die das Getriebe der herrschenden Produktionsweise nicht richtig verstanden werden kann.

Was bildet den Werth der Waaren? das ist die Frage, die zu beantworten.

Nehmen wir zwei Waaren, z. B. Weizen und Eisen. Welches auch immer ihr Austauschverhältniß, es ist stets darstellbar in

einer mathematischen Gleichung, z. B. 1 Hektoliter Weizen =
2 Zentner Eisen. Aber es ist ein bekannter Satz, den man schon
in der Volksschule lernt, daß mathematische Operationen nur mit
gleichartigen Größen ausgeführt werden können; ich kann z. B.
von 10 Aepfeln 2 Aepfel, nie aber 2 Nüsse abziehen. Es muß
demnach in den Waaren Weizen und Eisen etwas Gemeinsames
sein, welches ihre Vergleichung ermöglicht: das ist eben ihr Werth.
Ist dieses Gemeinsame nun eine natürliche Eigenschaft der Waaren?
Als Gebrauchswerthe werden sie nur ausgetauscht, weil sie verschiedene, nicht gemeinsame natürliche Eigenschaften haben.
Diese Eigenschaften bilden den Beweggrund des Austausches,
können aber nicht das Verhältniß bestimmen, in dem dieser
stattfindet.

Sieht man vom Gebrauchswerth der Waarenkörper ab,
dann bleibt ihnen nur noch eine Eigenschaft, die von Arbeitsprodukten.

Sieht man aber vom Gebrauchswerth der Produkte ab, dann
sieht man auch ab von den verschiedenen bestimmten Formen der
Arbeit, welche sie erzeugt hat; dann sind sie nicht mehr Produkte
von Tischlerarbeit oder Spinnarbeit 2c., sondern nur Produkte
menschlicher Arbeit überhaupt. Und als solche sind sie
Werthe.

Eine Waare hat also nur einen Werth, weil menschliche
Arbeit überhaupt in ihr vergegenständlicht ist. Wie nun die
Größe ihres Werthes messen? Durch die Menge des in ihr
enthaltenen Werthbildners, der Arbeit. Die Menge der Arbeit
hat wieder ihren Maßstab in der Zeit.

Es könnte scheinen, daß, wenn die zur Verfertigung einer
Waare verausgabte Zeit deren Werth bestimmt, je fauler und
ungeschickter ein Mann, desto werthvoller seine Waare. Es handelt
sich hier jedoch nicht um individuelle, sondern um gesellschaftliche Arbeit.

Erinnern wir uns, daß die Waarenproduktion ein System von Arbeiten darstellt, die, wenn auch unabhängig von einander, so doch in einem gesellschaftlichen Zusammenhang betrieben werden. „Die gesammte Arbeitskraft der Gesellschaft, die sich in den Werthen der Waarenwelt darstellt, gilt hier als eine und dieselbe menschliche Arbeitskraft, obgleich sie aus zahllosen individuellen Arbeitskräften besteht. Jede dieser individuellen Arbeitskräfte ist dieselbe menschliche Arbeitskraft, wie die andere, soweit sie den Charakter einer gesellschaftlichen Durchschnitts= arbeitskraft besitzt und als solche gesellschaftliche Durchschnitts= arbeitskraft wirkt, also in der Produktion einer Waare auch nur die im Durchschnitt nothwendige oder gesellschaftlich noth= wendige Arbeitszeit braucht. Gesellschaftlich nothwendige Arbeits= zeit ist Arbeitszeit, erheischt, um irgend einen Gebrauchswerth mit den vorhandenen gesellschaftlich=normalen Produktionsbeding= ungen und dem gesellschaftlichen Durchschnittsgrad von Geschick und Intensivität der Arbeit darzustellen.“ Wechselt die Produktiv= kraft der Arbeit, so wechselt auch die gesellschaftlich nothwendige Arbeitszeit, so wechselt der Werth.

Die Zeit, die nothwendig ist, ein bestimmtes Produkt herzu= stellen, muß natürlich für den Menschen immer, unter jeder Produktionsweise von Interesse sein; ebenso muß sie immer, auch bei kommunistischen Produktionsweisen von Einfluß sein auf das Maß des Verhältnisses, in dem die verschiedenen Arten von Arbeit zusammenwirken.

Nehmen wir wieder das Beispiel einer indischen kommunistischen Dorfgemeinde. Sie beschäftige zwei Schmiede zur Herstellung ihrer Ackerbaugeräthe. Eine Erfindung steigere die Produktivität der Arbeit so, daß nur noch ein Schmied nöthig, um in einer gegebenen Zeit die erforderlichen Feldgeräthe herzustellen. Jetzt wird man nicht mehr zwei Schmiede mit dieser Arbeit betrauen, sondern nur einen; den anderen vielleicht zur Anfertigung von Waffen oder Zierrathen verwenden. Die Produktivität der Feldarbeit dagegen bleibe die gleiche. Es muß ebensoviel Arbeitszeit, wie bisher, aufgewendet werden, um den Bedarf der Gemeinde an Feldfrüchten zu befriedigen, wie bisher.

Jedes Mitglied der Gemeinde wird unter diesen Umständen denselben Antheil an Feldfrüchten erhalten, wie bisher; aber ein Unterschied waltet jetzt ob: die Produktivität der Schmiedearbeit hat sich verdoppelt; für die Verfertigung der Ackerbaugeräthschaften entfällt jetzt nur noch e i n Antheil, nicht z w e i, an Feldfrüchten. Der Wechsel in der Beziehung der verschiedenen Arbeiten ist hier ein sehr einfacher, durchsichtiger. Er wird mystisch, sobald nicht Schmiedearbeit und Feldarbeit direkt zusammenwirken, sondern erst in ihren Produkten in Beziehung zu einander gebracht werden. Der Wechsel in der Produktivität der Schmiedearbeit erscheint dann als Wechsel im Austauschverhältniß des Produkts der Schmiedearbeit mit anderen Produkten, als Wechsel ihres Werthes.

Bereits Ricardo hatte erkannt, daß die Größe des Werthes einer Waare durch die auf ihre Herstellung verwendete Menge Arbeit bestimmt wird. Aber er durchschaute nicht den gesellschaftlichen Charakter der Arbeit, der in der Werthform der Waare versteckt ist, d. h. den Fetischismus der Waare. Ebensowenig schied er ausdrücklich und mit klarem Bewußtsein die Waarenwerth bildende Seite der Arbeit von ihrer Gebrauchswerth bildenden Seite. Den Fetischcharakter der Waare haben wir bereits dargelegt. Folgen wir jetzt Marx bei seiner Untersuchung des zwieschlächtigen Charakters der in den Waaren enthaltenen Arbeit.

Die Waare erschien uns als Gebrauchswerth und Werth. Ihr Stoff wird von der Natur geliefert. Ihr Werth wird durch Arbeit gebildet; aber ebenso ihr Gebrauchswerth. In welcher Weise bildet nun die Arbeit Werth, in welcher Gebrauchswerth?

Auf der einen Seite erscheint uns die Arbeit als produktive Ausgabe menschlicher Arbeitskraft überhaupt; auf der anderen

2*

Seite als bestimmte, menschliche Thätigkeit zur Erreichung eines besonderen Zweckes. Die erstere Seite der Arbeit bildet das Gemeinsame jeder produktiven Thätigkeit des Menschen. Die zweite Seite ist bei den verschiedenen produktiven Thätigkeiten verschieden. Nehmen wir Feldarbeit und Schmiedearbeit, so ist es beiden gemein, daß sie Verausgabungen menschlicher Arbeitskraft überhaupt sind. Aber jede von ihnen ist verschieden in ihrem Zweck, ihrer Operationsweise, ihrem Gegenstand, ihren Mitteln, ihrem Ergebniß.

Die bestimmte, zweckgemäße menschliche Thätigkeit bildet den Gebrauchswerth. Ihre Verschiedenheit bildet die Grundlage der Waarenproduktion. Waaren werden nur ausgetauscht, wenn sie verschieden sind; Niemand wird Weizen gegen Weizen oder Sensen gegen Sensen austauschen; wohl aber Weizen gegen Sensen. Gebrauchswerthe können sich als Waaren nur gegenübertreten, wenn qualitativ (den Eigenschaften nach) verschiedene nützliche Arbeiten in ihnen stecken.

Als Werthe sind jedoch die Waaren nicht qualitativ, sondern quantitativ (der Zahl nach) verschieden. Sie werden ausgetauscht, weil sie verschieden sind als Gebrauchswerthe; sie werden beim Tausch verglichen und in ein gewisses Verhältniß miteinander gesetzt, weil sie gleich sind als Werthe. Nicht die Arbeit als bestimmte, zweckgemäße Thätigkeit in ihrer qualitativen Verschiedenheit kann den Werth bilden, sondern nur die Arbeit in ihrem in allen Arbeitszweigen gleichen Charakter als Verausgabung menschlicher Arbeitskraft überhaupt. Als solche Verausgabungen von Arbeitskraft sind die verschiedenen Arbeiten, wie die Werthe, nicht qualitativ, sondern nur quantitativ verschieden. Das heißt, in Bezug auf die Werthbildung wird jede Arbeit als einfache Durchschnittsarbeit betrachtet, als Verausgabung einfacher Arbeitskraft, wie sie im Durchschnitt jeder Mensch in seinem Organismus besitzt. Komplizirte Arbeit gilt in dieser Beziehung nur als vervielfachte einfache Arbeit. Ein kleines Quantum komplizirter Arbeit wird einem größeren Quantum einfacher Arbeit gleichgesetzt. Entsprechend dem Charakter der Waarenproduktion ist der Vorgang ein gesellschaftlicher, aber gleichzeitig unbewußter, der die Verhältnisse der verschiedenen Arbeitsarten, jede auf einfache Arbeit zurückgeführt, zu einander feststellt. Es scheinen jedoch dem im Fetischismus der Waarenwelt Befangenen nicht gesellschaftliche, sondern natürliche Ursachen zu sein, welche die verschiedenen Arten der komplizirten Arbeit als vielfache der einfachen Arbeit erscheinen lassen. Eine Reihe kleinbürgerlicher Sozialisten, die den Werth „konstituiren," d. h. ein für allemal festsetzen wollten, um die Waarenproduktion von ihren „Schlacken zu reinigen" und zu verewigen, versuchten es, diese vermeintlich natürlichen Ursachen festzustellen und bei jeder Arbeit zu bestimmen, in welchem Maße sie Werth schaffe. (Vgl. Robbertus' Normalwerkarbeitstag.) In Wirklichkeit sind diese Ursachen gesellschaftliche, die sich ununterbrochen ändern.

Es giebt wenige Gebiete, auf denen so viele irrthümliche Ansichten zu Tage traten, wie auf dem des Werthes. Einige hat Marx selbst richtig gestellt.

Namentlich ein Irrthum wird von Anhängern wie Gegnern der Marx'schen Theorien sehr gerne begangen; die Verwechslung von Werth und Reichthum. Man legt Marx sehr häufig den Ausspruch in den Mund: „Die Arbeit ist die Quelle alles Reichthums." Wer den bisherigen Ausführungen gefolgt, wird leicht einsehen, daß dieser Ausspruch in geradem Widerspruch zu den Grundlagen der Marx'schen Anschauungen steht und die Befangenheit im Fetischismus der Waarenwelt voraussetzt. Der Werth ist eine historische Kategorie, nur für die Periode der Waarenproduktion geltend; er ist ein gesellschaftliches Verhältniß. Der Reichthum ist dagegen etwas Stoffliches, setzt sich zusammen aus Gebrauchswerthen. Reichthum wird in allen Produktionsweisen produzirt; es giebt einen Reichthum, der nur von der Natur geliefert ist, in dem gar keine Arbeit enthalten ist; es giebt keinen Reichthum, welcher durch die Wirksamkeit der menschlichen Arbeit allein entstanden wäre. „Arbeit ist nicht die einzige Quelle der von ihr produzirten Gebrauchswerthe," sagt Marx, „des stofflichen Reichthums. Die Arbeit ist sein Vater, wie William Petty sagt, und die Erde seine Mutter."

Mit dem Wachsthum der Produktivität der Arbeit wächst unter sonst gleichen Umständen der stoffliche Reichthum eines Landes; er nimmt mit ihr ab. Die Summe der vorhandenen Werthe kann gleichzeitig dieselbe bleiben, wenn die Menge der aufgewendeten Arbeit dieselbe ist. Eine günstige Ernte vermehrt den Reichthum eines Landes; die Summe der Waarenwerthe, welche diese Ernte repräsentirt, kann dieselbe sein, wie im Vorjahre, wenn die Menge der aufgewendeten gesellschaftlich nothwendigen Arbeit dieselbe geblieben.

Wenn Marx nicht gesagt hat, daß die Arbeit die Quelle alles Reichthums; wenn dieser Satz auf einer Vermengung von Gebrauchswerth und Waarenwerth beruht, dann werden alle Konsequenzen hinfällig, die man mit Bezug auf Marx an diesen Satz geknüpft. Man sieht jetzt aber auch, wie gänzlich unbegründet es ist, wenn manche Gegner von Marx ihm entgegenhalten, daß er die Rolle der Natur bei der Produktion übersehen. Wohl aber haben diese Gegner etwas übersehen, nämlich den Unterschied zwischen dem Waarenkörper und dem durch ihn repräsentirten gesellschaftlichen Verhältniß. „Wie sehr ein Theil der Oekonomen von dem der Waarenwelt anklebenden Fetischismus oder dem gegenständlichen Schein der gesellschaftlichen Arbeitsbestimmungen getäuscht wird, beweist u. A. der langweilig abgeschmackte Streit über die Rolle der Natur in der Bildung des Tauschwerthes. Da Tauschwerth eine bestimmte gesellschaftliche Manier ist, die auf ein Ding verwandte Arbeit auszudrücken, kann er nicht mehr Naturstoff enthalten, als etwa der Wechselkurs."

Man sieht, Marx hat die Rolle der Natur bei der Produktion von Gebrauchswerthen nicht „übersehen." Wenn er sie aus der Werthbestimmung ausschied, so beruhte das nicht auf Vergeßlichkeit, sondern geschah auf Grund einer Einsicht in den gesellschaftlichen Charakter der Waarenproduktion, die denjenigen Oekonomen noch immer abgeht, welche die Gesetze der Gesellschaft aus einem Zustand der Gesellschaftslosigkeit, dem isolirten Menschen, ableiten.

Ein weiterer Irrthum, der in Bezug auf die Marx'sche Werththeorie ziemlich verbreitet ist, besteht in der Verwechslung der werthbildenden Kraft der Arbeit mit dem Werth der Arbeitskraft. Man muß diese beiden streng auseinanderhalten. Die Arbeit als die Quelle des Werthes, kann ebensowenig einen Werth haben, als die Schwere ein Gewicht, die Wärme eine Temperatur. Wir haben bisher nur von dem Werth gehandelt, den einfache oder komplizirte Arbeit bildet, nicht von dem Werth, den die Arbeitskraft besitzt, und der im Lohn des Arbeiters — des Trägers der Arbeitskraft — zum Ausdruck kommt.

Wir setzen bisher nur einfache Waarenproduktion und einfachen Waarentausch voraus. Die Arbeitskraft als Waare existirt bisher für uns noch nicht.

Von der menschlichen Arbeitskraft und ihrem Werth werden wir später noch ausführlicher handeln. Hier genüge der Fingerzeig, um vor einem Irrthum zu bewahren.

Die meisten Einwendungen gegen die Marx'sche Werththeorie beruhen auf solchen Irrthümern, soweit sie nicht Behauptungen widerlegen, die Marx nie aufgestellt, oder gar nur bloße Verdächtigungen sind, wie der beliebte Vorwurf des Marx'schen Dogmatismus.

Um sich vor solchen irrthümlichen Auffassungen zu bewahren, muß man sich stets den Charakter eines Gesetzes, wie das Werthgesetz eines ist, vor Augen halten.

Ein jedes naturwissenschaftliche oder gesellschaftliche Gesetz ist ein Versuch, Vorgänge in der Natur oder der Gesellschaft zu erklären. Aber kaum einer dieser Vorgänge wird durch eine einzige Ursache bedingt. Die verschiedensten und verwickeltsten Ursachen liegen den verschiedenen Vorgängen zu Grunde und diese Vorgänge selbst spielen sich nicht unabhängig von einander ab, sondern durchkreuzen sich in den verschiedensten Richtungen. Der Erforscher der Zusammenhänge in der Natur oder der Gesellschaft hat daher eine doppelte Aufgabe. Er muß erstens die verschiedenen Vorgänge von einander sondern, sie isoliren; er muß zweitens die Ursachen, welche diesen Vorgängen zu Grunde liegen, von einander sondern, die wesentlichen von den unwesentlichen, die regelmäßigen von den zufälligen. Beide Arten der Forschung sind nur möglich durch die Abstraktion. Der Naturforscher wird hierbei unterstützt durch eine Reihe unendlich vervollkommneter Instrumente und Methoden der Beobachtung und des Experiments. Der Erforscher der Gesellschaftsgesetze muß auf die letzteren ganz verzichten, und in Bezug auf die ersteren mit sehr unvollkommenen Hilfsmitteln vorlieb nehmen.

Durch die Abstraktion gelangt der Forscher zur Erkenntniß eines Gesetzes, das den Erscheinungen, die er erklären will, zu Grunde liegt. Ohne dessen Kenntniß können die betreffenden Erscheinungen nicht erklärt werden; aber keineswegs genügt dies eine Gesetz allein, um diese Erscheinungen völlig zu erklären. Eine Ursache kann durch eine andere geschwächt, ja in ihrer Wirkung völlig aufgehoben werden; es wäre jedoch falsch, aus einem solchen Fall schließen zu wollen, daß die Ursache überhaupt nicht bestehe. Die Gesetze des Falles gelten z. B. nur im luftleeren Raum: hier fallen ein Stück Blei und eine Feder gleich

schnell zu Boden. Im mit Luft erfüllten Raum ist das Ergebniß ein anderes, wegen des Widerstandes der Luft. Trotzdem
ist das Fallgesetz richtig.

So ist es auch mit dem Werth. Sobald die Waarenproduktion zur herrschenden Form der Produktion geworden, mußte
den bei dieser Produktionsweise Betheiligten die Gesetzmäßigkeit
der Waarenpreise auffallen und dahin führen, daß man die
Ursachen zu erforschen suchte, welche ihr zu Grunde lagen. Die
Untersuchung der Waarenpreise führte zur Bestimmung der Werthgröße. Aber ebensowenig, als die Schwerkraft die einzig bestimmende Ursache der Erscheinungen des Falles ist, ebensowenig
ist der Werth einer Waare die einzige Ursache ihres Preises.
Marx weist selbst darauf hin, daß es Waaren giebt, deren Preis
nicht nur zeitweilig, sondern stets unter ihrem Werth stehen
kann. So sind z. B. Gold und Diamanten wahrscheinlich noch
niemals zu ihrem vollen Werthe bezahlt worden. Auch die
Waare Arbeitskraft kann unter gewissen Umständen dauernd unter
ihrem Werth bezahlt werden.

Ein großer Theil der Einwendungen gegen die Marx'sche
Werththeorie beruht auf der Verwechslung von Preis und Werth.
Beide müssen streng auseinander gehalten werden.

Ebenso muß man den historischen Charakter der Marx'schen
Werththeorie stets im Auge behalten. Sie soll blos die Grund-
lage der Erklärung der Erscheinungen der Waarenproduktion
bilden. Nun ragen aber von allen Seiten, selbst heute noch,
Reste anderer Produktionsweisen in diese hinein. In bäuerlichen
Betrieben werden z. B. noch vielfach Lebensmittel, auch manche
Werkzeuge und Kleidungsstücke, nicht als Waaren, d. h. zum
Verkauf, sondern zum Selbstgebrauch produzirt. Wenn unter
solchen Umständen Erscheinungen an den Tag treten, die zur
Werththeorie in Widerspruch zu stehen scheinen, so beweisen sie
natürlich nichts gegen diese.

Vor Allem aber darf man, wie schon ausgeführt, sich nicht vom Fetischcharakter der Waare blenden lassen; nicht die gesellschaftlichen Verhältnisse, die im Waarenkörper zum Ausdruck gelangen, für dessen natürliche Eigenschaften halten. Wenn man nie aus den Augen verliert, daß die Waarenproduktion eine Art gesellschaftlicher Produktion ist, bei der von den einzelnen Wirthschaftsbetrieben füreinander, wenn auch nicht miteinander produzirt wird, und daß der Werth der Waaren nicht ein Verhältniß von Dingen, sondern ein unter dinglicher Hülle verstecktes Verhältniß von Menschen zu einander darstellt, dann wird man auch wissen, wie man den Marx'schen Satz aufzufassen hat, der die Grundlage der Untersuchungen des „Kapital" bildet: „Es ist nur das Quantum gesellschaftlich nothwendiger Arbeit oder die zur Herstellung eines Gebrauchswerthes gesellschaftlich nothwendige Arbeitszeit, welche seine Werthgröße bestimmt."

8. Der Tauschwerth.

Die Größe des Werthes einer Waare wird bestimmt durch die zu ihrer Herstellung gesellschaftlich nothwendige Arbeitszeit. Aber die Werthgröße wird nicht dementsprechend ausgedrückt. Man sagt nicht: „Dieser Rock ist vierzig Arbeitsstunden werth," sondern sagt etwa: „Er ist so viel werth, wie 20 Ellen Leinwand oder 10 Gramm Gold."

Der Rock ist eben, für sich allein betrachtet, noch keine Waare; er wird erst eine solche, wenn ich ihn austauschen will. Es tritt demnach auch der Werth einer Waare nicht zu Tage, wenn ich ihn nicht mit dem einer anderen vergleiche, mit der ich jene auszutauschen gedenke. Die Werthgröße einer Waare wird wohl bestimmt durch die Menge der zu ihrer Herstellung gesellschaftlich nothwendigen Arbeit; aber sie wird ausgedrückt durch ihr Verhältniß zu der oder den Werthgrößen einer oder mehrerer anderen Waaren, durch ihr Austauschverhältniß. Die bürgerliche Oekonomie nimmt jedoch vielfach an, daß es das Austauschverhältniß einer Waare sei, welches ihre Werthgröße bestimme.

Ein Beispiel wird den Widersinn dieser Anschauung klar machen. Nehmen wir einen Zuckerhut. Sein Gewicht ist von vorneherein gegeben, aber ich kann es nur ausdrücken durch Vergleichung mit dem Gewicht eines anderen Körpers, z. B. Eisen. Ich lege den Zuckerhut in die eine Wagschale einer Wage und in die andere eine entsprechende Anzahl von Stücken Eisen, jedes von einem bestimmten Gewicht, das wir z. B. ein Pfund nennen. Die Anzahl der Eisenstücke lehrt uns das Gewicht des Zuckers kennen; aber es wäre abgeschmackt, annehmen zu wollen, der Zucker sei z. B. deshalb zehn Pfund schwer, weil ich zehn Pfundgewichte in die andere Wagschale legte. Ich mußte vielmehr zehn solcher Gewichte in die Wagschale legen, weil der Zucker zehn Pfund schwer ist. Hier liegt der Sachverhalt klar zu Tage. Aber es verhält sich ebenso mit der Werthgröße und der Werthform.

Der Ausdruck für das Gewicht eines Körpers bietet manche Aehnlichkeit mit dem Werthausdruck einer Waare, d. h. der Form, in der wir ihre Werthgröße ausdrücken. Ein Hut Zucker ist zehn Pfund schwer, heißt eigentlich streng genommen, wenn wir unser Beispiel weiter führen, daß ein Hut Zucker ebenso schwer ist, wie die zehn bestimmten Stücke Eisen; ähnlich können wir von einem Rock sagen, er sei ebensoviel werth, als z. B. 20 Ellen Leinwand.

Wir könnten Eisen und Zucker nicht als Körper in ein gewisses Verhältniß zu einander setzen, wenn ihnen nicht eine natürliche Eigenschaft gemeinsam wäre: die Schwere; ebenso könnten wir Rock und Leinwand nicht als Waaren in ein Verhältniß zu einander bringen, wenn sie nicht eine gemeinsame gesellschaftliche Eigenschaft besäßen: die, Produkte allgemein menschlicher Arbeit zu sein, Werthe.

Eisen und Zucker spielen in der ersten Gleichung zwei verschiedene Rollen: ein Hut Zucker ist so schwer wie zehn Pfund Eisen. Der Zucker tritt hier als Zucker auf, das Eisen aber nicht als Eisen, sondern als Verkörperung der Schwere, als ihre Erscheinungsform. Wir sehen in dieser Gleichung nicht von den besonderen körperlichen Eigenschaften des Zuckers ab, wohl aber von denen des Eisens.

Eine ähnliche Erscheinung bietet uns die Gleichung: ein Rock = 20 Ellen Leinwand.

Beide, Rock wie Leinwand, sind Waaren, also Gebrauchswerthe und Werthe. Aber in der Werthform, im Tauschverhältniß tritt hier nur der Rock als Gebrauchswerth auf, die Leinwand dagegen nur als Erscheinungsform von Werth.

Ich kann das Gewicht des Zuckers nicht blos mit Eisengewichten abwiegen, sondern auch mit Messing- oder Bleigewichten 2c. So kann ich den Werth des Rockes nicht nur in Leinwand ausdrücken, sondern auch in jeder anderen Waare. In der Gleichung: ein Rock = 20 Ellen Leinwand, sehe ich daher von der besonderen Naturalform der Leinwand ganz ab, sie gilt, in diesem Verhältniß, wie schon gesagt, nur als Werth, als Verkörperung allgemein menschlicher Arbeit. Die Leinwand wird Erscheinungsform des Werthes des Rockes im Gegensatz zum Körper des Rockes. Der dem Rock, wie jeder anderen Waare innewohnende Gegensatz von Gebrauchswerth und Waarenwerth spiegelt sich im Werthausdruck wieder, innerhalb dessen seine Körperform als Rock nur als Gestalt von Gebrauchswerth, die Köperform der Waare Leinwand nur als Gestalt von Waarenwerth, als Werthform, gilt.

Aber dennoch ist der Gebrauchswerth der Waare, in der der Werth der anderen Waare ausgedrückt wird, — Marx nennt sie das Aequivalent*) — nicht gleichgiltig. Beide

---

*) Aequus (lateinisch) = gleich, valere = gelten, werth sein.

Waaren müssen verschieden sein. Die Gleichung ein Rock = ein Rock ist sinnlos.

Ich kann den Werth des Rockes nicht nur in Leinwand ausdrücken, sondern in jeder anderen von ihm verschiedenen Waare. Aber ich kann auch die Gleichung umdrehen, und den Werth der Leinwand, sowie auch den jeder anderen Waare, in Röcken ausdrücken. Ich kann die Gleichung aufstellen:

$$1 \text{ Rock} = \begin{cases} 20 \text{ Ellen Leinwand} \\ 10 \text{ Pfund Thee} \\ 40 \text{ Pfund Kaffee} \\ 5 \text{ Zentner Eisen} \\ 2 \text{ Scheffel Weizen} \\ \text{u. s. w.} \end{cases}$$

Ich kann sie aber auch umdrehen und sagen:

$$\left. \begin{array}{l} 20 \text{ Ellen Leinwand} \\ 10 \text{ Pfund Thee} \\ 40 \text{ Pfund Kaffee} \\ 5 \text{ Zentner Eisen} \\ 2 \text{ Scheffel Weizen} \\ \text{u. s. w.} \end{array} \right\} = 1 \text{ Rock}$$

Beide Gleichungen scheinen dasselbe zu sagen; sie sagen dasselbe, als blos mathematische Gleichungen betrachtet; als unterschiedene Ausdrucksformen des Werthes haben sie jedoch eine logisch und historisch verschiedene Bedeutung.

In den Anfängen der Waarenproduktion wurden nur hie und da gelegentlich und zufällig Produkte ausgetauscht.

Diese Periode kann bezeichnet werden durch eine einfache Werthgleichung, in der eine Waare nur mit einer anderen in ein gewisses Verhältniß gesetzt wird, z. B. ein Bronzehammer = 20 Pfund Steinsalz; diese Form nennt Marx die einfache *Kap I* oder einzelne Werthform. Sobald dagegen ein Arbeits=

produkt, z. B. Vieh, nicht mehr ausnahmsweise, sondern ge=
wohnheitsmäßig mit anderen Arbeitsprodukten ausgetauscht
wird, nimmt der Werthausdruck die Form der ersten der zwei
eben angeführten Gleichungen an, also z. B.

$$1 \text{ Kuh} = \begin{cases} 2 \text{ Mäntel} \\ 1 \text{ Schwert} \\ 1 \text{ Gürtel} \\ 10 \text{ Sandalen} \\ 3 \text{ Becher} \\ \text{u. s. w.} \end{cases}$$

Diese Werthform, für die wir noch bei Homer Beispiele
finden, nennt Marx die totale oder entfaltete Werthform.

Aber die Waarenproduktion entwickelt sich noch weiter. Es
wächst die Zahl der Arbeitsprodukte, die zum Austausch, also
als Waaren hergestellt werden, und der gewohnheitsmäßige Tausch
erstreckt sich auf eine immer größere Anzahl der verschiedensten
Waaren. Nicht nur Vieh, auch Schwerter, Gürtel, Becher 2c.
werden jetzt gewohnheitsmäßig ausgetauscht. Der gangbarste dieser
Artikel, z. B. Vieh, wird derjenige, in dem die Werthe der
Waaren am häufigsten ausgedrückt werden, bis er die einzige ist.
Damit ist der Punkt erreicht, in welchem die zweite der oben
angeführten Formeln in Wirksamkeit tritt, die allgemeine
Werthform.

Betrachten wir die Aequivalentform in dieser Gleichung jetzt
näher. Wie wir schon oben gesehen, erscheint die Aequivalent=
form als die Verkörperung menschlicher Arbeit überhaupt. Aber
es war in den früheren Ausdrucksformen nur zufällig und vorüber=
gehend, daß eine Waare so erschien. In der Gleichung 1 Rock =
20 Ellen Leinwand, gilt die Leinwand allerdings nur als Er=
scheinungsform von Werth. Aber wenn 20 Ellen Leinwand mit
1 Scheffel Weizen oder wieder mit einem Rock gleichgesetzt werden,
so ist es jetzt Weizen oder ein Rock, der als Verkörperung all=

gemein menschlicher Arbeit auftritt, indeß die Leinwand wieder als Gebrauchswerth figurirt. Anders bei der allgemeinen Werth= form. Jetzt dient eine einzige Waare als Aequivalent; diese ist allgemeines Aequivalent. Sie, wie alle anderen Waaren, ist nach wie vor Gebrauchswerth und Waarenwerth. Aber alle anderen Waaren treten ihr jetzt anscheinend nur als Gebrauchs= werthe gegenüber, sie selbst gilt als die allgemeine und einzige Erscheinungsform des Werthes, als die allgemeine gesellschaft= liche Verkörperung menschlicher Arbeit überhaupt. Sie selbst ist jetzt die Waare, die mit allen anderen Waaren unmittelbar austauschbar ist, und die deshalb auch Jeder nimmt. Auf der anderen Seite verlieren dadurch alle anderen Waaren die Fähigkeit und Möglichkeit, sich unmittelbar gegeneinander auszutauschen. Jeder Tausch zweier Waaren kann nur noch durch Vermittlung des allgemeinen Aequivalents vor sich gehen, in dem sich alle anderen Waarenwerthe spiegeln.

4. Der Waarenaustausch.

Soll ein Waarenaustausch vor sich gehen können, so müssen zwei Bedingungen eintreten: 1. Die auszutauschenden Produkte müssen Gebrauchswerthe sein für solche, die sie nicht be= sitzen, Nichtgebrauchswerthe für ihre Besitzer. 2. Die Austauschenden müssen sich gegenseitig als Privateigenthümer der auszutauschenden Waaren anerkennen. Das Rechtsver= hältniß des Privateigenthums ist nur der Spiegel der Willens= verhältnisse der austauschenden Personen, die durch die ökonomischen Verhältnisse bedingt werden. Die Menschen fingen nicht an, Waaren auszutauschen, weil sie sich gegenseitig als Privateigenthümer der veräußerlichen Dinge ansahen, sondern sie begannen sich gegenseitig als Privateigenthümer anzuerkennen, als sie in den Fall kamen, Waaren miteinander auszutauschen.

Die ursprünglichste Form, in der ein Arbeitsprodukt Nichtgebrauchswerth für seinen Besitzer wird, also die erste Form der Waare, ist die des Ueberschusses der Arbeitsprodukte über die Bedürfnisse ihres Besitzers. Diese Produkte werden noch nicht von vorneherein für den Tausch, sondern für den Selbstgebrauch produzirt. Sie werden erst Waaren durch den Tausch.

Was den zweiten Punkt anbelangt, die gegenseitige Anerkennung der Besitzer der veräußerlichen Dinge als ihrer Privateigenthümer, so ist diese nur möglich dort, wo sich von einander unabhängige Personen gegenübertreten. „Solch' ein Verhältniß wechselseitiger Fremdheit existirt jedoch nicht für die Glieder eines naturwüchsigen Gemeinwesens, habe es nun die Form einer patriarchalischen Familie, einer altindischen Gemeinde, eines Inkastaates u. s. w. Der Waarenaustausch beginnt, wo die Gemeinwesen enden, an den Punkten ihrer Berührung mit fremden Gemeinwesen oder Gliedern fremder Gemeinwesen. Sobald Dinge aber einmal im auswärtigen, werden sie auch (mit der Zeit) rückschlagend im inneren Gemeinleben zu Waaren."

In den Anfängen des Tausches zeigen sich Werthgröße und Werthform noch sehr wenig entwickelt. Das Verhältniß der Größen oder Mengen, in dem sich die Produkte austauschen, ist zunächst noch ein zufälliges und ungemein schwankendes. Aber der Produktenaustausch wird immer mehr ein regelmäßiger gesellschaftlicher Vorgang. Man beginnt nicht blos den Ueberschuß von Gebrauchswerthen über das eigene Bedürfniß hinaus zu vertauschen, sondern Gebrauchswerthe eigens zum Zweck des Austausches zu produziren. Damit wird das Verhältniß, in dem sie sich austauschen, immer mehr abhängig von ihren Produktionsbedingungen. Die Werthgröße einer Waare beginnt eine Größe zu werden, die bestimmt ist von der zu ihrer Herstellung nothwendigen Arbeitszeit.

Sobald man aber Arbeitsprodukte eigens zum Zweck des Austausches herstellt, muß auch der in der Waarennatur schlum-

mernde Gegensatz von Gebrauchswerth und Werth deutlich zum
Vorschein kommen.

Dieser jeder Waare innewohnende Gegensatz findet, wie wir
wissen, seinen Ausdruck in der Werthform. Im Ausdruck 20 Ellen
Leinwand = 1 Rock, sagt uns die Leinwand selbst, daß sie Ge=
brauchswerth (Leinwand) und Werth (Rockgleiches) ist. Aber in
der einfachen Werthform ist es noch schwierig, diesen Gegensatz
festzuhalten, da die Waare, welche hier als Aequivalent, als Ver=
körperung menschlicher Arbeit überhaupt dient, diese Rolle nur
vorübergehend einnimmt. In der entfalteten Werthform tritt der
Gegensatz schon deutlicher zu Tage, da jetzt mehrere Waaren als
Aequivalent dienen und dienen können, weil ihnen eines gemein=
sam: die Eigenschaft von Arbeitsprodukten oder Werthen.

Aber je mehr der Waarenaustausch sich entwickelt, je mehr
Arbeitsprodukte zu Waaren werden, desto nothwendiger wird ein
allgemeines Aequivalent. In den Anfängen des Tausches
tauscht jeder das, was er nicht braucht, unmittelbar gegen das
aus, was er braucht. Das wird immer schwieriger, je mehr die
Waarenproduktion die allgemeine Form gesellschaftlicher Produktion
wird. Nehmen wir z. B. an, die Waarenproduktion sei bereits
so weit entwickelt, daß die Schneiderei, Bäckerei, Fleischerei,
Schreinerei selbstständige Gewerbe bilden. Der Schneider ver=
äußert einen Rock an den Schreiner. Für den Schneider ist der
Rock Nichtgebrauchswerth, für den Schreiner Gebrauchswerth. Aber
der Schneider bedarf der Schreinerarbeit nicht. Er besitzt schon ge=
nügend Möbel. Die Stühle und Tische sind Nichtgebrauchswerthe für
den Schreiner, aber auch für den Schneider. Andererseits braucht
der Schneider Brot vom Bäcker, Fleisch vom Fleischer, denn die Zeiten
sind vorbei, wo er zu Hause backte und Schweine mästete. Das
Fleisch und Brot, die der Schneider bedarf, sind für Fleischer und
Bäcker Nichtgebrauchswerthe, aber Bäcker und Fleischer brauchen
im Augenblick keinen Rock; der Schneider steht also vor der Gefahr

zu verhungern, trotzdem er einen Abnehmer für seinen Rock ge=
funden hat. Was er braucht, ist eine Waare, die als allgemeines
Aequivalent dient, die, als unmittelbare Verkörperung des
Werthes, von vornherein Gebrauchswerth für Jedermann hat.

Dieselbe Entwicklung, welche dieses Aequivalent nothwendig
macht, führt dessen Entstehung auch mit sich. Sobald verschie=
dene Waarenbesitzer verschiedene Artikel mit einander austauschten,
mußte der Fall eintreten, daß mehrere der letzteren mit einer
gemeinsamen Waarenart als Werthe verglichen wurden, daß sich
also für sie ein gemeinsames Aequivalent fand. Anfangs diente
eine Waare nur vorübergehend und zufällig als solches. Sobald
es aber von Vortheil war, daß eine besondere Waare die allge=
meine Aequivalentform annahm, mußte sich die Verbindung der
Aequivalentform mit dieser Waare immer mehr befestigen. An
welcher Waarenart die allgemeine Aequivalentform kleben blieb,
das wurde durch die verschiedensten Umstände bestimmt. Schließ=
lich sind es aber die edlen Metalle gewesen, die das Monopol
errangen, als allgemeine Aequivalentform zu dienen, die Geld
wurden. Zum Theil mag dies dadurch bewirkt worden sein, daß
Schmuck und Schmuckmaterial von Anfang an wichtige Tauschartikel
waren; hauptsächlich aber war dafür der Umstand entscheidend,
daß die natürlichen Eigenschaften von Gold und Silber den gesell=
schaftlichen Funktionen (Verrichtungen) entsprechen, welche ein
allgemeines Aequivalent zu versehen hat. Es sei hier nur auf die
beiden Thatsachen hingewiesen, daß die edlen Metalle stets von
gleicher Qualität sind und sich weder in der Luft noch im Wasser
verändern, also praktisch unveränderlich sind, und daß sie nach
Willkür getheilt und zusammengesetzt werden können. Sie eignen
sich daher sehr gut zur Verkörperung unterschiedsloser, allgemein
menschlicher Arbeit, zur Darstellung von Werthgrößen, deren
Unterschiede nur solche der Zahl (quantitative), nicht der Eigen=
schaften (qualitative) sind.

Gold und Silber konnten das Monopol, als allgemeines Aequivalent zu dienen, nur erringen, weil sie den anderen Waaren als Waaren gegenübertraten. Sie konnten nur Geld werden, weil sie Waare waren. Das Geld ist weder die Erfindung eines oder mehrerer Menschen, noch ist es ein bloßes Werth= zeichen. Der Werth des Geldes und seine bestimmten gesell= schaftlichen Funktionen sind nicht etwas willkürlich Gemachtes. Die edlen Metalle wurden zur Geldwaare durch die Rolle, die sie als Waaren im Austauschprozeß spielten.

Kap. I . 56

———

Zweites Kapitel.

Das Geld.

---

1. Der Preis.

Die erste Funktion des Geldes besteht darin, als Werthmaß zu dienen, der Waarenwelt das Material zu liefern, worin
der Werth ausgedrückt wird.

Die Waaren werden nicht durch das Geld gleichartig und
miteinander vergleichbar; sondern, weil sie als Werthe vergegen-
ständlichte menschliche Arbeit, also an und für sich schon gleichartig sind, können sie als solche gemeinschaftlich in derselben
bestimmten Waare gemessen werden, die sie dadurch in ihr gemeinsames Werthmaß oder in Geld verwandeln. Das Geld
als Werthmaß ist die nothwendige Erscheinungsform des den
Waaren innewohnenden Werthmaßes, der Arbeitszeit.*)

---

*) Gelegentlich dieser Darlegung macht Marx eine interessante
Bemerkung über eine Utopie, die heute noch in vielen Köpfen spukt:
„Die Frage," sagt er, „warum das Geld nicht unmittelbar die
Arbeitszeit selbst repräsentirt, so daß z. B. eine Papiernote die
Arbeitsstunden vorstellt, kommt ganz einfach auf die Frage heraus,
warum auf Grundlage der Waarenproduktion die Arbeitsprodukte
sich als Waaren darstellen müssen, denn die Darstellung der Waare
schließt ihre Verdopplung in Waare und Geldwaare ein. Oder
warum Privatarbeit nicht als unmittelbar gesellschaftliche Arbeit,
als ihr Gegentheil, behandelt werden kann. Ich habe den seichten
Utopismus eines „Arbeitsgeldes" auf Grund der Waarenproduktion

Der Werthausdruck einer Waare in der Geldwaare ist ihre Geldform oder ihr Preis. Z. B. 1 Rock = 10 Gramm Gold.

Der Preis der Waare ist etwas von ihren natürlichen Eigenschaften ganz Verschiedenes. Man kann ihn ihr nicht ansehen oder anfühlen. Der Waarenhüter muß ihn den Käufern mittheilen. Um aber den Werth einer Waare in der Goldwaare auszudrücken, d. h. um ihren Preis zu bestimmen, dazu ist wirkliches Geld nicht nothwendig. Der Schneider braucht kein Gold in der Tasche zu haben, um erklären zu können, daß der Preis des Rockes, den er feil bietet, 10 Gramm Gold beträgt. Als Werthmaß dient daher das Geld nur als gedachtes, als vorgestelltes Geld.

Aber trotzdem hängt der Preis nur von der wirklichen Geldwaare ab. Der Schneider kann — wir sehen hier natürlich von allen störenden Nebenumständen ab — den Preis seines Rockes nur dann auf 10 Gramm Gold beziffern, wenn in einer solchen Goldmenge ebensoviel gesellschaftlich nothwendige Arbeit verkörpert ist, wie im Rock. Drückt der Schneider den Werth seines Rockes nicht in Gold, sondern in Silber oder Kupfer aus, so wird auch der Preisausdruck ein anderer.

Wo zwei verschiedene Waaren als Werthmaße gelten, z. B. Gold und Silber, besitzen daher alle Waaren zwei verschiedene

---

anderswo ausführlich erörtert („Zur Kritik der politischen Oekonomie" 1859, S. 61 ff. Diese Stelle ist abgedruckt im Anhang der deutschen Ausgabe des „Elend der Philosophie" von Marx, 2. Aufl., Stuttgart 1892, S. 165). Hier sei noch bemerkt, daß z. B. das Owen'sche „Arbeitsgeld" ebensowenig „Geld" ist, wie etwa eine Theatermarke. Owen setzt unmittelbar vergesellschaftete Arbeit voraus, eine der Waarenproduktion diametral entgegengesetzte Produktionsform. Das Arbeitszertifikat konstatirt nur den individuellen Antheil des Produzenten an der Gemeinarbeit und seinen individuellen Anspruch auf den zur Konsumtion bestimmten Theil des Gemeinprodukts. Aber es fällt Owen nicht ein, die Waarenproduktion vorauszusetzen und dennoch ihre nothwendigen Bedingungen umgehen zu wollen!"

Preisausdrücke, Gold= und Silberpreise. Jeder Wechsel im Werth=
verhältniß von Gold zu Silber giebt zu Preisstörungen Anlaß.
Die Verdopplung des Werthmaßes ist in der That ein Unding,
ein Widerspruch gegen **die** Funktion des Geldes als Werthmaß=
stab. Wo immer man versuchte, gesetzlich zwei Waaren als
Werthmaßstäbe festzusetzen, ist es denn auch thatsächlich immer
nur eine gewesen, welche als Werthmaß fungirte.

Gold und Silber werden heute noch in mehreren Ländern
nebeneinander gesetzlich als Werthmaßstäbe aufgestellt. Aber die
Erfahrung hat diese Gesetzesbestimmungen stets ad absurdum
geführt. Gold und Silber sind, wie jede Waare, beständigen
Werthschwankungen ausgesetzt; wenn beide vom Gesetz als gleich=
berechtigt hingestellt werden, wenn man nach Belieben in dem
einen oder dem anderen Metall zahlen kann, dann zahlt man in
dem, dessen Werth sinkt, und verkauft das Metall, welches im
Werth steigt, dort, wo es vortheilhaft verkauft werden kann, im
Auslande. In Ländern, wo die Doppelwährung herrscht, der
sogenannte Bimetallismus, funktionirt also thatsächlich stets nur
die eine Art der Geldwaare als Werthmaßstab, und zwar die=
jenige, die im Werthe sinkt; die andere, die im Werthe steigt,
mißt, wie jede andere Waare, ihren Preis in dem überschätzten
Metall, funktionirt als Waare, nicht als Werthmaßstab. Je
größer die Verschiebungen im Werthverhältniß zwischen Gold und
Silber, desto stärker tritt der Widersinn des Bimetallismus
zu Tage.*)

---

*) Wenn die deutschen Agrarier jetzt, wo die Werthe von
Silber und Gold so ungemein stark schwanken, nach der Doppel=
währung schreien, so bezeugt das nur ihre Unkenntniß — wenn
nicht noch Schlimmeres. Fast alle Staaten, die nicht finanziell banke=
rott sind, sind heute bereits zur reinen Goldwährung übergegangen
oder zeigen das Bestreben, dies zu thun. In den Vereinigten Staaten
hält nur noch der Einfluß der Silberminenbesitzer die Doppelwährung

Marx setzt im „Kapital" der Einfachheit wegen Gold als
einzige Geldwaare voraus. Gold wird auch thatsächlich die Geld=
waare der heutigen kapitalistischen Produktion.*)

Im Preisausdruck ist jede Waare als eine bestimmte Menge
Goldes vorgestellt. Es ist natürlich nothwendig, die verschiedenen
Mengen Goldes, welche die verschiedenen Preise darstellen, auch
untereinander zu messen, einen Maßstab der Preise herzu=
stellen. Die Metalle besitzen einen solchen natürlichen Maßstab
in ihren Gewichten. Die Gewichtsnamen der Metalle, Pfund,
Livre, Talent rc. bilden daher die ursprünglichen Namen der
Einheiten des Maßstabes der Preise.

Neben seiner Funktion als Maß der Werthe lernen wir
hier eine zweite Funktion des Geldes kennen: die als Maßstab
der Preise. Als Werthmaß verwandelt das Geld die Werthe
der Waaren in bestimmte vorgestellte Mengen Gold. Als Maß=
stab der Preise mißt es die verschiedenen Goldmengen an einer

---

nominell aufrecht. Ein weiteres Fallen des Silberpreises ist daher
zu erwarten und jene Staaten, in denen es den Silberfreunden
gelingt, die Einführung der Goldwährung zu verhindern oder zu
verzögern, werden später, wenn sie doch gezwungen sind, nachzuholen,
was sie jetzt versäumt, das Gold theurer kaufen und das Silber
billiger verkaufen müssen, als es jetzt möglich wäre. Den größten
Vortheil vom Uebergang Deutschlands zur Doppelwährung zögen
diejenigen, welche daselbst in der Zeit der Goldwährung Schulden
kontrahirt haben, die sie dann in Silber bezahlen könnten. Die
meisten solcher langhaftenden Schulden sind Hypothekenschulden.
Daher das Interesse der Agrarier.

*) Man schätzte den Werth des Geldvorraths (Münzen und
Barren) in edlen Metallen in den Ländern der modernen Produk=
tionsweise

	Gold	Silber
1831	2 232 000 000 Mark,	8 280 000 000 Mark,
1880	13 170 000 000 „	8 406 000 000 „

Gold ist also heute die weitaus überwiegende Geldwaare.

bestimmten Goldmenge, die als Einheit angenommen wird, z. B. einem Pfund Gold.

Der Unterschied zwischen Maß der Werthe und Maßstab der Preise ist klar, wenn wir das Verhalten beider einem Werthwechsel gegenüber beobachten.

Nehmen wir an, die Maßeinheit des Maßstabes der Preise seien 10 Gramm Gold. Welches immer nun der Werth des Goldes, 20 Gramm Gold werden immer zweimal so viel werth sein, als 10 Gramm. Das Fallen oder Steigen des Goldwerthes hat also keine Wirkung auf den Maßstab der Preise.

Nehmen wir aber Gold als Maß der Werthe. Ein Rock sei gleich 10 Gramm Gold. Aber der Werth des Goldes wechsle; es wird eines Tages in derselben gesellschaftlich nothwendigen Arbeitszeit doppelt so viel Gold erzeugt, als bisher. In der Produktivität der Schneiderarbeit ist aber keine Veränderung vorgegangen. Was geschieht? Der Preis des Rockes beträgt jetzt 20 Gramm Gold. Der Werthwechsel des Goldes äußert sich also fühlbar in seinem Funktioniren als Maß der Werthe.

Der Maßstab der Preise kann willkürlich bestimmt werden, ebenso wie z. B. die Längenmaße. Anderseits bedarf dieser Maßstab allgemeiner Giltigkeit. Anfangs konventionell, durch die herkömmlichen Gewichtsabtheilungen gegeben, wird er schließlich gesetzlich regulirt. Die verschiedenen Gewichtstheile der edlen Metalle erhalten offizielle Taufnamen, die von ihrem Gewicht verschieden sind. Wir sagen nicht $1/70$ Pfund Goldes, sondern ein Zwanzigmarkstück. Die Preise werden jetzt nicht ausgedrückt in Goldgewichten, sondern in den gesetzlich giltigen Rechennamen des Goldmaßstabes.

Der Preis ist der Geldname der Werthgröße der Waare. Aber er ist gleichzeitig der Ausdruck des Austauschverhältnisses der Waare mit der Geldwaare, mit Gold. Der Werth einer Waare kann nie isolirt, für sich allein, zur Erscheinung kommen, sondern stets nur im Austauschverhältniß mit einer anderen Waare. Dies Verhältniß kann aber noch durch andere Umstände beeinflußt werden, als durch die Werthgröße allein. Damit ist die Möglichkeit einer Abweichung des Preises von der Werthgröße gegeben.

Wenn der Schneider sagt, daß der Preis seines Rockes 10 Gramm Gold beträgt, oder in Rechennamen 30 Mark, so sagt er damit, daß er seinen Rock jederzeit gegen 10 Gramm Gold hergiebt. Aber er wäre sehr vorschnell, wenn er behaupten wollte, daß Jedermann sofort bereit sei, ihm 10 Gramm Gold für seinen Rock zu geben. Wohl ist die Verwandlung des Rockes in Gold unumgänglich nothwendig, wenn er seinen Zweck als Waare erfüllen soll. Die Waare verlangt nach Geld; die Preise sind feurige Liebesblicke, die sie dem glitzernden Galan zuwirft. Aber auf dem Waarenmarkt geht es nicht so zu, wie in den Romanen. Sie kriegen sich nicht immer. Manche Waare wird vom werbenden Gold sitzen gelassen und muß als Ladenhüter ein freudloses Dasein führen.

Sehen wir uns die Abenteuer der Waare in ihrem Verkehr mit dem Golde etwas näher an.

2. Verkauf und Kauf.

Begleiten wir unseren alten Bekannten, den Schneider, auf den Markt. Er tauscht den Rock, den er verfertigt, gegen dreißig Mark aus. Für diese Summe kauft er ein Fäßchen Wein. Wir haben da zwei einander entgegengesetzte Verwandlungen: zuerst die Verwandlung von Waare in Geld; dann Rückverwandlung von Geld in Waare. Aber die Waare am Ende des ganzen Vorganges ist eine andere, als die am Anfang desselben. Die erstere war Nichtgebrauchswerth für ihren Besitzer, die letztere ist Gebrauchswerth für ihn. Die Nützlichkeit der ersteren für ihn bestand in ihrer Eigenschaft als Werth, als Produkt allgemein menschlicher Arbeit; in ihrer Austauschbarkeit mit einem anderen Produkt allgemein menschlicher Arbeit, mit Gold. Die Nützlichkeit der anderen Waare, des Weines, für ihn besteht in ihren körperlichen Eigenschaften, nicht als Produkt allgemein menschlicher Arbeit, sondern bestimmter Formen von Arbeit, der Winzerarbeit u. s. w.

Die Formel des einfachen Waarenkreislaufs lautet: Waare — Geld — Waare; das heißt, verkaufen, um zu kaufen.

Von den beiden Verwandlungen Waare — Geld und Geld — Waare ist die erste, wie bekannt, die schwierigste. Das Kaufen, wenn man Geld hat, bereitet geringen Kummer. Ungleich größeren das Verkaufen, um Geld zu erhalten. Und Geld ist unter der Herrschaft der Waarenproduktion für jeden Waarenbesitzer noth= wendig; je mehr die gesellschaftliche Arbeitstheilung sich entwickelt, desto einseitiger seine Arbeit, desto vielseitiger seine Bedürfnisse.

Soll der „Saltomortale der Waare," ihre Verwandlung in Geld gelingen, dann ist vor Allem nothwendig, daß sie ein Ge= brauchswerth ist, daß sie ein Bedürfniß befriedigt. Ist dies der Fall, gelingt ihr die Verwandlung in Geld, dann fragt es sich erst, in wie viel Geld?

Diese Frage berührt uns indeß hier nicht näher. Ihre Beantwortung gehört in die Untersuchung der Gesetze der Preise. Was uns hier interessirt, ist der Formwechsel: Waare — Geld, unbekümmert darum, ob jene dabei an Werthgröße einbüßt oder gewinnt.

Der Schneider wird seinen Rock los und bekommt sein Geld dafür. Nehmen wir an, er verkauft ihn an einen Landmann. Was von Seite des Schneiders Verkauf, ist von Seite des Landmannes Kauf. Jeder Verkauf ist ein Kauf und umgekehrt. Woher stammt aber das Geld des Landmannes? Er hat es für Korn eingetauscht. Verfolgen wir den Weg, den die Geld=

waare, das Gold, von ihrer Produktionsquelle, dem Bergwerk an, von einem Waarenbesitzer zum anderen zurückgelegt hat, so finden wir, daß jeder ihrer Besitzwechsel stets das Ergebniß eines Verkaufes gewesen ist.

Die Verwandlung Rock — Geld bildet, wie wir gesehen haben, das Glied nicht einer, sondern zweier Verwandlungsreihen. Die eine lautet: Rock — Geld — Wein. Die andere Korn — Geld — Rock. Der Beginn der Verwandlungsreihe einer Waare ist zugleich der Abschluß der Verwandlungsreihe einer anderen Waare. Ebenso umgekehrt.

Nehmen wir an, der Winzer kaufe für die 30 Mark, die er für seinen Wein erhalten, einen Kessel und Kohlen. Dann ist die Verwandlung Geld — Wein das letzte Glied der Reihe Rock — Geld — Wein, und das erste zweier anderer Reihen, Wein — Geld — Kohlen und Wein — Geld — Kessel.

Jede dieser Verwandlungsreihen bildet einen Kreislauf, Waare — Geld — Waare. Sie beginnt und endet mit der Waarenform. Aber jeder Kreislauf einer Waare verschlingt sich mit den Kreisläufen anderer Waaren. Die Gesammtbewegung dieser unzähligen sich ineinander verschlingenden Kreisläufe bildet die Waarenzirkulation.

Die Waarenzirkulation ist vom unmittelbaren Produkten=austausch oder einfachen Tauschhandel wesentlich verschieden. Der letztere wurde hervorgerufen durch das Anwachsen der Produktiv=kräfte über die Schranken des urwüchsigen Kommunismus hinaus. Durch den Produktenaustausch wurde das System gesellschaftlicher Arbeit über das Gebiet eines Gemeinwesens hinaus erweitert; er bewirkte, daß verschiedene Gemeinwesen und die Mitglieder verschiedener Gemeinwesen für einander arbeiteten. Aber der ein=fache Produktenaustausch bildete seinerseits wieder eine Schranke, als die Produktivkräfte sich immer mehr entwickelten, und diese wurde überwunden durch die Waarenzirkulation.

Der einfache Produktenaustausch erheischt, daß ich dem Ab=
nehmer meiner Produkte gleichzeitig seine Produkte abnehme.
Diese Schranke ist beseitigt in der Waarenzirkulation. Wohl ist
jeder Verkauf gleichzeitig ein Kauf; der Rock kann nicht vom
Schneider verkauft werden, ohne daß ihn ein Anderer, z. B. der
Landmann, kauft. Aber es ist durchaus nicht nöthig, erstens,
daß der Schneider gleich wieder kauft. Er kann das Geld in
den Kasten legen und warten, bis es ihm gefällt, etwas zu kaufen.
Er ist zweitens durchaus nicht gezwungen, jetzt oder später etwas
von dem Landmanne zu kaufen, der von ihm den Rock kaufte,
oder auf dem gleichen Markte zu kaufen, wo er verkauft. Die
zeitlichen, örtlichen und individuellen Schranken des Produkten=
austausches fallen also mit der Waarenzirkulation weg.

Aber noch ein anderer Unterschied zwischen Tauschhandel
und Waarenzirkulation findet statt. Der einfache Produkten=
austausch besteht in der Veräußerung überschüssiger Produkte
und läßt die Produktionsformen des urwüchsigen Kommunismus
zunächst unverändert, Produktionsformen, die unter direkter Kon=
trole der Betheiligten stehen.

Die Entwicklung der Waarenzirkulation macht hingegen die
Produktionsverhältnisse immer verwickelter, unübersichtlicher, un=
kontrolirbarer. Die einzelnen Produzenten werden von einander
immer unabhängiger, aber desto abhängiger werden sie von gesell=
schaftlichen Zusammenhängen, die sie nicht mehr kontroliren können,
wie dies beim urwüchsigen Kommunismus der Fall war. Die
gesellschaftlichen Mächte bekommen damit die Gewalt blindwirken=
der Naturkräfte, die, wenn in ihrem Walten gehindert, in ihrem
Gleichgewicht gestört, sich in Katastrophen geltend machen, gleich
Stürmen und Erdbeben.

Und schon entwickeln sich mit der Waarenzirkulation auch
die Keime zu solchen Katastrophen. Die Möglichkeit, welche sie
bietet, verkaufen zu können, ohne unmittelbar darauf kaufen zu

müssen, schließt schon die Möglichkeit von Absatzstockungen, von Krisen in sich ein. Aber die Produktivkräfte müssen sich über den Rahmen der einfachen Waarenzirkulation hinaus entwickeln, ehe die Möglichkeit zur Wirklichkeit wird.

8. Der Umlauf des Geldes.

Erinnern wir uns der Waarenkreisläufe, die wir im letzten Paragraphen verfolgt: Korn — Geld — Rock — Geld — Wein — Geld — Kohlen 2c. Der Fortgang dieser Kreisläufe theilt auch dem Geld eine Bewegung mit; aber diese ist kein Kreislauf. Das Geld, das vom Landmann ausgegangen, entfernt sich immer weiter von ihm. „Die dem Geld durch die Waarenzirkulation unmittelbar mitgetheilte Bewegungsform ist daher seine beständige Entfernung vom Ausgangspunkt, sein Lauf aus der Hand eines Waarenbesitzers in die eines anderen oder sein Umlauf."

Der Umlauf des Geldes ist die Folge des Kreislaufs der Waaren, nicht, wie man oft annimmt, dessen Ursache. Die Waare als Gebrauchswerth fällt bald — auf der Stufe der einfachen Waarenzirkulation, auf der wir jetzt in unserer Untersuchung stehen, wo von gewerbsmäßigem Handel und Wiederverkauf noch nicht die Rede, schon beim ersten Schritt ihres Laufes — aus der Zirkulation heraus, um in die Konsumtion einzugehen, und neuer Gebrauchswerth, aber gleicher Waarenwerth, tritt im Kreislauf an ihre Stelle. Im Kreislauf Korn — Geld — Rock verschwindet das Korn schon nach dem ersten Formwechsel Korn — Geld aus der Zirkulation, und gleicher Werth, aber verschiedener Gebrauchswerth kehrt zum Verkäufer des Korns zurück: Geld — Rock. Das Geld als Zirkulationsmittel fällt nicht aus der Zirkulation heraus, sondern treibt sich beständig in ihrem Bereich herum.

Es fragt sich nun, wie viel Geld die Waarenzirkulation erfordert.

Wir wissen bereits, daß jede Waare einer gewissen Geld= menge gleich gesetzt, also ihr Preis bestimmt wird, ehe sie noch mit dem wirklichen Geld in Berührung kommt. Es ist mithin der zu erzielende Preis jeder einzelnen Waare und die Summe der Preise aller Waaren von vornherein bestimmt — den Werth des Goldes als gegeben vorausgesetzt. Die Preissumme der Waaren ist eine bestimmte vorgestellte Goldsumme. Sollen die Waaren zirkuliren, so muß die vorgestellte Goldsumme in eine wirkliche verwandelt werden können; die Masse des zirkulirenden Goldes wird also bestimmt durch die Preissumme der zirku= lirenden Waaren. (Man muß im Auge behalten, daß wir uns hier noch auf dem Gebiet der einfachen Waarenzirkulation be= wegen, wo Kreditgeld, Ausgleichung der Zahlungen 2c. noch unbekannt sind.) Diese Preissumme schwankt, bei gleichbleibenden Preisen, mit der Masse der zirkulirenden Waaren; bei gleich= bleibender Waarenmasse mit deren Preisen, einerlei, ob dies Schwanken durch ein Schwanken der Marktpreise hervorgerufen worden, oder durch einen Werthwechsel des Goldes oder der Waaren; einerlei, ob diese Preisschwankung alle oder nur einige Waaren betrifft.

Aber die Waarenverkäufe sind nicht immer zusammenhanglos, noch gehen sie alle gleichzeitig vor sich.

Nehmen wir wieder unser früheres Beispiel. Wir haben die Reihe der Formverwandlungen: 5 Hektoliter Korn — 30 Mark — 1 Rock — 30 Mark — 40 Liter Wein — 30 Mark — 20 Zentner Kohlen — 30 Mark. Die Preis= summe dieser Waaren beträgt 120 Mark; zur Vollziehung der vier Verkäufe genügen aber 30 Mark, die viermal ihre Stelle wechseln, also vier Umläufe nacheinander vollziehen. Nehmen wir an, daß die genannten Verkäufe alle innerhalb eines Tages stattgefunden, so haben wir als Masse des als Zirkulationsmittel in einem gewissen Zirkulationsbereich während eines Tages fungirenden Geldes $\frac{120}{4} = 30$ Mark, oder im Allgemeinen ausgedrückt: $\frac{\text{Preissumme der Waaren}}{\text{Umlaufsanzahl gleichnamiger Geldstücke}} = $ Masse des als Zirkulationsmittel während eines bestimmten Zeitabschnittes fungirenden Geldes.

Die Umlaufszeit der verschiedenen Geldstücke in einem Lande ist natürlich eine verschiedene; das eine bleibt Jahre lang im Kasten liegen, das andere vollbringt in einem Tag vielleicht dreißig Umläufe. Aber ihre durchschnittliche Umlaufs= geschwindigkeit ist doch eine bestimmte Größe.

Die Umlaufsgeschwindigkeit des Geldes ist bedingt durch die Schnelligkeit des Kreislaufs der Waaren. Je rascher die Waaren aus der Zirkulation verschwinden, um konsumirt zu werden, und je rascher sie durch neue Waaren ersetzt werden, um so schneller auch der Umlauf des Geldes. Je langsamer der Kreislauf der Waaren, desto langsamer der Umlauf des Geldes, desto weniger Geld bekommt man zu sehen. Leute, deren Blick nur an der Oberfläche haftet, glauben dann, es sei zu wenig Geld da und der Mangel an Geld erzeuge die Zirku= lationsstockung. Dieser Fall ist zwar auch möglich, kommt aber heutzutage für längere Perioden kaum vor.

4. Die Münze. Das Papiergeld.

Für den Verkehr war es natürlich eine große Unbequem= lichkeit, wenn bei jedem Verkauf und Kauf der Gehalt und das Gewicht jedes einzutauschenden Stückes Geldmetall geprüft werden mußte. Dem wurde abgeholfen, sobald eine allgemein anerkannte Autorität das richtige Gewicht und den richtigen Gehalt jedes

Metallſtückes garantirte. So wurden aus Metallbarren vom Staate
hergeſtellte Metallmünzen.

Die Münzgeſtalt des Geldes entſpringt aus ſeiner Funktion
als Zirkulationsmittel. Hat aber das Geld einmal Münzgeſtalt
angenommen, dann erhält dieſe bald im Bereich des Zirkulations-
prozeſſes ein ſelbſtändiges, vom Münzgehalt unabhängiges Daſein.
Die Beſcheinigung des Staates, daß ein Münzzeichen eine gewiſſe
Menge Gold enthalte oder ihr gleich ſei, genügt bald unter gewiſſen Umſtänden, um das Münzzeichen als Zirkulationsmittel
ebenſo, wie das volle und wirkliche Goldquantum fungiren zu laſſen.

Schon der Umlauf der Geldſtücke ſelbſt bewirkt dies. Je länger
ein Geldſtück im Umlauf, deſto mehr nutzt es ſich ab, ſein angeblicher
und wirklicher Gehalt unterſcheiden ſich immer mehr von einander;
ein altes Geldſtück iſt leichter, als eines, das eben erſt aus der
Münze gekommen — trotzdem können beide unter gewiſſen Umſtänden als Zirkulationsmittel gleiche Werthe darſtellen.

Noch ſchärfer zeigt ſich der Unterſchied zwiſchen angeblichem
und wirklichem Gehalt in der Scheidemünze. Sehr oft bildeten
niedrigere Metalle, z. B. Kupfer, das erſte Geld, welche ſpäter
durch edle Metalle verdrängt wurden. Das Kupfer, und nach
Einführung der Goldwährung das Silber, hörten auf, Werth-
meſſer zu ſein, aber die Kupfer- und Silbermünzen fungirten
nach wie vor als Zirkulationsmittel im kleinen Verkehr. Sie
entſprachen jetzt beſtimmten Gewichtstheilen von Gold; der Werth,
den ſie darſtellten, änderte ſich in demſelben Verhältniß, wie der
des Goldes, er blieb unberührt von den Schwankungen des
Silber- und Kupferwerthes. Es zeigt ſich, daß unter dieſen
Umſtänden ihr Metallgehalt von keinem Einfluß iſt auf ihre
Funktion als Münze, daß man willkürlich durch Staatsgeſetze
beſtimmen kann, welche Menge Goldes von einer Kupfer- oder
Silbermünze dargeſtellt werden ſoll. Von da an war nur ein
Schritt dazu, an Stelle der Metallmarke eine Papiermarke zu

setzen, gesetzlich einen werthlosen Papierzettel einer gewissen Menge Goldes gleichzusetzen.

So entstand das Staatspapiergeld — nicht zu verwechseln mit dem Kreditgeld, das aus einer anderen Geldfunktion erwachsen ist.

Papiergeld kann Goldgeld nur als Zirkulationsmittel ersetzen, nicht als Werthmesser, es kann es nur ersetzen, insofern es bestimmte Goldmengen darstellt. Für das Papiergeld als Zirkulationsmittel gelten dieselben Gesetze, wie für das Metallgeld, an dessen Stelle es tritt. Das Papiergeld kann nie eine größere Goldmenge ersetzen, als von der Waarenzirkulation aufgesogen werden kann. Wenn die Waarenzirkulation eines Landes 100 Millionen Mark in Gold bedarf, und der Staat 200 Millionen Mark in Papier in Umlauf setzt, so wird dies zur Folge haben, daß ich z. B. mit zwei Zwanzigmark-Scheinen nur so viel kaufen kann, wie mit einem Goldstück von zwanzig Mark. Die in Papiergeld ausgedrückten Preise stellen sich in diesem Falle doppelt so hoch, als die Goldpreise. Das Papiergeld wird entwerthet durch das Uebermaß seiner Ausgabe. Dies findet augenblicklich in Rußland statt, wo das massenweise ausgegebene Staatspapiergeld seit mehr als 30 Jahren fortwährend unter dem Metallwerth steht, den es darstellen soll. Das großartigste Beispiel solcher Papiergeldentwerthung in Folge übermäßiger Ausgabe bilden die Assignaten der großen französischen Revolution, von denen über 45 581 Millionen Franken in sieben Jahren (1790 bis März 1797) in Umlauf gesetzt und in Folge davon schließlich total werthlos wurden.

5. Weitere Funktionen des Geldes.

Wir haben die Entstehung der einfachen Waarenzirkulation verfolgt, und gesehen, wie sich mit dieser die Funktionen des Geldes als Werthmaß und Zirkulationsmittel entwickelten. Das Geld bleibt jedoch auf diese Funktionen nicht beschränkt.

Mit der Waarenzirkulation selbst entwickelt sich die Noth=
wendigkeit und die Gier, die Geldwaare, das Gold, festzuhalten
und aufzuspeichern. Die Eigenthümlichkeiten des Geldes ent=
sprechen den Eigenthümlichkeiten der Waarenproduktion: so wie
diese eine Form ist, worin gesellschaftliche Produktion von
unabhängigen Privatproduzenten betrieben wird, so ist das Geld
eine gesellschaftliche Macht, die aber nicht die Macht der
Gesellschaft ist, sondern Privateigenthum eines Jeden werden
kann. Je größer die Summe Geldes, über die man verfügt,
desto größer die gesellschaftliche Macht, die Güter und Genüsse,
die Arbeitsprodukte Anderer, über die man verfügt. Gold kann
Alles, es ist die einzige Waare, die Jeder gebrauchen kann, Jeder
nimmt. So erwacht und wächst mit der Waarenzirkulation die
Gier nach Gold.

Aber die Ansammlung von Geld wird mit der Entwicklung
der Waarenproduktion nicht nur eine Leidenschaft, sondern auch
eine Nothwendigkeit. Je mehr Produkte zu Waaren werden,
je weniger man zum Selbstgebrauch erzeugt, desto nothwendiger
der Besitz von Geld, um überhaupt leben zu können. Ich muß
unaufhörlich kaufen, und um kaufen zu können, muß ich verkauft
haben; aber die Produktion der Waaren, die ich verkaufe, braucht
Zeit, ihr Verkauf hängt vom Zufall ab. Um die Waaren=
produktion im Gang zu halten, um während des Produzirens
leben zu können, muß ich einen Geldvorrath besitzen. Ein solcher
ist auch nothwendig zur Ausgleichung von Stockungen in der
Zirkulation. Wir haben oben gesehen, daß die Menge des
zirkulirenden Geldes abhängig ist von den Preisen der Waaren,
ihrer Menge und der Geschwindigkeit ihres Kreislaufes. Jeder
dieser Faktoren ändert sich unaufhörlich, die zirkulirende Geldmasse
ist daher in beständigem Schwanken begriffen. Wo kommt das
Geld her, das nöthig wird, wohin fließt das Geld ab, das über=
flüssig wird? Geldschätze, welche sich an den verschiedensten

Punkten anhäufen, bilden Sammelbecken, welche bald Geld aufnehmen, bald wieder abgeben und so Störungen im Zirkulationsprozeß ausgleichen.

In den Anfängen der Waarenzirkulation werden, wie beim einfachen Tausch, stets zwei Waaren unmittelbar ausgetauscht, nur mit dem Unterschied, daß jetzt die eine Waare stets allgemeines Aequivalent, Geldwaare, ist. Mit der Entwicklung der Waarenzirkulation erstehen jedoch Verhältnisse, durch welche die Veräußerung der Waare von dem Empfang der ihrem Preis entsprechenden Geldsumme zeitlich getrennt wird. Es treten jetzt Umstände ein, die veranlassen, daß man eine Waare früher bezahlt, ehe man sie erhalten hat, oder, was öfter der Fall, daß man sie erst später bezahlt. Ein Beispiel sei der Erläuterung wegen angeführt. Nehmen wir einen italienischen Seidenweber, etwa aus dem 13. Jahrhundert. Er bezieht die Seide, die er verarbeitet, aus seiner Nachbarschaft. Aber die Seidenstoffe, die er webt, gehen nach Deutschland; ehe sie an Ort und Stelle ankommen und verkauft sind und der Erlös nach Italien zurückgewandert ist, vergehen 3—4 Monate. Der Seidenweber hat einen Seidenstoff fertig gemacht; gleichzeitig sein Nachbar, der Seidenspinner, eine gewisse Menge Seide. Der Seidenspinner verkauft seine Waare augenblicklich an den Seidenweber; dieser bekommt seinen Erlös für seine Waare erst nach vier Monaten. Was geschieht? Der Weber kauft die Seide, bezahlt sie aber erst nach vier Monaten. Käufer und Verkäufer erhalten jetzt ein anderes Ansehen. Der Verkäufer wird Gläubiger, der Käufer Schuldner. Aber auch das Geld erhält jetzt eine neue Funktion. Es vermittelt im jetzigen Falle nicht die Zirkulation der Waare, es schließt ihren Kreislauf selbständig ab. Es ist in dieser Funktion nicht Zirkulationsmittel, sondern Zahlungsmittel, Mittel, einer eingegangenen Verpflichtung zur Lieferung einer Summe von Werthen nachzukommen.

4*

Eine solche Verpflichtung braucht aber nicht immer aus dem Zirkulationsprozeß der Waaren hervorzugehen. Je mehr die Waarenproduktion sich entwickelt, desto größer das Bestreben, Lieferungen von bestimmten Gebrauchswerthen in die Lieferung von Geld, der Form des allgemeinen Werthes, zu verwandeln. Naturalabgaben an den Staat werden in Geldsteuern verwandelt, Naturallieferungen an Beamte in Geldgehalte u. s. w. Die Funktion des Geldes als Zahlungsmittel greift jetzt über die Waarenzirkulation hinaus.

Kehren wir zu unserem Seidenweber zurück. Er kauft Seide vom Seidenspinner, ohne sie augenblicklich bezahlen zu können. Aber in Geldsachen hört die Gemüthlichkeit auf. Der Seidenspinner denkt sich: was man schwarz auf weiß besitzt, kann man getrost nach Hause tragen. Er läßt sich daher vom Seidenweber eine Anweisung geben, in der dieser sich verpflichtet, eine der Preissumme der verkauften Seide entsprechende Geldsumme nach vier Monaten zu bezahlen. Aber der Seidenspinner hat seinerseits Zahlungen zu leisten, ehe die vier Monate um sind. Da er kein baares Geld besitzt, zahlt er mit der Anweisung des Seidenwebers. Diese fungirt jetzt also als Geld; eine neue Sorte von Papiergeld entsteht: Kreditgeld (Wechsel, Checks u. s. w.).

Noch ein anderer Fall kann eintreten: Der Seidenweber habe Seide im Betrag von 5 Dukaten vom Seidenspinner gekauft. Dieser kaufte aber bei einem Goldschmied für seine Frau ein Armband um 6 Dukaten. Gleichzeitig habe dieser dem Seidenweber Seidenstoffe im Werthe von 4 Dukaten abgenommen. Die Zahlungen werden gleichzeitig fällig. Alle Drei, der Spinner, der Weber und der Goldschmied, treffen zusammen. Ersterer hat letzterem 6 Dukaten zu zahlen, gleichzeitig aber 5 Dukaten vom Seidenweber zu fordern. Er zahlt dem Goldschmied einen Dukaten und verweist ihn wegen des Restes an den Seidenweber. Dieser soll aber vom Goldschmied 4 Dukaten erhalten; er zahlt ihm daher nur einen. So sind durch gegenseitige Ausgleichung drei Zahlungen im Gesammtbetrage von 15 Dukaten mit blos zwei Dukaten bewerkstelligt worden.

Natürlich spielen sich die Vorgänge in der Wirklichkeit nicht so einfach ab, wie hier angenommen. Thatsächlich gleichen sich aber die Zahlungen der Waarenverkäufer untereinander zum Theil aus, und zwar in immer steigendem Maße mit der Entwicklung der Waarenzirkulation. Die Konzentrirung der Zahlungen an wenigen Plätzen und zu bestimmten Zeitpunkten entwickelt eigene Anstalten und Methoden dieser Ausgleichung, z. B. die virements im mittelalterlichen Lyon. Die Girobanken, Clearinghouses, Kassen= vereine, die demselben Zwecke dienen, sind bekannt. Nur Zahl= ungen, die sich nicht ausgleichen, müssen in Geld geleistet werden.

Das Kreditsystem läßt die Schatzbildung als selbständige Form der Bereicherung verschwinden. Wer seinen Reichthum er= halten sehen will, braucht sein Geld nicht mehr in der Erde oder in Kisten und Truhen zu verbergen, sobald das Kreditsystem sich entwickelt. Er kann das Geld ausleihen. Auf der anderen Seite nöthigt das Kreditsystem zu zeitweiliger Schatzbildung, zur Ansammlung von Geldsummen, die am Zahltag zur Zahlung von fälligen Schulden dienen.

Aber nicht immer gelingt die Ansammlung eines solchen Schatzes. Erinnern wir uns unseres Seidenwebers. Er hat ver= sprochen, nach vier Monaten zu zahlen, weil er bis dahin seine Waare verkauft zu haben hofft. Aber nehmen wir an, daß er keinen Käufer für seine Waare findet, also nicht zahlen kann. Der Seidenspinner rechnet aber auf diese Zahlung; er hat sich im Vertrauen auf sie ebenfalls zu Zahlungen verpflichtet, vielleicht an den Goldschmied, dieser wieder an andere; wir sehen, die Zahlungsunfähigkeit des Einen zieht die Zahlungsunfähigkeit Anderer nach sich, und zwar in um so höherem Grade, je mehr das System aufeinander und auseinander folgender Zahlungen und deren Ausgleichung entwickelt ist. Nun nehme man an, nicht ein Produzent, sondern eine Reihe von Produzenten sei, etwa in Folge allgemeiner Ueberproduktion, nicht im Stande, ihre Waaren zu verkaufen. Ihre Zahlungsunfähigkeit zieht die Zahlungsunfähigkeit Anderer nach sich, die ihre Waaren schon verkauft haben. Die Zahlungsanweisungen werden werthlos, alles verlangt nach blankem Geld, dem allgemeinen Aequivalent; ein allgemeiner Geldmangel, eine Geldkrise entsteht, die von einer gewissen Höhe der Entwicklung des Kredits an die nothwendige Begleiterin jeder Produktions- oder Handelskrise ist. Sie zeigt am deutlichsten, daß unter dem System der Waarenproduktion das Geld durch bloße Anweisungen auf Waaren nicht ersetzbar ist.

Das Geld hat zweierlei Gebiete der Zirkulation: den inneren Markt der jeweiligen Staatswesen und den Weltmarkt. Die Form von Münze und Werthzeichen besitzt das Geld nur innerhalb eines Landes, nicht aber im Verkehr von einem Land zum andern. Auf dem Weltmarkt nimmt es wieder seine ursprüngliche Gestalt an, die von Barren edlen Metalls, Gold und Silber. Beide dienten bisher auf dem Weltmarkt als Werthmaß, während im Bereich der inneren Zirkulation eines Landes nur eine Geldwaare als Maß der Werthe wirklich fungiren kann.

Es scheint uns übrigens, daß, seitdem Marx sein „Kapital" geschrieben, das Gold die unverkennbare Tendenz erhalten hat, die einzige Geldwaare auch auf dem Weltmarkt zu werden.

Die hauptsächliche Funktion des Weltgeldes ist die als Zahlungsmittel, zur Ausgleichung der internationalen Bilanzen — Ueberschüsse und Defizite der Ein- und Ausfuhr.

Die Verwandlung von Geld in Kapital.

———

1. Was ist Kapital?

Wir haben im zweiten Kapitel die Entwicklung der Waaren=
zirkulation aus dem Produktenaustausch verfolgt.

Gehen wir jetzt einen Schritt weiter. Unter der einfachen
Waarenzirkulation verkauft der Waarenbesitzer seine Waaren, um
andere zu kaufen. Aber mit der Zeit entwickelt sich aus dieser
Form der Zirkulation der Waaren eine neue Bewegungsform:
kaufen, um zu verkaufen. Die Formel der einfachen Waaren=
zirkulation lautet, wie wir wissen, Waare — Geld — Waare;
die Formel der neuen Zirkulationsform lautet Geld — Waare
— Geld.

Vergleichen wir beide Formeln miteinander.

Die Bewegung Waare — Geld — Waare hat zum Ziel den
Konsum. Ich verkaufe eine Waare, die Nichtgebrauchswerth für
mich, um andere erlangen zu können, die für mich Gebrauchs=
werthe darstellen. Der Kreislauf Waare — Geld — Waare ist
ein in sich abgeschlossener. Das im Verkauf gelöste Geld wird
in eine Waare verwandelt, die konsumirt wird, die aus der
Zirkulation fällt. Das Geld selbst ist ein für alle Mal aus=
gegeben, es entfernt sich in seinem Lauf von seinem früheren
Besitzer. Die Waare, mit der der Kreislauf endete, ist unter
den für die einfache Waarenzirkulation normalen Umständen, und

nur um solche kann es sich hier handeln, an Werth gleich derjenigen, mit welcher der Kreislauf begann.

Anders der Kreislauf Geld — Waare — Geld. Dieser hat nicht den Konsum zum Zweck; was am Schluß des Kreislaufs steht, ist nicht Waare, sondern Geld. Das Geld, das in dessen Beginn in die Zirkulation geworfen worden, ist nicht ausgegeben, sondern blos vorgeschossen. Es kehrt wieder zu seinem ursprünglichen Besitzer zurück. Der Kreislauf selbst ist kein in sich abgeschlossener, er treibt über sich selbst hinaus; das Geld, das vorgeschossen worden, kehrt zurück, um wieder von Neuem in die Zirkulation geworfen zu werden und wieder zurückzukehren, damit sich das Spiel endlos wiederhole. Die Bewegung des Geldes, die durch den Kreislauf Geld — Waare — Geld erzeugt wird, ist eine maßlose.

Welches ist aber die Triebkraft dieser Bewegung? Der Beweggrund des Kreislaufs Waare — Geld — Waare ist klar; erscheint dagegen der Kreislauf Geld — Waare — Geld nicht sinnlos? Wenn ich eine Bibel verkaufe, um mir für den Erlös Brot zu kaufen, so ist die Waare am Ende des Kreislaufs eine andere, als die am Anfang, wenn auch ihr Werth derselbe. Die eine stillt meinen geistigen Hunger, nützt mir aber sehr wenig, wenn dieser gestillt ist, wenn ich z. B. die Bibel auswendig kenne, aber keine Mittel besitze, meinen leiblichen Hunger zu stillen. Wenn ich aber für 100 Mark Kartoffeln kaufe, um sie wieder für 100 Mark zu verkaufen, so bin ich am Ende so weit, wie am Anfang; der ganze Vorgang hat weder Zweck noch Vortheil. Ein solcher läge nur darin, wenn die Geldsumme am Ende der Transaktion eine andere wäre, als die am Anfang. Eine Geldsumme unterscheidet sich aber von der anderen nur durch ihre Größe. Der Kreislauf Geld — Waare — Geld hat also nur dann einen Zweck, wenn die Geldsumme, mit der er endet, eine größere ist, als die, mit der er beginnt. Und diese

Vermehrung der Geldsummen ist denn auch in der That das treibende Motiv des Kreislaufs. Wer kauft, um zu verkaufen, kauft, um theurer zu verkaufen. Der Kreislauf Geld — Waare — Geld verläuft nur normal, wenn die Geldsumme am Ende eine größere ist, wie zu dessen Beginn. Der Kreislauf Waare — Geld — Waare geht hingegen, wie wir wissen, nur dann normal vor sich, wenn der Werth der Waare, mit der er schließt, der gleiche, wie der der Waare, mit der er beginnt.

Jeder Kauf ist ein Verkauf und umgekehrt. Der Kreis= lauf Geld — Waare — Geld scheint daher auf dasselbe hinaus= zulaufen, wie der Kreislauf Waare — Geld — Waare. Wir sehen aber jetzt schon, daß beide Kreisläufe von einander wesent= lich verschieden sind.

Wenn ich, um bei unserem Beispiel zu bleiben, Kartoffeln um 100 Mark kaufe, um sie wieder zu verkaufen, so thue ich das mit der Absicht, sie theurer zu verkaufen, vielleicht um 110 Mark, d. h. 100 + 10 Mark, also, allgemein gesprochen, um eine Summe, gleich der ursprünglichen, vermehrt um einen Zu= satz. Bezeichnen wir die Waare mit W, die ursprüngliche Geld= summe mit G, die zusätzliche Geldsumme mit g, so können wir die vollständige Formel in folgender Weise darstellen:

$$G — W — (G + g).$$

Dieses g, den zusätzlichen Werth, der über den ursprünglich vorgeschossenen Werth am Ende dieses Kreislaufs zu Tage tritt, nennt Marx den Mehrwerth. Dieser ist mit seinen Er= scheinungsformen, Profit, Zins u. s. w., ebensowenig zu ver= wechseln, als der Werth mit dem Preis. Es handelt sich bisher in unserer Darstellung noch vielfach nur um die Grundlagen, nicht um die Erscheinungsformen der ökonomischen Formen. Dies, um Mißverständnisse zu vermeiden.

Der Mehrwerth bildet die bestimmende Eigenthümlichkeit des Kreislaufs G — W — (G + g). Der Werth, der sich in dieser

Form des Kreislaufs bewegt, erhält durch den Mehrwerth selbst einen neuen Charakter, er wird — Kapital.

Nur in dieser Bewegung kann das Kapital begriffen werden. Es ist Mehrwerth heckender Werth. Wer von dieser Bewegung absieht, und das Kapital als ruhendes Ding erfassen will, wird stets auf Widersprüche stoßen. Daher die Konfusion in den herkömmlichen Lehrbüchern über den Begriff des Kapitals, über die Frage, welche Dinge als Kapital aufzufassen sind. Der eine definirt es als Werkzeug — da kommen wir zum Kapitalisten der Steinzeit, ja, der Affe, der mit einem Stein Nüsse aufschlägt, ist auch schon Kapitalist; ebenso wird der Stock des Vagabunden, mit dem dieser Früchte vom Baum schlägt, zum Kapital, der Vagabund selbst zum Kapitalisten. Andere definiren das Kapital als aufgespeicherte Arbeit, wodurch Hamstern und Ameisen die Ehre zu Theil wird, als Kollegen von Rothschild, Bleichröder und Krupp zu figuriren. Einige Oekonomen gar haben Alles, was die Arbeit fördert und produktiver macht, zum Kapital gerechnet, den Staat, das Wissen des Menschen, seine Seele.

Es ist klar, daß solche allgemeine Definitionen nur zu Gemeinplätzen führen, die in Kinderfibeln ganz erbaulich zu lesen sind, jedoch unsere Erkenntniß der menschlichen Gesellschaftsformen, ihrer Gesetze und Triebfedern, nicht im mindesten fördern. Erst Marx hat den Gemeinplatz aus der politischen Oekonomie völlig verbannt, der vor ihm in manchen ihrer Gebiete fast unumschränkt herrschte. Besonders gilt dies für das Gebiet der Darlegung der Eigenthümlichkeiten des Kapitals.

Wir haben gesehen, daß Kapital Mehrwerth heckender Werth ist, seine allgemeine Formel die: $G — W — (G + g)$. Aus dieser geht schon hervor, was die Thatsachen bestätigen, daß die Geldform diejenige Form ist, in der jedes neue Kapital seine Bewegung beginnt. Man sieht aber auch aus ihr, daß diese

Bewegung die Verwandlung des Kapitals aus der Geldform in die verschiedenartigen Formen der Waarenwelt nothwendigerweise bedingt, und ebenso wieder die Rückverwandlung aus diesen Formen in Geld.

Wir sehen ferner aus dieser Formel, daß nicht jedes Geld, nicht jede Waare Kapital sind, daß sie es nur werden, wenn sie eine bestimmte Bewegung durchmachen. Diese Bewegung hat aber ihrerseits wieder besondere historische Voraussetzungen, die wir noch kennen lernen werden. Das Geld, das ich ausgebe, um einen Konsumtionsgegenstand, etwa ein Brot oder einen Rock für mich zu kaufen, fungirt ebensowenig als Kapital, wie die Waare, die ich selbst produzirt habe und verkaufe, in dieser Transaktion als Kapital fungirt.

Produktionsmittel, aufgehäufte Arbeit 2c. bilden allerdings den Stoff des Kapitals, aber nur unter gewissen Umständen. Indem man von diesen absieht — abstrahirt, wie der neueste akademische Ausdruck für das Uebersehen des Wesentlichen lautet — sieht man von den Eigenthümlichkeiten der modernen Produktions= weise ab, und verbreitet ein Dunkel über sie, in dem sich sehr gut munkeln läßt, weshalb auch alle die gelehrten und unge= lehrten Vertreter des Kapitalismus weder von der Marx'schen Kapitaltheorie, noch von der Werththeorie, auf der sie beruht, etwas wissen wollen.

2. Die Quelle des Mehrwerthes.

Wir kennen jetzt die allgemeine Formel des Kapitals: G — W — (G + g). Wir wissen aber noch nicht, woher g, der Mehrwerth, stammt. Die gegebene Formel scheint anzu= deuten, daß die Akte des Kaufens oder Verkaufens den Mehr= werth erzeugen, daß dieser also aus der Waarenzirkulation ent= springt. Diese Ansicht ist die landläufige, sie beruht aber meist

auf einer Verwechslung von Waarenwerth mit Gebrauchs=
werth. Dies gilt insbesondere von der Behauptung, daß bei
einem Tausch beide Theile gewinnen, weil jeder hergiebt, was er
nicht braucht, und erlangt, was er braucht. Man drückt das so
aus: „Ich gebe etwas weg, was wenig Werth für mich besitzt
und empfange dafür etwas, was mehr Werth für mich besitzt." ·
Diese Darlegung der Entstehung des Mehrwerthes ist nur dort
möglich, wo der Begriff Werth noch ganz nebelhaft ist. Um sich
mit dieser Darlegung zufrieden zu stellen, muß man einerseits
vergessen, daß der Austausch von Waaren wohl auf der Un=
gleichheit ihrer Gebrauchswerthe, aber gleichzeitig auch auf
der Gleichheit ihrer Waarenwerthe beruht. Auf der anderen
Seite muß man aber so gutmüthig sein, wie die meisten Leser
der Vulgärökonomen, Alles unbesehen für baare Münze zu
nehmen, was diese erzählen, und wirklich zu glauben, daß die
geschäftlichen Operationen z. B. eines modernen Kaufmanns mit
dem urwüchsigen Tausch zwischen Wilden auf einer Stufe ständen.
Wir wissen aber, daß der Mehrwerth nicht auf der Stufe des
Tausches, sondern der Waarenzirkulation entsteht, die durch
Geld vermittelt wird, und daß der Mehrwerth in mehr Geld
zu Tage tritt. Von einem „Gewinn" durch Erlangung von
etwas, das Gebrauchswerth für mich hat, gegen Hingabe von
etwas, das keinen Gebrauchswerth für mich hat, kann also bei
einer Transaktion nicht die Rede sein, die durch die Formel:
G — W — (G + g) ausgedrückt wird.

Wir begegnen hier einem Manöver der Vulgärökonomie,
das diese gern anwendet, wo es sich darum handelt, die Er=
kenntniß der modernen ökonomischen Verhältnisse zu erschweren,
was ihre Hauptaufgabe: sie setzt die modernen Erscheinungen
denen längst vergangener Zeiten gleich.

Wir haben hier nicht mit dem Tausch, sondern der Waaren=
zirkulation zu thun. Diese kann ebensowenig wie jener, unter

normalen Umständen, einen Mehrwerth bilden, wenn stets gleiche Waarenwerthe für gleiche Waarenwerthe gegeben werden.

Nehmen wir aber an, die Gesetze der Waarenzirkulation würden verletzt; es würde z. B. den Waarenbesitzern das Privilegium verliehen, ihre Waaren mit einem Preisaufschlag von 10 Prozent ihres ursprünglichen Werthes zu verkaufen. Der Schneider verkauft den Rock statt um 30 um 33 Mark. Aber, o Jammer! Das Fäßchen Wein, das er früher um 30 Mark kaufte, muß er jetzt auch mit 33 Mark bezahlen. Er hat also nichts gewonnen.

Wir können noch den Versuch machen, die Entstehung des Mehrwerthes dadurch zu erklären, daß nicht alle, sondern nur einige Waarenbesitzer es verstehen, die Waaren unter ihrem Werth zu kaufen, über ihrem Werth zu verkaufen. Ein Kaufmann kaufe vom Landmann 40 Zentner Kartoffeln, die 100 Mark werth sind, um 90 Mark, und verkaufe sie um 110 Mark an den Schneider. Am Ende des Vorganges befindet sich allerdings in den Händen des Kaufmanns ein größerer Werth, als an dessen Beginn. Aber die Gesammtmasse der vorhandenen Werthe ist dieselbe geblieben. Wir hatten zu Beginn Werthe von 100 Mark (der Landmann) + 90 Mark (der Kaufmann) + 110 Mark (der Schneider) = 300 Mark. Am Schluß 90 Mark (der Landmann) + 110 Mark (der Kaufmann) + 100 Mark (der Schneider) = 300 Mark.

Der größere Werth in den Händen des Kaufmanns ist also nicht aus einer Werthvermehrung entstanden, sondern aus einer Verminderung der Werthe in den Händen Anderer. Will ich diesen größeren Werth Mehrwerth nennen, so kann ich ebenso gut den Werth, den ein Dieb einem Anderen direkt aus der Tasche stiehlt, Mehrwerth nennen.

Der historische Beginn der Aneignung von Mehrwerth geschah allerdings in dieser Weise, in der Aneignung fremder Werthe, entweder durch Vermittlung der Waarenzirkulation durch

das Kaufmannskapital, oder ganz unverhüllt ohne diese Ver=
mittlung, durch das Wucherkapital. Aber diese beiden Kapital=
arten waren nur möglich durch Verletzung der Gesetze der
Waarenzirkulation, durch offenbare und grobe Verletzung ihres
Grundgesetzes, daß Werthe nur gegen gleiche Werthe ausgetauscht
werden. Das Kapital stand daher, so lange es nur Kaufmanns=
und Wucherkapital war, im Gegensatz zu der ökonomischen Organi=
sation seiner Zeit, und damit auch im Gegensatz zu deren moralischen
Anschauungen. Im Alterthum ebenso wie im Mittelalter standen
Handel und namentlich Wucher in schlechtem Geruch; sie wurden
in gleicher Weise gebrandmarkt von antiken heidnischen Philo=
sophen wie von Kirchenvätern; von Päpsten wie von Reformatoren.

Wenn wir einen Typus der Säugethiere aufstellen wollen,
werden wir nicht das eierlegende Schnabelthier in erste Linie
setzen. So dürfen wir auch nicht, wenn wir das Kapital er=
kennen wollen, welches den ökonomischen Bau der modernen
Gesellschaft bestimmt, von dessen sozusagen vorsintfluthlichen Formen,
dem Wucher= und Handelskapital, ausgehen. Erst nachdem eine
andere, höhere Form des Kapitals sich gebildet, bilden sich auch
Mittelglieder, welche die Funktionen des Handelskapitals und
zinstragenden Kapitals in Einklang bringen mit den Gesetzen der
jetzt herrschenden Form der Waarenproduktion. Erst von da
hören sie auf, mit Nothwendigkeit von vornherein den Charakter
der simplen Prellerei und des direkten Raubes zu tragen. Handels=
kapital und Wucherkapital können erst begriffen werden nach der
Erkenntniß der modernen Grundform des Kapitals.

Es ist demnach begreiflich, warum Marx das Handels= und
zinstragende Kapital in den ersten zwei Bänden des „Kapital"
nicht behandelt hat; diese gelten der Erforschung der Grund=
gesetze des Kapitals.

Wir haben uns hier also mit den beiden ersterwähnten
Kapitalformen nicht weiter zu befassen. Was als Ergebniß der

Untersuchung festzuhalten, ist die Thatsache, daß der Mehrwerth nicht aus der Waarenzirkulation entspringen kann. Weder Kauf noch Verkauf schaffen Mehrwerth.

Aber andererseits kann der Mehrwerth auch nicht außerhalb des Bereichs der Zirkulation entstehen. Ein Waarenbesitzer kann durch Arbeit eine Waare umformen und ihr so neuen Werth zusetzen, der durch das Maß der gesellschaftlich nothwendigen Arbeit bestimmt ist, die aufzuwenden war, aber der Werth der ursprünglichen Waare wird dadurch nicht erhöht; diese erhält dadurch keinen Mehrwerth. Wenn ein Seidenweber Seide im Werth von 100 Mark kauft und zu einem Seidenstoff verarbeitet, so wird der Werth dieses Stoffes gleich sein dem Werth der Seide, vermehrt um den Werth, den die Arbeit des Webers geschaffen. Der Werth der Seide als solcher ist durch diese Arbeit nicht erhöht worden.

So stehen wir vor einem sonderbaren Räthsel: Der Mehr=werth wird nicht durch die Waarenzirkulation erzeugt. Er wird nicht erzeugt außerhalb ihres Bereichs.

3. Die Arbeitskraft als Waare.

Sehen wir uns die allgemeine Formel des Kapitals näher an. Sie lautet $G — W — (G + g)$. Sie setzt sich aus zwei Akten zusammen: $G — W$, Kauf der Waare, $W — (G + g)$, Ver=kauf. Nach den Gesetzen der Waarenzirkulation muß der Werth von G gleich sein W, W aber gleich $G + g$. Dies ist nur möglich, wenn W sich selbst vergrößert, wenn W eine Waare ist, die während ihres Verbrauchs einen größeren Werth erzeugt, als sie selbst besitzt. Das Räthsel des Mehrwerthes ist gelöst, sobald wir eine Waare finden, deren Gebrauchswerth die eigenthümliche Beschaffen=heit besitzt, Quelle von Werth zu sein, deren Verbrauch die Schaffung von Werth ist, so daß die Formel $G — W — (G + g)$ in Bezug auf sie lautet $G — W \ldots (W + w) — (G + g)$.

Wir wissen aber, daß Waarenwerthe nur durch Arbeit geschaffen werden. Die obige Formel kann also nur dann sich verwirklichen, wenn die Arbeitskraft eine Waare ist.

„Unter Arbeitskraft oder Arbeitsvermögen," sagt Marx, „verstehen wir den Inbegriff der physischen und geistigen Fähigkeiten, die in der Leiblichkeit, der lebendigen Persönlichkeit eines Menschen existiren und die er in Bewegung setzt, so oft er Gebrauchswerthe irgend einer Art produzirt."

Die Arbeitskraft muß als Waare auf dem Markt erscheinen. Was heißt das? Wir haben oben gesehen, daß der Waarenaustausch das völlig freie Verfügungsrecht der Waarenbesitzer über ihre Waare zur Voraussetzung hat. Der Besitzer der Arbeitskraft, der Arbeiter, muß also ein freier Mann sein, wenn seine Arbeitskraft soll Waare werden können. Seine Arbeitskraft muß Waare bleiben; er darf sie daher nicht für immer, sondern nur für bestimmte Zeitabschnitte verkaufen, sonst wird er zum Sklaven und verwandelt sich aus einem Waarenbesitzer in eine Waare.

Noch eine andere Bedingung muß erfüllt sein, soll die Arbeitskraft zur Waare werden. Wir haben gesehen, daß ein Gebrauchswerth, um Waare zu werden, Nichtgebrauchswerth für seinen Besitzer sein muß. So muß auch die Arbeitskraft ein Nichtgebrauchswerth für den Arbeiter sein, wenn sie als Waare auf dem Markt erscheinen soll. Der Gebrauchswerth der Arbeitskraft besteht aber in der Erzeugung anderer Gebrauchswerthe; diese hat zur Voraussetzung die Verfügung über die nöthigen Produktionsmittel. Wo der Arbeiter über die Produktionsmittel verfügt, verkauft er nicht seine Arbeitskraft, sondern wendet sie selbst an und verkauft seine Produkte. Der Arbeiter muß von den Produktionsmitteln getrennt sein, vor Allem von dem wichtigsten derselben, dem Grund und Boden, soll die Arbeitskraft zur Waare werden.

Der Arbeiter muß frei sein in jeder Beziehung, frei von jeder persönlichen Abhängigkeit, aber auch los und ledig aller nöthigen Produktionsmittel: das sind die Vorbedingungen, soll der Geldbesitzer sein Geld in Kapital verwandeln können. Diese Vorbedingungen sind weder von Natur gegeben, noch sind sie allen Gesellschaftsformen eigen. Sie sind das Resultat einer langwierigen historischen Entwicklung, und erst verhältnißmäßig spät treten sie in solcher Ausdehnung auf, um bestimmend auf die Formation der Gesellschaft einzuwirken. Mit dem 16. Jahrhundert beginnt die moderne Lebensgeschichte des Kapitals.

Wir kennen jetzt die Waare, welche den Mehrwerth schafft. Wie hoch ist ihr eigener Werth?

Er wird bestimmt, wie der jeder anderen Waare, durch die zu ihrer Herstellung, also auch Wiederherstellung gesellschaftlich nothwendige Arbeitszeit.

Die Arbeitskraft setzt die Existenz des Arbeiters voraus. Diese Existenz bedarf ihrerseits wieder zu ihrer Erhaltung einer gewissen Summe von Lebensmitteln. Die zur Herstellung der Arbeitskraft nothwendige Arbeitszeit ist also gleich der Arbeitszeit, die gesellschaftlich nothwendig, um diese gewisse Summe von Lebensmitteln herzustellen. Eine Reihe von Umständen bestimmt die Größe dieser Summe. Je mehr Arbeitskraft der Arbeiter ausgiebt, je länger und angestrengter er arbeitet, desto mehr Lebensmittel bedarf er, um die Kraftausgabe wieder zu ersetzen, um am nächsten Tag ebenso arbeiten zu können, wie am vorhergehenden. Andererseits sind die Bedürfnisse der Arbeiterklassen verschiedener Länder verschieden nach den natürlichen und kulturellen Eigenthümlichkeiten jedes Landes. Ein norwegischer Arbeiter braucht eine größere Summe von Lebensmitteln, als ein indischer; die Nahrung, Kleidung, Wohnung, Feuerung 2c., deren der erstere bedarf, um bestehen zu können, erfordern eine größere Arbeitszeit zu ihrer Herstellung, als die Lebensmittel des indischen Arbeiters.

Ferner: In einem Lande, wo die Arbeiter z. B. barfüßig herum=
laufen, oder nichts lesen, werden ihre Bedürfnisse geringer sein,
als dort, wo sie höher entwickelt sind, wo sie z. B. Fußbeklei=
dungen tragen oder Zeitungen und Bücher lesen, selbst wenn keinerlei
klimatische und sonstige natürliche Unterschiede vorhanden. „Im
Gegensatz zu anderen Waaren", sagt Marx, „enthält also
die Werthbestimmung der Arbeitskraft ein historisches und mora=
lisches Element."

Der Arbeiter ist ferner, wie Jedermann weiß, sterblich. Das
Kapital aber will unsterblich sein. Dazu ist nothwendig, daß die
Arbeiterklasse unsterblich sei, daß die Arbeiter sich fortpflanzen.
Die Summe der zur Erhaltung der Arbeitskraft nothwendigen
Lebensmittel schließt also auch die zur Erhaltung der Kinder
(unter Umständen auch der Frauen) nothwendigen Lebensmittel ein.

Endlich sind zu den Produktionskosten der Arbeitskraft auch
ihre Bildungskosten zu rechnen, die Kosten, erforderlich zur Er=
langung einer gewissen Fertigkeit in einem bestimmten Arbeits=
zweig. Für die Mehrzahl der Arbeiter sind diese Kosten ver=
schwindend klein.

Alle diese Bestimmungsgründe bewirken, daß der Werth der
Arbeitskraft einer bestimmten Arbeiterklasse in einem bestimmten
Land und zu einem bestimmten Zeitpunkt eine bestimmte Größe ist.

Wir haben bisher nicht vom Preis gehandelt, sondern vom
Werth; nicht vom Profit, sondern vom Mehrwerth. So muß
man auch hier im Auge behalten, daß wir vom Werth der
Arbeitskraft handeln, nicht vom Arbeitslohn. Auf eine Eigen=
thümlichkeit, die bei der Bezahlung der Arbeitskraft stattfindet,
muß jedoch schon hier hingewiesen werden. Nach vulgärökonomischer
Ansicht schießt der Kapitalist dem Arbeiter den Lohn vor, weil der
Kapitalist den Arbeiter in den meisten Fällen bezahlt, ehe er die
Produkte von dessen Arbeit verkauft hat. In Wirklichkeit aber ist es
der Arbeiter, der dem Kapitalisten seine Arbeitsleistung kreditirt.

Nehmen wir an, ich kaufe Kartoffeln, um aus ihnen Schnaps herzustellen. Ich bezahle die Kartoffeln erst, nachdem ich den Schnaps erzeugt, aber ehe ich den Schnaps verkauft. Wäre es nun nicht lächerlich, wenn ich behaupten würde, ich schösse dem Landmann den Preis seiner Kartoffeln vor, weil ich diese bezahlt, ehe ich den Schnaps verkauft? Nein, der Landmann kreditirt mir vielmehr den Preis seiner Kartoffeln, bis ich aus ihnen Schnaps erzeugt. Wenn ich sage, ich zahle baar, so sage ich damit, daß ich die Waare bezahle, sobald ich sie kaufe. Die Kaufleute würden sich sehr über die ökonomische Weisheit wundern, die behauptete, daß Derjenige, der ihre Waaren erst bezahlt, nachdem er sie verbraucht, nicht nur baar zahle, sondern ihnen sogar das Geld vorschieße. Den Arbeitern aber wagen die Vulgärökonomen dergleichen Unsinn immer noch vorzuschwätzen. Wenn den Arbeitern ihre Waare Arbeitskraft gegen baar ab=genommen würde, müßte sie in dem Augenblick bezahlt werden, wo sie in den Besitz des Kapitalisten übergeht, also am Beginn jeder Woche, nicht an ihrem Ende. Bei dem heutigen System der Bezahlung riskiren nicht nur die Arbeiter ihren Lohn, sie sind auch gezwungen, auf Borg zu leben und deswegen alle Ver=fälschungen und Verschlechterungen der Lebensmittel durch die Zwischenhändler ruhig über sich ergehen zu lassen. Je länger die Periode der Lohnzahlung, desto schlimmer sind die Arbeiter daran. Eine vierzehntägige oder gar monatliche Lohnzahlung ist eine der drückendsten Lasten für den Lohnarbeiter.

Wie immer aber auch das System der Lohnzahlung sein möge, stets stehen Arbeiter und Kapitalist einander unter normalen Verhältnissen gegenüber wie zwei Waarenbesitzer, die gleiche Werthe gegenseitig austauschen. Das Kapital bewegt sich jetzt nicht mehr im Widerspruch gegen die Gesetze der Waarenzirkulation, sondern auf Grund dieser Gesetze. Arbeiter und Kapitalist stehen sich als Waarenbesitzer, also als freie und gleiche von einander persönlich unabhängige Personen gegenüber; sie gehören als solche zur selben Klasse, sie sind Brüder. Arbeiter und Kapitalist tauschen gleiche Werthe gegen einander aus: das Reich der Gerechtigkeit, der Freiheit, Gleichheit und Brüderlichkeit scheint also mit der Herr- schaft des Lohnsystems angebrochen, das tausendjährige Reich des Glückes und Friedens. Der Jammer der Knechtschaft und der Tyrannei, der Ausbeutung und des Faustrechts liegt hinter uns.

So verkünden uns die gelehrten Vertreter der Interessen des Kapitals.

II. Abschnitt.

Der Mehrwerth.

––––––

Erstes Kapitel.

Der Vorgang der Produktion.

————

Wir haben uns im ersten Abschnitt meist auf dem Waaren=
markt bewegt; wir haben gesehen, wie Waaren ausgetauscht,
verkauft und gekauft werden; wie das Geld die verschiedensten
Funktionen verrichtet, wie aus dem Geld Kapital wird, sobald
es auf dem Markt die Waare Arbeitskraft vorfindet.

Der Kapitalist hat die Arbeitskraft gekauft, und zieht sich
mit der neuen Acquisition vom Markt zurück, wo sie ihm vor=
läufig gar nichts nützt, dorthin, wo er sie konsumiren, verwenden
kann, in die Arbeitsstätte. Folgen wir ihm dahin. Verlassen
wir das Gebiet der Waarenzirkulation und sehen wir uns
auf dem Gebiete der Produktion um. Auf diesem Gebiete
sollen sich die folgenden Ausführungen bewegen.

„Der Gebrauch der Arbeitskraft ist die Arbeit selbst." Der
Kapitalist konsumirt die Arbeitskraft, die er gekauft, indem er
deren Verkäufer für sich arbeiten, Waaren produziren läßt.

Die Waaren produzirende Arbeit hat, wie wir schon im ersten
Abschnitt gesehen, zwei Seiten: sie ist Bildnerin von Gebrauchs=
werthen und von Waarenwerthen. Als Bildnerin von Gebrauchs=
werthen ist die Arbeit keine der Waarenproduktion besondere
Eigenthümlichkeit, sondern eine beständige Nothwendigkeit für das
Menschengeschlecht, unabhängig von jeder besonderen gesellschaft=
lichen Form. Als solche zeigt die Arbeit drei Momente: 1. eine

zweckbewußte und zweckmäßige Thätigkeit des Menschen;
2. den Arbeitsgegenstand; 3. das Arbeitsmittel.

Die Arbeit ist eine zweckmäßige und zweckbewußte Thätigkeit
des Menschen, ein Wirken des Menschen auf den Naturstoff, um
diesem eine für seine Bedürfnisse brauchbare Form zu geben. Die
Elemente einer solchen Thätigkeit finden wir schon im Thierreich,
aber erst auf einer gewissen Entwicklungsstufe des Menschen=
geschlechts streift sie ihre instinktartige Form völlig ab und wird
zu einer zweckbewußten Thätigkeit. Jede Arbeit ist nicht blos
Muskel=, sondern auch Hirn= und Nervenarbeit. Treffend bemerkt
Marx: „Außer der Anstrengung der Organe, die arbeiten, ist
der zweckgemäße Wille, der sich als Aufmerksamkeit äußert, für
die ganze Dauer der Arbeit erheischt, und umsomehr, je weniger
sie durch den eigenen Inhalt und die Art und Weise ihrer Aus=
führung den Arbeiter mit sich fortreißt, je weniger er sie daher
als Spiel seiner eigenen körperlichen und geistigen Kräfte genießt."

Der Arbeiter wirkt auf einen Gegenstand, den Arbeits=
gegenstand; er wendet bei dieser Thätigkeit Hilfsmittel an,
Dinge, deren mechanische, physikalische oder chemische Eigenschaften
er auf den Arbeitsgegenstand seinen Zwecken gemäß wirken läßt;
diese Hilfsmittel sind die Arbeitsmittel. Das Ergebniß der
Bearbeitung des Arbeitsgegenstandes mit Hilfe des Arbeitsmittels
ist das Produkt. Arbeitsmittel und Arbeitsgegenstand sind
Produktionsmittel.

Wenn ein Tischler einen Tisch verfertigt, so verarbeitet er
hierbei Holz. Ist der Arbeitsgegenstand nicht von Natur vor=
gefunden, wie z. B. der Baum im Urwald, sondern ist bereits
Arbeit zu seiner Erlangung nothwendig gewesen, z. B. im vor=
liegenden Fall die Arbeit des Fällens und Transportirens des
Holzes, dann heißt er Rohmaterial. Das Holz in unserem
Beispiel ist Rohmaterial, ebenso der Leim, die Farbe, der
Lack, die bei der Herstellung des Tisches verarbeitet werden.

Das Holz ist das Hauptmaterial, Leim, Farbe, Lack sind Hilfsstoffe. Hobel, Säge u. s. w. sind dagegen Arbeits= mittel, der Tisch ist das Produkt.

„Ob ein Gebrauchswerth als Rohmaterial, Arbeitsmittel oder Produkt erscheint, hängt ganz und gar ab von seiner bestimmten Funktion im Arbeitsprozesse, von der Stelle, die er in ihm ein= nimmt, und mit dem Wechsel dieser Stelle wechseln jene Be= stimmungen."

Ein Stück Vieh z. B. kann nach einander fungiren als Produkt (der Viehzüchtung), Arbeitsmittel (z. B. als Zug= thier) und Rohmaterial (bei der Mast).

Die Arbeitsmittel sind für die Entwicklung des Menschen= geschlechts von der höchsten Bedeutung. Die Art und Weise des Produzirens hängt in erster Linie von ihnen ab; jede Produktions= weise bedingt aber ihr eigenthümliche gesellschaftliche Verhältnisse mit einem entsprechenden juristischen, religiösen, philosophischen und künstlerischen Ueberbau.

Unter jeder Produktionsweise bilden Produktionsmittel (Arbeitsgegenstand und Arbeitsmittel) und die Arbeitskraft die nothwendigen Elemente der Produktion von Gebrauchswerthen, d. h. des Arbeitsprozesses. Der gesellschaftliche Charakter dieses Prozesses (Vorganges) ist aber unter den verschiedenen Produktionsweisen ein verschiedener.

Untersuchen wir nun, wie er sich unter der kapitalistischen Produktionsweise gestaltet.

Dem Waarenproduzenten ist die Produktion von Gebrauchs= werthen nur Mittel zum Zweck der Produktion von Waaren= werthen. Die Waare ist Einheit von Gebrauchswerth und Werth, er kann also nicht Werthe produziren, wenn er nicht Gebrauchswerthe produzirt. Die Waaren, die er erzeugt, müssen ein Bedürfniß befriedigen, müssen einen Nutzen für irgend Jemand haben, sonst kann er sie nicht absetzen. Der Umstand, daß seine

Waare Gebrauchswerth sein muß, ist jedoch für den Waaren=
produzenten nur ein nothwendiges Uebel, nicht der Endzweck seiner
geschäftlichen Thätigkeit.

Der Produktionsprozeß der Waarenproduktion ist daher
gleichzeitig der Prozeß der Produktion von Gebrauchswerthen
und Waarenwerthen, er ist Einheit von Arbeitsprozeß und
Werthbildungsprozeß.

Dies gilt für die Waarenproduktion überhaupt. Jetzt haben
wir aber den Produktionsprozeß bei einer besonderen Art von
Waarenproduktion zu beobachten: der Produktion von Waaren
vermittelst gekaufter Arbeitskraft zum Zweck der Erzielung
eines Mehrwerths.

Wie gestaltet sich da der Arbeitsprozeß?

Zunächst wird er durch die Dazwischenkunft des Kapitalisten
im Wesentlichen nicht verändert.

Denken wir uns z. B. einen Weber, der für sich arbeitet.
Sein Webstuhl gehört ihm; er kauft das Garn selbst; er kann
arbeiten, wann und wie ihm beliebt; das Produkt seiner Arbeit
ist sein Eigenthum. Aber er verarmt und muß seinen Webstuhl
verkaufen. Wovon soll er nun leben? Es bleibt ihm nichts
übrig, als sich einem Kapitalisten zu verdingen und für diesen
zu weben. Dieser kauft seine Arbeitskraft, kauft auch den Web=
stuhl und das nöthige Garn und setzt nun den Weber an seinen,
des Kapitalisten, Webstuhl, damit er das gekaufte Garn ver=
arbeite. Vielleicht ist der Webstuhl, den der Kapitalist kaufte,
derselbe, den der Weber in seiner Noth veräußern mußte. Auch
wenn dies nicht der Fall, so webt doch der Weber in derselben
Weise, wie vorher, der Arbeitsprozeß hat sich äußerlich nicht
verändert.

Aber doch sind zwei große Aenderungen eingetreten: der
Weber arbeitet nicht mehr für sich, sondern für den Kapitalisten;
dieser kontrolirt jetzt den Arbeiter bei der Arbeit, giebt Acht, daß

er nicht zu säumig oder zu schleuderhaft arbeitet u. s. w. Und — das Produkt der Arbeit des Arbeiters gehört jetzt nicht diesem, sondern dem Kapitalisten.

Dies die nächsten Wirkungen auf den Arbeitsprozeß, sobald das Kapital sich des Produktionsprozesses bemächtigt. Wie gestaltet sich aber jetzt der Werthbildungsprozeß?

Berechnen wir zunächst, wie hoch sich der Werth des Pro= duktes beläuft, welches als Waare für den Kapitalisten von ge= kaufter Arbeitskraft mit gekauften Produktionsmitteln produzirt worden.

Der Kapitalist kaufe die Arbeitskraft, nehmen wir an, für einen Tag. Die zur Erhaltung des Arbeiters nothwendigen Lebensmittel werden in 6 Stunden gesellschaftlich nothwendiger Arbeitszeit erzeugt. Ebensoviel und ebensolche Arbeitszeit sei in 3 Mark verkörpert. Der Kapitalist kaufe die Arbeitskraft zu ihrem Werth; er zahle dem Arbeiter für den Arbeitstag 3 Mark.*)

---

*) Diese und die folgenden Zahlen sind natürlich ganz will= kürlich, der leichteren Anschaulichkeit wegen gewählt. Es scheint sich das von selbst zu verstehen; aber mancher von den Vielen, die über das „Kapital" geschrieben, hat unterstellt, daß Marx Beispiele von der Art des gegebenen als Thatsachen angeführt habe. Was die „Kapital"=Kommentatoren zu leisten vermögen, zeigt Folgendes: Im 57. Band der „Preußischen Jahrbücher" des Herrn von Treitschke ver= öffentlichte ein Herr Dr. R. Stegemann einen von Seichtigkeit über= strömenden Artikel über die „ökonomische Grundanschauung von Karl Marx." Unmittelbar, nachdem er das „Werthprinzip" als Grundforderung von Marx vorgeführt, erzählt er uns (S. 227): „Marx behauptet, die menschliche Gesellschaft würde nur etwa sechs Stunden täglicher Arbeit zur Beschaffung der für Alle unent= behrlichen Subsistenzmittel benöthigen, wenn nämlich Jeder und zwar nach seinen Kräften arbeiten würde." Von alledem steht im „Kapital" kein Wort. Hätte Herr Stegemann weniger Phantasie und mehr Aufmerksamkeit verwendet, so würde er auf Seite 209 (2. Aufl.) des „Kapital" gefunden haben, daß Marx die nothwendige Arbeit

Nehmen wir an, der Kapitalist halte Baumwollengarn für
einen Gebrauchswerth, der sehr gesucht sei und leicht verkauft
werden könne; er beschließt also, Garn produziren zu lassen,
kauft Arbeitsmittel — der Einfachheit wegen wollen wir diese
hier von einzelnen Spindeln dargestellt ansehen — und Baum=
wolle. In einem Pfund Baumwolle seien vielleicht zwei Arbeits=
stunden enthalten, es koste also 1 Mark. Aus einem Pfund
Baumwolle werde ein Pfund Garn gesponnen. Bei dem Ver=
spinnen von je 100 Pfund Baumwolle werde je eine Spindel
verbraucht, abgenützt; bei dem Verspinnen von 1 Pfund also
$1/100$ Spindel. In einer Spindel stecken 20 Arbeitsstunden
= 10 Mark. In einer Arbeitsstunde werden 2 Pfund Baum=
wolle versponnen, in 6 Stunden also 12 Pfund — stets normale,
durchschnittliche, gesellschaftlich nothwendige Produktionsbedingungen
vorausgesetzt.

Wie viel Werth wird unter diesen Umständen in einem
Pfund Garn stecken?

Zunächst der Werth der bei dessen Herstellung konsumirten
Baumwolle und Spindeln. Dieser geht ohne Verkürzung oder
Vergrößerung in das Produkt ein. Der Gebrauchswerth der
Baumwolle und Spindel ist ein anderer geworden, ihr Werth
ist unberührt geblieben. Es wird dies klar, wenn man die ver=
schiedenen, zur Herstellung des schließlichen Produkts erforderlichen

---

berechnete, die ein Spinner in einer bestimmten Spinnerei in den
sechsziger Jahren thatsächlich zu leisten hatte, auf Grund von
Daten, die ihm ein Fabrikant aus Manchester geliefert. Er kam
zu dem Ergebniß, daß bei zehnstündiger Arbeitszeit die noth=
wendige Arbeitszeit des Spinners nicht ganz vier Stunden
betrug, die überschüssige Arbeitszeit, während der er Mehrwerth
produzirte, etwas über sechs Stunden. — Wir werden später sehen,
daß die zur Erhaltung des Arbeiters nothwendige Arbeitszeit eine
sehr wechselnde Größe ist.

Arbeitsprozesse als aufeinanderfolgende Theile eines und desselben Arbeitsprozesses betrachtet. Nehmen wir an, daß der Spinner auch Baumwollenpflanzer ist und die Baumwolle unmittelbar nach ihrer Gewinnung versponnen wird; das Garn erscheint jetzt als das Produkt der Pflanzer= und Spinnerarbeit, sein Werth wird gemessen durch die zur Herstellung der Baumwolle und deren Verarbeitung in Garn gesellschaftlich nothwendige Arbeitszeit. Am Werth des Produkts wird nichts geändert, wenn unter sonst gleichen Verhältnissen die zu dessen Herstellung nothwendigen Arbeitsprozesse für Rechnung verschiedener Leute betrieben werden. Der Werth der verarbeiteten Baumwolle erscheint also im Garn wieder; das Gleiche gilt von dem Werth der verbrauchten Spindeln. Von Hilfsstoffen sehen wir hier der Einfachheit wegen ab.

Zu diesem übertragenen Werth gesellt sich noch der Werth, welchen die Spinnerarbeit der Baumwolle zusetzt. In einer Arbeitsstunde werden 2 Pfund versponnen — nehmen wir an, in einer Mark stecken 2 Arbeitsstunden. Eine Arbeitsstunde bildet also einen Werth von $\frac{1}{2}$ Mark.

Der Werth von 1 Pfund Garn ist also gleich dem Werth von 1 Pfund Baumwolle (= 1 Mark) + $\frac{1}{100}$ Spindel (= $\frac{1}{10}$ Mark) + $\frac{1}{2}$ Arbeitsstunde (= $\frac{1}{4}$ Mark), oder in Mark ausgedrückt: $1 + \frac{1}{10} + \frac{1}{4} = 1$ Mark 35 Pfennige.

In 6 Stunden werden hiernach 12 Pfund Garn gesponnen, von einem Werthe von 16 Mark 20 Pfennig. Wie viel hat es aber den Kapitalisten gekostet, um dies Resultat zu erzielen? Er mußte hergeben 12 Pfund Baumwolle = 12 Mark, $\frac{12}{100}$ Spindeln = 1 Mark 20 Pfennig und 1 Arbeitskraft = 3 Mark, zusammen 16 Mark 20 Pfennig, ebensoviel, als er an Garnwerth besitzt.

Er hat also bisher umsonst arbeiten lassen; die gekaufte Waare Arbeitskraft hat ihm bisher keinen Mehrwerth verschafft.

Doch unser Kapitalist läßt sich nicht verblüffen. Er hat den Gebrauchswerth der Arbeitskraft für den ganzen Tag gekauft;

er hat sie ehrlich und redlich gekauft, zu ihrem vollen Werth; dafür steht ihm aber auch das Recht zu, ihren Gebrauchswerth voll und ganz zu verwenden. Es fällt ihm nicht ein, dem Arbeiter zu sagen: „Ich habe Deine Arbeitskraft mit einem Geld= betrag gekauft, in dem 6 Arbeitsstunden stecken. Du hast 6 Arbeits= stunden für mich gearbeitet; wir sind quitt, Du kannst gehen.“ Er sagt vielmehr: „Ich habe Deine Arbeitskraft für den ganzen Tag gekauft, den ganzen Tag gehört sie mir; also frisch weiter gearbeitet, so lange Du kannst, keinen Augenblick der Zeit ver= geudet, die nicht Deine, sondern meine Zeit ist.“ Und er läßt, anstatt 6, vielleicht 12 Stunden arbeiten.

Nach weiteren 6 Stunden, am Ende des Arbeitstages, rechnet er wieder. Er besitzt jetzt 24 Pfund Garn im Werth von 32 Mark 40 Pfennig. An Ausgaben zählt er 24 Pfund Baumwolle = 24 Mark, $^{24}/_{100}$ Spindeln = 2 Mark 40 Pfennig, und 1 Arbeitskraft = 3 Mark, zusammen 29 Mark 40 Pfennig. Schmunzelnd legt er sein Rechnungsbuch bei Seite. Er hat 3 Mark gewonnen, oder, wie er sich ausdrückt, „verdient.“ Er hat sie verdient, Mehrwerth erworben, ohne die Gesetze des Waarenaustausches zu verletzen. Die Baumwolle, die Spindeln, die Arbeitskraft, sie alle wurden zu ihrem Werth gekauft. Wenn er Mehrwerth erlangt, so nur dadurch, daß er diese gekauften Waaren konsumirte, allerdings nicht als Genußmittel, sondern als Produktionsmittel, und dadurch, daß er den Gebrauchs= werth der von ihm gekauften Arbeitskraft über einen gewissen Punkt hinaus konsumirte.

Der Produktionsprozeß ist unter dem System der Waaren= produktion stets Werthbildungsprozeß; einerlei, ob er mit gekaufter oder mit eigener Arbeitskraft betrieben wird; aber nur, wenn er über einen gewissen Zeitpunkt hinausdauert, ist der Werthbildungsprozeß auch Bildner von Mehrwerth, und als solcher Verwerthungsprozeß. Der Produktionsprozeß muß länger dauern, als bis zum Ersatz des Werthes der gekauften Arbeitskraft durch neugeschaffenen Werth, wenn Mehrwerth produzirt werden soll.

Auch der sein eigenes Feld bearbeitende Bauer, auch der für eigene Rechnung arbeitende Handwerker kann über die Zeit hinaus arbeiten, die er zum Ersatz der von ihm verbrauchten Lebensmittel zu arbeiten genöthigt ist. Auch er kann also Mehrwerth erzeugen, seine Arbeit kann Verwerthungsprozeß werden. Aber sobald der Verwerthungsprozeß mit gekaufter fremder Arbeitskraft betrieben wird, ist er kapitalistischer Produktionsprozeß; dieser ist von vornherein, seiner Natur nach, mit Nothwendigkeit und Absicht, Verwerthungsprozeß.

Zweites Kapitel.

Das Verhalten des Kapitals bei der Werthbildung.

Wir haben im 1. Kapitel des 1. Abschnitts die Unterscheidung kennen gelernt, die Marx zuerst gemacht, des Doppelcharakters der Waaren erzeugenden Arbeit: einerseits als bestimmter Form nützlicher, Gebrauchswerthe erzeugender Arbeit und andererseits als allgemein menschlicher einfacher Durchschnittsarbeit, die Waarenwerthe bildet. Diesem Doppelcharakter entsprechend ist auch der Produktionsprozeß unter der Herrschaft der Waarenproduktion ein zwieschlächtiger, ist er Einheit von Arbeitsprozeß und Werthbildungsprozeß, und als kapitalistischer Produktionsprozeß Einheit von Arbeitsprozeß und Verwerthungsprozeß. Wir haben im letzten Kapitel die beiden Elemente des Arbeitsprozesses kennen gelernt: Produktionsmittel und Arbeitskraft; wir haben aber auch die verschiedenen Rollen kennen gelernt, die diese beiden Elemente als Theile des Kapitals im Verwerthungsprozeß spielen. Wir haben gesehen, daß die Produktionsmittel in ganz anderer Weise an der Bildung des Produktenwerthes Antheil nehmen, als die Arbeitskraft.

Wir haben gefunden, daß der Werth der verzehrten Produktionsmittel im Werth des Produkts wieder erscheint. Die

Uebertragung dieses Werthes geschieht im Arbeitsprozeß durch die Arbeit. Wie ist das aber möglich? Die Arbeit muß gleichzeitig Doppeltes vollbringen, neuen Werth schaffen und alten Werth übertragen. Es ist dies nur erklärlich durch den Doppelcharakter der Arbeit, an den wir eben erinnert. In ihrer Eigenschaft als werthbildende allgemein menschliche Arbeit schafft sie neuen Werth; in ihrer Eigenschaft als Gebrauchswerthe erzeugende besondere Form nützlicher Arbeit überträgt sie den Werth der Produktionsmittel auf das Produkt.

Nur durch die besondere Form der Spinnarbeit kann der Werth von Baumwolle und Spindel auf das Garn übertragen werden; der Spinner dagegen kann denselben Werth, den er als Spinner schafft, auch durch andere Arbeit schaffen, wenn er z. B. Tischler wird; dann macht er aber kein Garn, überträgt nicht Baumwollenwerth auf Garn.

Der zwieschlächtige Charakter der Arbeit als werthbildender und werthübertragender Arbeit erhellt deutlich, wenn man den Einfluß eines Wechsels der Produktivität der Arbeit auf die Werthbildung und die Werthübertragung betrachtet. Die Größe des Werthes, der in einer Arbeitsstunde erzeugt wird, ändert sich nicht, wenn, unter sonst gleichen Umständen, die Produktivität der Arbeit wächst oder abnimmt. Die Menge der in einem bestimmten Zeitraum produzirten Gebrauchswerthe wächst oder nimmt dagegen ab mit der Produktivität der Arbeit. In demselben Maße also wächst oder vermindert sich die werthübertragende Fähigkeit der Arbeit.

Nehmen wir z. B. an, eine Erfindung verdopple die Produktivität der Spinnarbeit, indeß die Produktivität der Arbeit der Baumwollpflanzer die gleiche bleibe. In 1 Pfund Baumwolle seien 2 Arbeitsstunden enthalten, es koste, wenn wir bei unserer obigen Annahme bleiben, 1 Mark. Früher wurden in einer Stunde 2 Pfund Baumwolle versponnen, jetzt 4 Pfund. Derselbe Neuwerth, der früher den 2 Pfund durch die Arbeit einer Stunde zugesetzt wurde, wird jetzt den 4 Pfund zugesetzt, nach unserer Annahme 50 Pfennige. Aber der doppelte Werth wird jetzt in einer Stunde auf das Garn durch die Spinnarbeit übertragen: früher 2 Mark, jetzt 4 Mark.

Man sieht, die Werth erhaltende oder übertragende Kraft der Arbeit beruht auf einer anderen Eigenschaft derselben als ihre Werth bildende Kraft.

Da kein Produziren ohne Produktionsmittel möglich, ist jede Waaren produzirende Arbeit nicht nur Werth bildend, sondern auch Werth erhaltend, und zwar nicht nur in dem Sinne, daß sie die Werthe der verbrauchten Produktionsmittel auf das Produkt überträgt, sondern auch in dem Sinne, daß sie den Werth der ersteren vor dem Untergang bewahrt. Alles Irdische ist vergänglich, und so gehen auch die Produktionsmittel früher oder später zu Grunde, selbst wenn sie unbenutzt bleiben. Manche von ihnen, z. B. verschiedene Maschinen, verderben sogar schneller, wenn sie stehen bleiben, als wenn sie in Gang gehalten werden. Mit dem Gebrauchswerth der Produktionsmittel schwindet auch ihr Waarenwerth. Geschieht die Abnutzung normaler Weise im Produktionsprozeß, dann erscheint der Werth, den das Produktions= mittel verloren, im Werth des Produkts wieder. Verschleißt das Produktionsmittel, ohne im Produktionsprozeß verwendet zu werden, dann verschwindet sein Werth auf Nimmerwiedersehen. Der Kapitalist übersieht gewöhnlich diese Seite der Arbeit, sie kommt ihm aber sehr empfindlich zum Bewußtsein, wenn er, etwa in Folge einer Krise, gezwungen ist, den Produktionsprozeß zu unter= brechen. Marx führt das Beispiel eines englischen Baumwoll= spinners an, der 1862 die jährlichen Stillstandskosten seiner Fabrik in Folge der Baumwollenkrise auf 120 000 Mark ver= anschlagte, darunter 24 000 Mark für Verschlechterung der Maschinerie.

Die verschiedenen Produktionsmittel verhalten sich aber verschieden in Bezug auf die Art und Weise der Werthübertragung. Die einen verlieren im Arbeitsprozeß ihre selbständige Gestalt, so Rohmaterial und Hilfsstoffe. Andere bewahren ihre Gestalt im Arbeitsprozeß. Die Baumwolle, die versponnen wird, verliert ihre Gestalt, die Spindel, die spinnt, jedoch nicht. Die ersteren geben in jedem Produktionsprozeß ihren ganzen Werth an das Produkt ab, die letzteren nur Bruchtheile davon. Wenn eine Maschine 1000 Mark werth ist, und sich unter normalen Verhältnissen in 1000 Tagen abnutzt, so giebt sie in jedem Arbeitstag den Werth einer Mark an das in dieser Zeit mit ihrer Hilfe hergestellte Produkt ab.

Auch hier tritt uns der zwieschlächtige Charakter des Produktionsprozesses entgegen. Wie kann die Maschine $\frac{1}{1000}$ ihres Werthes an ein bestimmtes Produkt abgeben? Bei dessen Herstellung ist ja nicht $\frac{1}{1000}$ der Maschine, sondern die ganze Maschine in Thätigkeit. Dieser Einwand ist wirklich erhoben worden. Zu antworten ist, daß die ganze Maschine in den Produktionsprozeß eingeht, soweit er Arbeitsprozeß; dagegen nur ein entsprechender Bruchtheil derselben, soweit er Verwerthungsprozeß. Als Gebrauchswerth geht die ganze Maschine in jeden Produktionsprozeß ein; als Werth nur ein Bruchtheil von ihr.

Umgekehrt kann der ganze Werth eines Produktionsmittels in das Produkt übergehen, und doch nur ein Theil seines Körpers. Nehmen wir an, daß, um 100 Pfund Garn zu erzeugen, 115 Pfund Baumwolle unter normalen Verhältnissen erforderlich sind, daß die Menge der unverwendbaren Abfälle in diesem Falle 15 Pfund beträgt, so werden nur 100 Pfund Baumwolle in 100 Pfund Garn eingehen, aber in den Werth der 100 Pfund Garn wird der Werth von 115 Pfund Baumwolle übergegangen sein.

Die Produktionsmittel übertragen während des Arbeits=
prozesses so viel Werth auf das Produkt, als sie während des=
selben selbst verlieren. Sie können ihm nie mehr Werth zusetzen,
als sie selbst besitzen, wie groß auch ihr Gebrauchswerth sein
mag. Es ist also gänzlich haltlos, wenn die Vulgärökonomie
den Mehrwerth und seine verwandelten Formen, Zins, Profit,
Grundrente, aus dem Gebrauchswerth der Produktionsmittel
ableiten will, aus ihren „Diensten."

Der Werth der im Produktionsprozeß verbrauchten Pro=
duktionsmittel erscheint unverändert wieder im Werth des Produkts.

Die Arbeit erhält aber nicht nur Werth, sie bildet auch
Neuwerth. Bis zu einem gewissen Zeitpunkt ersetzt die neuen
Werth schaffende Arbeit nur den vom Kapitalisten im Kauf der
Arbeitskraft verausgabten Werth. Dauert die Arbeit über diesen
Punkt hinaus, so bildet sie überschüssigen Werth, Mehrwerth.

 „Der Theil des Kapitals also," sagt Marx, „der sich in
Produktionsmittel, d. h. in Rohmaterial, Hilfsstoffe und
Arbeitsmittel umsetzt, verändert seine Werthgröße nicht im
Produktionsprozeß. Ich nenne ihn daher konstanten (unveränder=
lichen, ständigen) Kapitaltheil, oder kürzer: konstantes Kapital.

„Der in Arbeitskraft umgesetzte Theil des Kapitals ver=
ändert dagegen seinen Werth im Produktionsprozeß. Er produzirt
sein eigenes Aequivalent und einen Ueberschuß darüber, Mehr=
werth, der selbst wechseln, größer oder kleiner sein kann. Aus
einer konstanten Größe verwandelt sich dieser Theil des Kapitals
fortwährend in eine variable (ihre Größe wechselnde). Ich nenne
ihn daher variablen Kapitaltheil, oder kürzer: variables
Kapital. Dieselben Kapitalbestandtheile, die sich vom Stand=
punkte des Arbeitsprozesses als objektive und subjektive Faktoren,
als Produktionsmittel und Arbeitskraft unterscheiden, unterscheiden
sich vom Standpunkt des Verwerthungsprozesses als konstantes
Kapital und variables Kapital."

Die Werthgröße des konstanten Kapitals ist natürlich nur in Bezug auf den Verwerthungsprozeß als beständige Größe aufzufassen. Durch den Produktionsprozeß, in welchem es angewandt wird, wird die Werthgröße des konstanten Kapitals nicht geändert, wohl aber kann dies durch andere Faktoren bewirkt werden. Auch das Verhältniß zwischen konstantem und variablem Kapital kann wechseln. Wir kommen darauf später noch zurück.

Der Grad der Ausbeutung der Arbeitskraft.

———

Nehmen wir ein Kapital, etwa von 5000 Mark. Dasselbe zerfällt in zwei Theile, eine Geldsumme, die für den Ankauf von Produktionsmitteln ausgegeben wird, das konstante Kapital c, das wir zu 4100 Mark annehmen, und eine andere Geldsumme, die zum Ankauf der nöthigen Arbeitskraft dient, das variable Kapital v, das gleich sei 900 Mark. Das konstante Kapital selbst zerfällt wieder in zwei Theile: Rohmaterial 2c., dessen Werth völlig im Produkt wiedererscheint, und Werkzeuge 2c., die in jedem Produktionsprozeß nur einen Theil ihres Werthes an das Produkt abgeben. Für die folgende Untersuchung sehen wir von dieser Unterscheidung ab, deren Berücksichtigung die Aufgabe blos verwickeln würde, ohne am Ergebniß etwas zu ändern. Wir nehmen also hier der Einfachheit wegen an, daß der Werth des gesammten angewandten Kapitals im Produkt wieder erscheine.

Der Kapitalist hat Produktionsmittel und Arbeitskraft gekauft, und wendet sie an. Am Ende des Produktionsprozesses ist der Werth des vorgeschossenen Kapitals um den Mehrwerth m vergrößert, der 900 Mark betrage. Er besitzt also jetzt $c + v + m = 4100 + 900 + 900 = 5900$ Mark. Davon sind 4100 Mark übertragener, $900 + 900$ Mark neugeschaffener Werth.

Es ist klar, daß die Werthgröße des konstanten Kapitals von keinem Einfluß auf die Größe des produzirten Mehrwerths ist. Ohne Produktionsmittel kann freilich nicht produzirt werden, und je länger produzirt werden soll, desto mehr Produktionsmittel sind erforderlich. Die Produktion einer gewissen Größe des Mehrwerths bedingt daher die Anwendung einer gewissen Masse von Produktionsmitteln, die vom technischen Charakter des Arbeitsprozesses abhängt. Aber wie groß der Werth dieser Masse, das ist ohne Einfluß auf die Größe des Mehrwerths.

Wenn ich 300 Arbeiter beschäftige, und der Tageswerth der Arbeitskraft eines Jeden 3 Mark, der Werth, den Jeder in einem Tage schafft, 6 Mark beträgt, so werden diese 300 in einem Tage einen Werth von 1800 Mark erzeugen — davon 900 Mark Mehrwerth —, einerlei, ob die Produktionsmittel, die sie vernutzen, einen Werth von 2000 oder 4000 oder 8000 Mark haben. Die Werthschöpfung und Werthveränderung im Produktionsprozeß werden durch die Werthgröße des vorgeschossenen konstanten Kapitals nicht berührt. Soweit es sich daher darum handelt, jene beiden Vorgänge rein zu betrachten, können wir vom konstanten Kapital absehen, es gleich Null setzen.

Von dem vorgeschossenen Kapital kommt also für uns hier nur der variable Theil, v, in Betracht; vom Werth des Produkts nur der von der Arbeit neugeschaffene Werth, der gleich ist dem Werth des angewandten variablen Kapitals plus dem Mehrwerth, v + m. Das Verhältniß des Mehrwerths zum vorgeschossenen variablen Kapital ist in unserem Falle = 900 : 900 = 100 Prozent.

Diese verhältnißmäßige Verwerthung des variablen Kapitals oder die verhältnißmäßige Größe des Mehrwerths nennt Marx die Rate des Mehrwerths. Man darf sie nicht, wie es so häufig geschieht, mit der Profitrate verwechseln. Der

Profit leitet sich aus dem Mehrwerth ab; er ist aber nicht der Mehrwerth.

Um während des Arbeitstages einen Werth zu produziren, der gleich dem Werth seiner Arbeitskraft, gleich v, muß der Arbeiter eine gewisse Zeit arbeiten; wir haben früher angenommen, 6 Stunden. Diese Arbeitszeit ist nothwendig zur Erhaltung des Arbeiters. Marx nennt sie die nothwendige Arbeitszeit. Der Theil des Arbeitstages, in welchem der Arbeiter über die Grenzen der nothwendigen Arbeitszeit hinaus arbeitet und nicht Werth zum Ersatz seiner Arbeitskraft, sondern Mehrwerth für den Kapitalisten schafft, heißt bei Marx die Mehrarbeitszeit, überschüssige Arbeitszeit, und die in ihr verausgabte Arbeit Mehrarbeit. Die Mehrarbeit steht zur nothwendigen Arbeit in demselben Verhältniß, wie der Mehrwerth zum variablen Kapital; wir können die Rate des Mehrwerths also ausdrücken durch

$$\frac{m}{v} \text{ oder } \frac{\text{Mehrarbeit,}}{\text{Nothwendige Arbeit.}}$$

Der Mehrwerth stellt sich dar in einer Produktenmenge, die Marx das Mehrprodukt nennt. Sein Verhältniß zum variablen Kapital muß sich daher auch darstellen lassen in dem Verhältniß gewisser Bruchtheile des Produkts zu einander. Bei der Betrachtung dieses Verhältnisses, wo es sich nicht um den neugeschaffenen Werth, sondern um das fertige Produkt handelt, können wir jedoch nicht wie früher vom konstanten Kapital absehen, das einen Theil des Produktenwerthes bildet.

Nehmen wir an, in einem 12stündigen Arbeitstag werden von einem Arbeiter 20 Pfund Garn zum Werth von 30 Mark produzirt. Der Werth der versponnenen Baumwolle beträgt 20 Mark (20 Pfund à 1 Mark). Der Werthverschleiß der Spindel u. s. w. 4 Mark; der Werth der Arbeitskraft 3 Mark. Die Rate des Mehrwerths sei 100 Prozent. So haben wir Garnwerth 30 Mark = 24 Mark (c) + 3 Mark (v) + 3 Mark (m);

dieser Garnwerth existirt in 20 Pfund Garn, also das konstante Kapital in 16 Pfund, das variable Kapital in 2 Pfund, und ebenso der Mehrwerth in 2 Pfund Garn.

Die 20 Pfund Garn werden in 12 Stunden produzirt, also in jeder Stunde 1⅔ Pfund Garn. Die 16 Pfund, in denen der Werth des konstanten Kapitals verkörpert ist, werden in 9 Stunden 36 Minuten produzirt, die 2 Pfund, in denen der Werth des variablen Kapitals enthalten, in 1 Stunde 12 Minuten, und ebenso die 2 Pfund, in denen der Mehrwerth verkörpert.

Wenn wir so rechnen, sieht es aus, als ob der Mehrwerth nicht in 6 Stunden, wie angenommen, sondern in 1 Stunde 12 Minuten erzeugt würde. Und so rechnen denn auch die Fabrikanten und beweisen haarscharf, daß ihr Profit in der letzten Arbeitsstunde erzeugt werde, daß, wenn man die Arbeitszeit auch nur um eine Stunde verkürzt, jeder Profit unmöglich gemacht und die Industrie ruinirt werde. Schon im Jahre 1836 wurde diese Berechnung von den englischen Fabrikanten und ihren gelehrten und ungelehrten Anwälten unter der Führung Seniors gegen jede gesetzliche Beschränkung der Arbeitszeit ins Feld geführt. Dasselbe Argument hat man in Deutschland und Oesterreich gegen den Normalarbeitstag wieder aufgewärmt, obwohl bereits die thatsächlichen Erfahrungen in England dessen Nichtigkeit auf das Entschiedenste dargethan haben. Der Arbeitstag ist dort in verschiedenen Arbeitszweigen gesetzlich verkürzt worden, — wir kommen darauf noch zurück — ohne die Industrie zu ruiniren oder auch nur die Profite der Herren Fabrikanten merklich zu schädigen.

Das ganze Argument beruht auf der Verwechslung von Gebrauchswerth und Werth. Der Gebrauchswerth von zwei Pfund Garn wird in der letzten Stunde erzeugt, nicht aber ihr Werth. Die 2 Pfund Garn sind ja nicht aus Nichts in der

Luft gesponnen worden. In den 2 Pfund Garn ist nicht blos
die Arbeit von 1 Stunde 12 Minuten des Spinners, sondern
auch der Werth von 2 Pfund roher Baumwolle enthalten, und
nach unserer Annahme (1 Pfund Baumwolle = 1 Mark,
1 Mark = 2 Arbeitsstunden) sind in den 2 Pfund Baumwolle
4 Arbeitsstunden verkörpert; außerdem ist von der Spindel 2c.
so viel Werth auf die 2 Pfund Garn übergegangen, als in
48 Minuten gesellschaftlich nothwendiger Arbeitszeit erzeugt wird.
Zu der Herstellung der während 1 Stunde 12 Minuten produzirten 2 Pfund Garn sind also in Wirklichkeit sechs Arbeitsstunden erforderlich gewesen. Wenn der Arbeiter unseres Beispiels
wirklich während 1 Stunde 12 Minuten den ganzen Mehrwerth
erzeugte, der ein Werthprodukt von 6 Stunden darstellt, dann
müßte er im Stande sein, während eines zwölfstündigen Arbeitstages einen Werth zu schaffen, der 60 Arbeitsstunden entspricht!
Und dergleichen Unsinn wird den Fabrikanten geglaubt!

Da das Argument in manchen Kreisen heute noch ziem-
lichen Anklang findet, sei noch eine seiner Seiten beleuchtet.
Berechnen wir, wie hoch die Rate des Mehrwerthes sich bei einer
Verkürzung des Arbeitstages von 12 auf 11 Stunden unter den
bereits gegebenen Voraussetzungen gestalten würde.*)

Wir hätten jetzt nicht mehr 24 Mark konstantes Kapital,
sondern blos 22, da ja weniger verarbeitet wird (18⅓ Pfund

---

*) Wir nehmen dabei an, daß eine Verkürzung der Arbeitszeit
von 12 auf 11 Stunden auch von einer Verminderung der Arbeitsleistung um 1/12 begleitet ist. In Wirklichkeit ist das nicht nothwendigerweise der Fall; in der Regel ist die Verkürzung der Arbeitszeit von einer Vermehrung der Kraft, Geschicklichkeit, Ausdauer,
Sorgfalt, Intelligenz, kurz der Arbeitsfähigkeit des Arbeiters begleitet, die mitunter so weit gehen kann, daß der Arbeiter in der
kürzeren Arbeitszeit mehr produzirt als vordem in der längeren.
Mit dieser Seite der Verkürzung der Arbeitszeit haben wir es jedoch
hier nicht zu thun, wir sehen der Einfachheit wegen davon ab.

Baumwolle = 18⅓ Mark; Verschleiß von Spindeln 2c. nur
3⅔ Mark); dazu ein variables Kapital von 3 Mark (wir
nehmen an, daß der Arbeitslohn für 11 Stunden derselbe
bleibt, wie früher für 12 Stunden) und einen Mehrwerth von
2½ Mark. Die Rate des Mehrwerthes beträgt also nicht mehr
100, sondern 83⅓ Prozent.

Wir haben ein Gesammtprodukt von 18⅓ Pfund Garn,
mit einem Werth von 27½ Mark; das konstante Kapital ist in
14⅔ Pfund verkörpert, das variable in 2 Pfund, der Mehrwerth in 1⅔ Pfund; die 14⅔ Pfund werden in 8 Stunden
48 Minuten produzirt, die 2 Pfund Garn in 1 Stunde
12 Minuten und die Garnmasse, die den Mehrwerth trägt, in
1 Stunde. Durch die Verkürzung der Arbeitszeit um eine
Stunde ist also die Zeit zur Herstellung des Mehrprodukts,
das den Mehrwerth enthält, nicht um eine Stunde, sondern
nur um 12 Minuten verringert worden. Das Rechen-
exempel der Fabrikanten beruht auf der wundervollen Annahme,
daß in 11 Stunden um ¹/₁₂ weniger Produkt geliefert, aber
ebensoviel Produktionsmittel (Rohstoffe 2c.) vernutzt werden, als
in 12 Stunden.

———

Viertes Kapitel.

Der Arbeitstag.

———

Die nothwendige Arbeitszeit und die Mehrarbeitszeit zusammen bilden den Arbeitstag.

Die nothwendige Arbeitszeit ist unter gegebenen Verhältnissen — einem bestimmten Höhegrad der Produktivität der Arbeit, der Bedürfnisse der Arbeiterklasse u. s. w. — eine bestimmte Größe. Wir haben in unserem Beispiel diese Größe auf sechs Stunden angenommen. Der Arbeitstag darf selbstverständlich unter keiner Produktionsweise kürzer sein, als die nothwendige Arbeitszeit, er muß unter der kapitalistischen Produktionsweise länger sein, als diese. Je länger die Mehrarbeitszeit, desto größer — unter sonst gleichen Verhältnissen — die Rate des Mehrwerthes. Das Bestreben des Kapitalisten geht daher dahin, den Arbeitstag so viel als möglich auszudehnen. Am liebsten würde er den Arbeiter 24 Stunden lang ununterbrochen arbeiten lassen.*)

Zu seinem größten Leidwesen geht das auf die Dauer nicht. Der Arbeiter erlahmt schließlich, wenn ihm nicht eine

———

*) Bei der österreichischen parlamentarischen Enquete über Arbeiterverhältnisse von 1883 wurde konstatirt, daß in verschiedenen Spinnereien Brünns von Sonnabend Morgens bis Sonntag Morgens durchgearbeitet wurde. Diese schöne Gewohnheit ist leider nicht auf Brünn und nicht auf Spinnereien beschränkt.

Pause der Rast, des Schlafes, der Mahlzeit gewährt wird. Aber der Kapitalist trachtet wenigstens dahin, diese Pausen so viel als möglich zu verkürzen, und den Arbeiter während der ganzen übrigen Zeit für sich in Anspruch zu nehmen. Die Arbeitskraft läßt sich vom Arbeiter nicht trennen und die ganze Zeit über, während der der Gebrauchswerth der Arbeitskraft dem Kapitalisten gehört, gehört ihm auch die Person des Arbeiters. Jede Minute, die der Arbeiter von der Arbeitszeit für sich verwendet, erscheint dem Kapitalisten als Diebstahl an seinem eigenen Kapital.*)

Aber eben, weil die Arbeitskraft und der Arbeiter untrennbar miteinander verbunden sind, erheischt das Interesse des letzteren die möglichste Verkürzung der Arbeitszeit. Während des Produktionsprozesses ist er nur Theil des Kapitals; er wird unter der kapitalistischen Produktionsweise erst Mensch, sobald er aufhört, zu arbeiten. Aber neben diesem moralischen Motiv für Verkürzung der Arbeitszeit besteht auch ein materielles.

---

*) Die englischen Arbeiter — und wohl andere auch — wissen die Genauigkeit sehr gut zu persifliren, mit der der Kapitalist darüber wacht, daß ihm der Arbeiter von dem Arbeitstag, den er gekauft, nichts abzieht. So erzählen sie von einem Steinbruchbesitzer. In dessen Steinbruch wurde ein Arbeiter durch eine vorzeitig losgehende Sprengmine in die Luft geschleudert, kam aber unerwarteter Weise unbeschädigt wieder auf die Erde nieder. Bei der Lohnzahlung zog ihm der Unternehmer die Zeit, die er in der Luft gewesen, also nicht gearbeitet hatte, ab. Etwas Aehnliches soll sich beim Bau des Croton Aquädukts im Staate New-York thatsächlich ereignet haben. Ein Berg war zu durchstechen. Die Minen im Tunnel erzeugten nach ihrer Abfeuerung schädliche Gase, welche die Arbeiter oft betäubten und für einige Zeit (Bruchtheile einer Stunde) arbeitsunfähig machten. Diese Zeit wurde ihnen vom Lohn abgezogen. Im Kanton Zürich zog ein für das „ewig Weibliche" schwärmender Fabrikant seinen Arbeiterinnen den Lohn für die Zeit ab, die sie in seinem Komptoir mit ihm zugebracht.

Das Kapital strebt darnach, mehr zu nehmen als ihm nach den Regeln des Waarenaustausches gebührt.

Wenn der Kapitalist die tägliche Arbeitskraft zu ihrem Werthe kauft, so gebührt ihm nur ihr Gebrauchswerth für einen Tag, d. h. er darf die Arbeitskraft täglich nur so lange benützen, daß ihre Wiederherstellung dadurch nicht geschädigt wird. Wenn Jemand den Ertrag eines Apfelbaumes kauft und er, um aus dem Baum recht viel Profit herauszuschlagen, nicht nur die Aepfel herabschüttelt, sondern auch Aeste absägt, um das Holz zu vernutzen, so verletzt er den Vertrag, den er eingegangen; der Baum kann im nächsten Jahre nicht mehr so viel Früchte tragen, wie früher. Der gleiche Fall tritt aber ein, wenn der Kapitalist den Arbeiter übermäßig lange arbeiten läßt: es geschieht dies auf Kosten der Arbeitsfähigkeit und Lebensdauer des Arbeiters. Wenn in Folge der Ueberarbeit die Dauer der Arbeitsfähigkeit des Arbeiters von 40 Jahren auf 20 Jahre herabgesetzt wird, so heißt das nichts anderes, als daß das Kapital durchschnittlich in einem Tag den Gebrauchswerth von zwei Arbeitstagen vernutzt hat; es hat dem Arbeiter die Arbeitskraft eines Tages bezahlt und die Arbeitskraft zweier Tage abgenommen. Der Kapitalist predigt den Arbeitern Sparsamkeit und weise Fürsorglichkeit und zwingt sie gleichzeitig, das einzige zu verschwenden, was sie besitzen, ihre Arbeitskraft.*)

---

*) Marx zitirt eine Stelle aus einem Artikel von Dr. Richardson in der „Social Science Review," 1863. Es heißt da: „Zu Marylebone (einem der größten Stadtviertel Londons) sterben Grobschmiede in dem Verhältniß von 31 per 1000 jährlich oder 11 über der Durchschnittssterblichkeit erwachsener Männer in England. Die Beschäftigung, eine fast instinktive Kunst der Menschheit, an und für sich tadellos, wird durch bloße Uebertreibung der Arbeit der Zerstörer des Mannes. Er kann so viel Hammerschläge täglich schlagen, so viel Schritte gehen, so viel Athemzüge holen, so viel Werk verrichten und durchschnittlich sage 50 Jahre leben. Man zwingt ihn,

Es handelt sich hier nicht um den Kapitalisten als Privat=
person, sondern als Repräsentanten der kapitalistischen Produktions=
weise, der deren Gebote ausführt, gleichgiltig, ob er durch persön=
liche Habgier oder durch die Konkurrenz dazu getrieben wird.

Wir sehen hier einen Gegensatz zwischen den Interessen der
Arbeiterklasse und der Kapitalistenklasse. Die erstere sucht den
Arbeitstag so viel als möglich zu verkürzen, die zweite ihn so viel
als möglich zu verlängern. Das Resultat des Zwiespalts zwischen
beiden Klassen ist ein Kampf, der heute noch fortdauert, der
aber schon vor Jahrhunderten begonnen hat und historisch von
der höchsten Bedeutung wurde. In diesem Kampf haben die
arbeitenden Proletarier die Solidarität ihrer Interessen erkannt;
er war die Haupttriebfeder zur Konstituirung der Arbeiter als
Klasse, zur Entwicklung der Arbeiterbewegung als politischer Be=
wegung. Das wichtigste unter den bisherigen praktischen Ergeb=
nissen dieses Kampfes bildet die Regulirung der Länge des
Arbeitstages durch den Staat, der Normalarbeitstag.

In England, dem Mutterlande der modernen Industrie,
haben sich die Bedingungen und Ursachen dieses Kampfes am
frühesten und schärfsten entwickelt, er hat sich daher dort am
frühesten entsponnen. „Die englischen Fabrikarbeiter waren die
Preisfechter nicht nur der englischen, sondern der modernen
Arbeiterklasse überhaupt, wie auch ihre Theoretiker der Theorie
des Kapitals zuerst den Fehdehandschuh hinwarfen.“ Der Kampf
um die [Länge des Arbeitstages und seine Ursachen sind auch
nirgends so deutlich zu verfolgen, wie in England, dessen Presse,
parlamentarische Verhandlungen und Untersuchungskommissionen,

---

so viel mehr Schläge zu schlagen, so viel mehr Schritte zu gehen,
so viel öfter des Tages zu athmen, und alles zusammen seine Lebens=
aufgabe täglich um ein Viertel zu vermehren. Er macht den Versuch,
und das Resultat ist, daß er für eine beschränkte Periode ein Viertel
mehr Werk verrichtet und im 37. Jahr statt im 50. stirbt.“

sowie die amtlichen Berichte, namentlich der Fabriksinspektoren, ein reichhaltiges Material geliefert haben, wie es in keinem anderen Staate zu finden ist, ein Material, welches damals, als Marx den ersten Theil des Kapitals vollendete (1866), einzig dastand.

Marx hat daher nur den Kampf um den Normalarbeitstag, wie er sich in England abgespielt, eingehender geschildert. Seine Darstellung wird ergänzt durch das Buch von Engels über „Die Lage der arbeitenden Klasse in England." Dies Buch reicht nur bis zum Jahr 1844, das von Marx nur bis 1866. Trotzdem haben ihre Ausführungen über den Kampf um den Normalarbeitstag heute noch mehr als blos historisches Interesse. Die Zustände, die sie beschreiben, die Kniffe, Ränke und Ausflüchte des Kapitals, um den Arbeitstag so viel als möglich verlängern zu können oder seine aufgezwungene Verkürzung illusorisch zu machen, das Verhalten der politischen Parteien und der Arbeiterklasse gegenüber diesen Machinationen — alles das ist so typisch, daß die spätere entsprechende Entwicklung auf dem Festlande nur als ein Abklatsch der englischen erscheint. Die Verhältnisse, die Engels vor vierzig Jahren, Marx vor zwanzig Jahren beschrieb, sie sind heute noch nur zu lebendig in unserer Mitte zu finden. Das dürftige Material, das private Untersuchungen und amtliche Mittheilungen über deutsche und österreichische Industrieverhältnisse in den letzten Jahren zu Tage gefördert haben, ist nichts, als eine sprechende Illustration der Ausführungen des „Kapital." Marx sagt in seiner Vorrede, er habe „der Geschichte, dem Inhalt und den Resultaten der englischen Fabrikgesetzgebung einen so ausführlichen Platz" im 1. Band seines Werkes eingeräumt, weil eine Nation von der anderen lernen kann und soll, und weil den herrschenden Klassen ihr eigenstes Interesse die Wegräumung aller gesetzlich kontrolirbaren Hindernisse gebietet, welche die Entwicklung der Arbeiterklasse hemmen. Die Ausführungen

von Marx sind auch nicht ganz erfolglos gewesen. Die That=
sachen, die er vorbrachte, waren so schlagend, so unwiderleglich,
daß sie nicht nur auf die Arbeiterklasse, sondern auch auf denkende
Mitglieder der herrschenden Klassen ihren Eindruck nicht verfehlten.
Die Fortschritte in der Fabrikgesetzgebung der Schweiz, Oester=
reichs, Deutschlands, sind nicht zum mindesten der Wirkung ge=
schuldet, die das „Kapital" hervorgebracht.

Aber die Zahl der denkenden und nicht in Klassenvorurtheilen
befangenen Mitglieder der Bourgeoisie und der politische Einfluß
der Arbeiterklasse sind noch gering, und der überwiegende Ein=
druck, den wir beim Lesen der Ausführungen des „Kapital" über
die Fabrikgesetzgebung empfangen, ist nicht der der Befriedigung
über das Erreichte, sondern der der Beschämung über die kolossale
Ignoranz, die heute noch bei uns über die Fabrikgesetzgebung
herrscht, und die es möglich macht, daß in europäischen Parla=
menten noch Anschauungen laut werden, die in England durch
die Thatsachen längst widerlegt sind, und die dort, im „Lande
des Manchesterthums," auf das man so gerne pharisäisch herab=
sieht, seit Langem zu den überwundenen Standpunkten gehören.

Eine eingehendere Wiedergabe der Darlegungen des „Kapital"
über den Arbeitstag ist hier unmöglich.*) Wir empfehlen Jeder=
mann, dem es nur irgend möglich, die Details über die Zu=
stände in den englischen Industriezweigen, in denen der Arbeitstag
gesetzlich unbeschränkt war, über die Nachtarbeit, das Ablösungs=
system und endlich über den Kampf um den Normalarbeitstag,
im „Kapital" selbst zu studiren. Es giebt keine besseren Waffen
für die Arbeiterschutzgesetzgebung, als das achte und dreizehnte
Kapitel des „Kapital."

---

*) Ausführlicher habe ich das Thema mit besonderer Berück=
sichtigung der jüngsten Entwicklung behandelt in meiner Broschüre:
„Der Arbeiterschutz, besonders die internationale Arbeiterschutz=
gesetzgebung und der Achtstundentag." Nürnberg, 1890.

Im Allgemeinen lassen sich in Bezug auf die staatliche Regulirung des Arbeitstages in England zwei entgegengesetzte Strömungen verfolgen: Vom 14. bis zum Ende des 17. Jahrhunderts werden Gesetze erlassen zur Verlängerung des Arbeitstages. Vom Anfang des 19. Jahrhunderts geht die Richtung der Gesetzgebung auf dessen Verkürzung.

Im Beginn der Entwicklung der kapitalistischen Produktionsweise war das Kapital noch zu schwach, um durch die bloße Gewalt der ökonomischen Verhältnisse dem Arbeiter ein tüchtiges Quantum Mehrarbeit abzupressen. Noch im 18. Jahrhundert wurden Klagen darüber erhoben, daß die industriellen Arbeiter Englands nur vier Tage in der Woche arbeiteten, da sie in dieser Zeit genügend verdienten, um während der ganzen Woche davon leben zu können. Um die Arbeitslöhne herabzudrücken und die Arbeitszeit zu verlängern, wurde damals vorgeschlagen, Vagabunden und Bettler in ein Zwangsarbeitshaus zu sperren, das ein Haus des Schreckens sein sollte. In diesem „Hause des Schreckens" sollte die tägliche Arbeitszeit z w ö l f S t u n d e n betragen.

Hundert Jahre später, 1863, im „Jahrhundert der Humanität," konstatirte eine Untersuchungskommission, daß in den Töpfereien von Staffordshire siebenjährige Kinder fünfzehn Stunden lang tagaus, tagein beschäftigt wurden.

Das Kapital bedurfte nicht mehr der Zwangsgesetze und des Zuchthauses, um die Arbeiter zur Mehrarbeit zu zwingen; es war zu einer ökonomischen Macht geworden, der sich der Proletarier willenlos unterwerfen mußte. Seit dem letzten Drittel des 18. Jahrhunderts entspann sich in England ein wahres Wettrennen nach Mehrarbeit, ein Kapitalist suchte den anderen zu überbieten in unmäßiger Ausdehnung der Arbeitszeit.

Die Arbeiterklasse verkam furchtbar rasch, physisch und moralisch; sie entartete zusehends von Jahr zu Jahr; selbst die stete Auffrischung des Blutes durch das Zuströmen der ländlichen Arbeiter in die Fabrikdistrikte konnte den Vernichtungsprozeß nicht aufhalten. „Die Baumwollindustrie zählt 90 Jahre," konnte ein Redner, Ferrand, im englischen Unterhaus 1863 ausrufen. „In drei Generationen der englischen Rasse hat sie neun Generationen von Baumwollarbeitern verspeist."

Die Fabrikanten ließen sich dadurch nicht irre machen. Trotz des raschen Verbrauchs von Menschenleben trat keine Abnahme an verfügbaren Arbeitskräften ein: vom flachen Lande, von Schottland, Irland, Deutschland, strömten die Todeskandidaten massenhaft in die englischen Fabrikdistrikte und nach London, aus ihrer Heimath vertrieben durch den Untergang der heimischen Industrie, Verwandlung von Ackerland in Viehweide u. s. w.

Aber wenn auch die Aussicht auf die Verfaulung der Bevölkerung Englands die Fabrikantenklasse als solche an der Ausdehnung des Arbeitstages nicht hinderte, so mußte sie doch die Besorgnisse der englischen Staatsmänner, die nicht der Fabrikantenklasse angehörten, ja die Besorgnisse der weiterblickenden Mitglieder dieser Klasse selbst erwecken. Was sollte aus England, was aus der englischen Industrie werden, wenn seine Bevölkerung so unaufhaltsam vom Kapitalismus aufgesogen wurde?

So wie es in allen kapitalistischen Staaten nothwendig geworden, der Waldverwüstung durch das Kapital so viel als möglich Schranken zu setzen, so drängte sich auch die Nothwendigkeit auf, die raubbaumäßige Ausbeutung der nationalen Arbeitskraft einzuschränken. Die Staatsmänner, welche diese Nothwendigkeit einsahen, wurden vorwärts gedrängt durch die englische Arbeiterbewegung, die erste moderne Bewegung dieser Art.

Schon Robert Owen stellte im Anfang unseres Jahrhunderts die Forderung einer Beschränkung des Arbeitstages auf und führte in seiner Fabrik den Arbeitstag von zehneinhalb

7*

Stunden thatsächlich und mit dem besten Erfolg durch. Die Arbeiterbewegung, die von den zwanziger Jahren an bald riesig anwuchs und, seit 1835 als Chartistenpartei organisirt, den herrschenden Klassen Englands eine Konzession nach der andern abtrotzte, hatte sich zum Hauptziel das allgemeine Wahlrecht und den zehnstündigen Arbeitstag gesetzt.

Mit welcher Hartnäckigkeit und Erbitterung der Kampf geführt wurde, wie Kapitalisten und Juristen allen Scharfsinn aufboten, um jede abgerungene Konzession zu nichte zu machen, mit welchem Muth und welcher Energie die Fabrikinspektoren für die Arbeiterklasse, selbst den Staatsministern gegenüber, eintraten — allen voran Leonhard Horner, dessen Andenken von jedem Arbeiter hochgehalten werden soll —; wie die Freihändler den Arbeitern den zehnstündigen Arbeitstag versprachen, so lange sie diese brauchten, um ihr Versprechen in der zynischsten Weise zu brechen, sobald sie die Aufhebung der Einfuhrzölle durchgesetzt; wie schließlich aber die drohende Haltung der Arbeiter die Festsetzung des zehnstündigen Arbeitstages wenigstens für bestimmte Arbeiterkategorien erzwang — das Alles ist im „Kapital" eingehend und lebendig, mit einer Fülle von Belegstellen, geschildert.

Seit dem Anfang der fünfziger Jahre ist die Arbeiterbewegung in England in ruhigere Bahnen getreten. Sie konnte sich der Rückwirkung der Niederlage der Arbeiterklasse in Paris, sowie der momentanen Niederschlagung der Revolution auf dem gesammten Kontinent nicht entziehen. Andererseits wurde das Ziel der Chartistenbewegung im Wesentlichen immer mehr erreicht und gleichzeitig nahm die englische Industrie auf Kosten der Industrie anderer Länder einen enormen Aufschwung, in dessen Strudel auch die englische Arbeiterklasse hineingerissen wurde, so daß sie sich einbildete, es bestände eine Harmonie zwischen den Interessen des englischen Kapitals und der englischen Arbeit gegenüber dem Kapital und der Arbeit des Auslandes.

Trotzdem hat die englische Fabrikgesetzgebung auch in diesen ruhigen Zeiten stetige Fortschritte gemacht. Durch das Gesetz vom 27. Mai 1878 ist endlich die ganze Gesetzesarbeit von 1802—1874, die sechzehn verschiedene Fabrikgesetze umfaßt, vereinfacht und kodifizirt worden. Der wichtigste Fortschritt dieses Gesetzes besteht in der Aufhebung der Scheidung von Fabrik und Werkstatt. Dies Arbeiterschutzgesetz gilt nicht blos für Fabriken, sondern auch für kleinere Werkstätten, ja bis zu gewissem Grade sogar für die Hausindustrie. Der Schutz des Gesetzes erstreckt sich allerdings nicht auf erwachsene männliche Arbeiter, sondern nur auf Kinder, junge Personen und Frauen. Kinder unter zehn Jahren sind von der industriellen Arbeit gänzlich ausgeschlossen. Kinder von zehn bis vierzehn Jahren dürfen nur halb so lange täglich arbeiten, als junge Personen (von vierzehn bis achtzehn Jahren) und Frauen. Für diese beträgt die wöchentliche Arbeitszeit 60 Stunden, mit Ausnahme der Textilfabriken, in denen blos $56\frac{1}{2}$ Stunden erlaubt sind. An Sonntagen ist die Arbeit geschützter Personen verboten, ebenso am Christtag und Charfreitag. Außerdem müssen diesen noch acht halbe und vier ganze Feiertage im Jahr eingeräumt werden (nicht an Samstagen), von denen mindestens die Hälfte in die Zeit vom 15. März bis 1. Oktober zu entfallen hat.

Durch dies Gesetz wird natürlich in den meisten Fällen auch die Arbeitszeit der Männer auf zehn Stunden beschränkt, wo diese mit Frauen und Kindern zusammenarbeiten. Wie nothwendig aber eine Ausdehnung des Schutzes auch auf die Männer ist, zeigt die elende Lage der englischen Arbeiter in solchen ungeschützten Arbeitszweigen, die nicht in Folge des Zusammentreffens günstiger Umstände eine bevorzugte Klasse, eine Arbeiteraristokratie, bilden.

In den Reihen dieser ungeschützten, schlechter gestellten Arbeiterschichten ist seit einigen Jahren eine mächtige Bewegung erstanden, die immer mehr auch die besser gestellten Arbeiter ergreift und die gesammte englische Arbeiterbewegung beherrscht. Ihr nächstes Ziel ist die gesetzliche Verkürzung der Arbeitszeit auf acht Stunden, und zwar soll der Schutz des Gesetzes nicht blos wie bisher, Frauen und Kindern, sondern auch den Männern zu Theil werden.

Natürlich werden gegen die neue Achtstundenbewegung dieselben Einwürfe erhoben, die man ehedem der Zehnstundenbewegung entgegen gehalten und die sich schon damals als völlig haltlos erwiesen hatten. Von all den düstern Prophezeiungen der Gegner des zehnstündigen Normalarbeitstages ist keine in Erfüllung gegangen.

Die Folgen des Normalarbeitstages waren vielmehr überraschend günstige. Die Arbeiterklasse Englands ist durch ihn thatsächlich vor dem Untergang gerettet worden, und damit die englische Industrie vor der Versumpfung. Weit entfernt, die Entwicklung der Industrie zu hemmen, war vielmehr die Einführung des Zehnstundengesetzes von einem kolossalen, bis dahin unerhörten Aufschwung der englischen Industrie gefolgt. Der Normalarbeitstag ist zu einer nationalen Institution im Lande des Manchesterthums geworden, an der zu rütteln Niemandem mehr einfällt. Die Fabrikanten selbst, die mit allen Mitteln zuerst die Einführung und dann die Durchführung des Normalarbeitstages bekämpft hatten, sie werfen sich jetzt stolz in die Brust und erklären ihn für eine der Grundlagen der Ueberlegenheit der englischen Industrie über die kontinentale europäische.

Das Vorbild Englands und die Entwicklung des Kapitalismus mit seinen Folgen in den Ländern des Kontinents haben auch in diesen die Nothwendigkeit einer Regulirung der Arbeitszeit dargethan, die denn auch, je nach der Kraft der Arbeiterbewegung und der Einsicht der herrschenden politischen Parteien, das heißt der Ueberwindung des bornirten Fabrikantenstandpunktes, mehr oder weniger weitgehend durchgeführt worden.

Die weitestgehende unter den kontinentalen Arbeiterschutz=
gesetzgebungen ist entschieden die der republikanischen Schweiz.
Das Bundesgesetz vom 23. März 1877, welches an Stelle der
verschiedenen kantonalen Fabrikgesetze getreten ist — soweit solche
bis dahin bestanden — setzt einen elfstündigen Arbeitstag für alle
in Fabriken beschäftigten Arbeiter fest. Es geht weiter als das
englische Gesetz, das erwachsene Männer nicht schützt; es bleibt
hinter diesem Gesetz zurück, insofern es das Maximum der Ar=
beitszeit mit 11, statt mit 10 Stunden festsetzt und die kleineren
Werkstätten und die Hausindustrie außerhalb seines Wirkungs=
kreises läßt.*) Kinder unter 14 Jahren dürfen in Fabriken

---

*) Angesichts der Nothwendigkeit der Ausdehnung der Arbeits=
gesetzgebung auf die Hausindustrie seien hier die wichtigsten Vor=
schriften darüber des oben erwähnten englischen Gesetzes von 1878
wiedergegeben. Es heißt da:

„Wo Personen zu Hause beschäftigt werden, das ist in einem
privaten Hause, Zimmer oder Raum, der, obgleich er als Wohnung
dient, wegen der darin vor sich gehenden Arbeitsthätigkeit als Fabrik
oder Werkstatt in den Bereich dieses Gesetzes fällt, und in dem
weder Dampf, noch Wasser, noch sonstige mechanische Kraft zur
Unterstützung des Produktionsprozesses verwendet wird, und in dem
die angewandten Personen ausschließlich Mitglieder der daselbst
wohnenden Familie sind, dort sollen die vorhergehenden Bestimm=
ungen des Gesetzes in Bezug auf die Beschäftigung von Kindern,
jungen Personen und Frauen keine Anwendung finden und an
deren Stelle folgende Regeln zu beobachten sein." — Nach dieser
Definition einer hausindustriellen Werkstelle folgen die für sie
geltenden Vorschriften. Wir heben aus ihnen heraus:

Die Zeit für die Arbeit einer jungen Person (von 14—18
Jahren) soll nicht beginnen vor 6 Uhr Morgens und nicht enden
nach 9 Uhr Abends (Samstags um 4 Uhr Nachmittags).

Jede junge Person soll in dieser Zeit an Ruhepausen für das
Einnehmen von Mahlzeiten u. s. w. mindestens 4½ Stunden
(Samstags 2½) eingeräumt bekommen.

Die Arbeit für Kinder (von 10—14 Jahren) beginnt um 6 Uhr

überhaupt nicht arbeiten, für Kinder von 14—16 Jahren darf die Zeit des Schulunterrichts zusammen mit der Arbeit in der Fabrik elf Stunden täglich nicht übersteigen.

Frankreich erhielt sein erstes Fabrikgesetz 1841. Dasselbe setzte die tägliche Arbeitszeit von Kindern zwischen 8 und 12 Jahren auf 8 Stunden fest, die von Kindern zwischen 12 bis 16 Jahren auf 12. Aber selbst dieses elende Gesetz blieb nur auf dem Papier; ebenso der zwölfstündige Normalarbeitstag für alle Werkstätten und Fabriken, der unter dem Druck der Revolution 1849 zum Gesetz erhoben wurde. Es fehlte an Inspektoren, welche die Durchführung des Gesetzes überwachten. Erst durch das Gesetz vom 19. Mai 1874 ist der Anfang zu einer ernstlicheren Arbeiterschutzgesetzgebung gemacht worden. Dasselbe verbietet die Kinderarbeit vor dem 12. Jahr für gewisse Industriezweige, und vor dem 10. Jahr überhaupt. Der Arbeitstag der Kinder von 10—12 Jahren wird auf 6 Stunden, der der jungen Personen von 12—16 Jahren auf 12 Stunden beschränkt. Zur Durchführung dieses Gesetzes wurden staatliche Fabrikinspektoren eingesetzt, denen Lokalkommissionen zur Seite stehen.

In Oesterreich besteht seit dem 11. Juni 1885 der elfstündige Normalarbeitstag für Fabriken, freilich mit der Klausel, daß es dem Handelsminister erlaubt ist, für gewisse Industriezweige den Arbeitstag um eine Stunde zu verlängern.**) Kinder vor dem 12. Jahre dürfen nicht zu regelmäßiger gewerblicher Arbeit (auch nicht in kleineren Werkstätten) verwendet

---

früh und endet um 1 Uhr Nachmittags, oder beginnt um 1 Uhr Nachmittags und endet um 8 Uhr Abends (Samstags 4 Uhr Nachmittags). Ein Kind soll nicht länger als 5 Stunden ununterbrochen beschäftigt werden, und jedesmal eine Ruhepause von mindestens ½ Stunde gewährt erhalten.

**) Vom ganzen Gesetz scheint bisher am meisten diese Klausel in Wirksamkeit getreten zu sein.

werden. Für „jugendliche Hilfsarbeiter" — für die Gelehrten
des österreichischen und noch manchen anderen Parlaments endet
das Kindesalter mit dem 12. Jahr und wird das Kind dann
eine „jugendliche Person" — ist das Maximum der täglichen
Arbeitszeit auf 8 Stunden täglich festgesetzt.

Erheblich schlechter, als die bisher betrachteten Arbeiter-
schutzgesetzgebungen ist die Deutschlands, trotzdem diese die
jüngste unter ihnen ist. Die Gewerbegesetznovelle, welche die jetzt
giltigen Arbeiterschutzbestimmungen festsetzt, datirt vom Mai 1891.
Danach dürfen Kinder unter 13 Jahren in Fabriken nicht beschäftigt werden, Kinder von 13 bis 14 Jahren dürfen nicht mehr
als 6, von 14 bis 16 Jahren nicht mehr als 10 Stunden täglich
arbeiten. Für Arbeiterinnen über 16 Jahren ist ein Normalarbeitstag von 11 Stunden festgesetzt. Die männlichen Arbeiter
dürfen nach wie vor nach Belieben geschunden werden.

Die Arbeiterschutzgesetze in den übrigen Staaten Europas
sind von geringem Belang. Sie erstrecken sich fast nur auf die
arbeitenden Kinder.

In den Vereinigten Staaten besitzen Gesetze zum Schutz
der Kinder, meistens auch der Frauen in den Fabriken, die Staaten
Maine, New Hampshire, Vermont, Massachusets, Rhode Island,
Connecticut, New York, New Jersey, Pennsylvania, Maryland
und Ohio. Die meisten setzen einen zehnstündigen Arbeitstag
als Maximum für die geschützten Personen fest, nur Rhode
Island einen solchen von elf Stunden. Die Kinderarbeit
unter 13 Jahren ist verboten in Pennsylvania, unter 12 Jahren
in Rhode Island, unter 10 Jahren in New Hampshire, Vermont,
Massachusets und New Jersey. In den anderen Staaten ist
keine Altersgrenze festgesetzt. Im Allgemeinen gewinnt der acht-
stündige Arbeitstag, wenn auch nicht gesetzlich, so doch thatsächlich
in den Vereinigten Staaten immer mehr an Boden. Ebenso in
Australien.

In den letzten Jahren endlich sind Bestrebungen immer mehr hervorgetreten, welche die Regelung des Arbeitstages über die bisherigen nationalen Grenzen hinaus zu einer gemeinsamen, internationalen Angelegenheit aller kapitalistischen Staaten zu gestalten suchen. Zuerst sprachen sich die Arbeiter der Schweiz, Frankreichs, Deutschlands und Oesterreichs und anderer Länder in diesem Sinne aus, mit der Zeit sahen sich aber auch die Regierungen veranlaßt, die Frage in Betracht zu ziehen. Der Bundesrath der Schweiz war die erste Regierung, die sich zu Gunsten eines internationalen Arbeiterschutzes aussprach. Ihre Bemühungen, andere Regierungen dafür zu interessiren, scheiterten jedoch an der ablehnenden Haltung der deutschen Reichsregierung. Der Normalarbeitstag war Bismarck ein Greuel. Der Sturz des eisernen Kanzlers machte die Bahn frei für Fortschritte des Arbeiterschutzes in Deutschland, der neue Kurs schien eine Zeit lang auf entschieden soziale Reformen hinsteuern zu wollen. Unter anderem griff er auch die Idee einer internationalen Arbeiterschutz-Gesetzgebung auf. Kaiser Wilhelm II. berief für den März 1890 zur Diskutirung dieser Idee eine Konferenz von Vertretern europäischer Staaten nach Berlin. Diese Konferenz ist bekanntlich erfolglos geblieben.

Dagegen hat die internationale Aktion der Arbeiterschaft zu Gunsten des Achtstundentages, die der Pariser internationale Kongreß von 1889 inaugurirte, bereits die Bedeutung einer welthistorischen Bewegung erlangt. Die Maifeier, eine Demonstration zu Gunsten des internationalen Arbeiterschutzes, ist thatsächlich eine großartige Heerschau und ein Siegesfest des internationalen kämpfenden Proletariats geworden.

Fünftes Kapitel

Der Mehrwerth des „kleinen Meisters" und der Mehrwerth des Kapitalisten.

Den Werth der Arbeitskraft und dementsprechend die zur Erhaltung des Arbeiters nothwendige Arbeitszeit als gegeben vorausgesetzt, ist mit der Rate des Mehrwerthes auch schon die Masse des Mehrwerthes bestimmt, die der einzelne Arbeiter liefert. Ist der Werth der Arbeitskraft 3 Mark, die Rate des Mehrwerthes gleich 100 Prozent, so die Masse des Mehrwerthes, welche diese erzeugt, gleich 3 Mark. Wie groß ist aber die Gesammtmasse des Mehrwerthes, die einem Kapitalisten unter bestimmten Umständen zukommt? Nehmen wir an, er beschäftige 300 Arbeiter unter den oben angeführten Bedingungen. Das variable Kapital, das er täglich aufwende, sei gleich 900 Mark, die Rate des Mehrwerthes 100 Prozent. Seine Masse wird dann auch täglich 900 Mark betragen. „Die Masse des produzirten Mehrwerthes ist gleich der Größe des vorgeschossenen variablen Kapitals, multiplizirt mit der Rate des Mehrwerthes."

Nimmt der eine dieser Faktoren ab, so kann die Masse des Mehrwerthes auf gleicher Höhe erhalten werden durch Vergrößerung des andern. Umgekehrt erlaubt die Vergrößerung des einen eine entsprechende Verminderung des andern, ohne Aenderung der Masse des Mehrwerthes. Einige Beispiele mögen das klar machen. Ein Kapitalist beschäftige 300 Arbeiter; die nothwendige Arbeitszeit betrage 6 Stunden, der Werth der Arbeitskraft 3 Mark; die tägliche Arbeitszeit 12 Stunden. Die Masse des täglich produzirten Mehrwerthes wird gleich sein 900 Mark.

Die Gefügigkeit der Arbeiter erlaube es dem Kapitalisten, die Arbeitszeit auf 15 Stunden zu erhöhen. Die Rate des Mehrwerthes beträgt jetzt unter sonst gleichen Umständen 150 Prozent $\left\{ \dfrac{9 \text{ Stunden Mehrarbeit}}{6 \text{ Stunden nothwendige Arbeit}} \right\}$. Um dieselbe Masse Mehrwerth (900 Mark) zu produziren, wie vorhin, braucht der Kapitalist jetzt nicht mehr 900 Mark variables Kapital vorzuschießen, sondern nur noch 600; statt 300 Arbeiter genügen jetzt 200.

Wenn aber die Arbeiter nicht gefügig sind, wenn sie im Gegentheil etwa durch einen besonders glücklichen Strike die Herabsetzung der Arbeitszeit von 12 auf 9 Stunden erzwingen, so wird die Rate des Mehrwerthes nur noch 50 Prozent betragen $\left\{ \dfrac{3 \text{ Stunden Mehrarbeit}}{6 \text{ Stunden nothwendige Arbeit}} \right\}$. Um die gleiche Masse Mehrwerth zu produziren wie früher, muß der Kapitalist jetzt 600 Arbeiter anwenden, 1800 Mark variables Kapital vorschießen.

Daß ihm der erstere Fall der angenehmere ist, brauchen wir wohl nicht erst zu betonen. Der Kapitalist strebt darnach, die Masse des Mehrwerthes so viel als möglich zu vermehren; aber es paßt ihm besser, dies zu erlangen durch Vergrößerung der Rate des Mehrwerthes, als durch Vergrößerung des variablen Kapitals, durch Vermehrung der Zahl der beschäftigten Arbeiter.

Die Rate des Mehrwerthes kann jedoch nicht willkürlich bestimmt werden; sie ist unter bestimmten Umständen eine mehr oder weniger bestimmte Größe. Die Rate des Mehrwerthes als gegeben vorausgesetzt, erfordert die Produktion einer gewissen Masse von Mehrwerth die Anwendung einer bestimmten Menge von variablem Kapital, das ihn erzeugt, und einer bestimmten Menge von konstantem Kapital, das ihn einsaugt.

Dieser Umstand ist von historischer Bedeutung geworden.

Schon vor der Entwicklung des Kapitalismus wurden Lohnarbeiter angewendet, die Mehrwerth produzirten. Es war dies

namentlich der Fall im zünftigen Handwerk. Aber die Zahl der
Arbeiter, die ein mittelalterlicher Handwerksmeister anwendete, war
eine kleine, und dementsprechend auch die Masse des Mehrwerthes
gering, den der Meister einsteckte. Sie genügte in der Regel nicht,
ihm ein angemessenes Einkommen zu gewähren, er mußte selbst
mit Hand anlegen; der „kleine“ Meister ist kein Lohnarbeiter
und doch auch kein Kapitalist: ein Mittelding zwischen beiden.

Sollte der Anwender von Lohnarbeitern ein wirklicher Kapitalist werden, dann mußte er so viele Arbeiter beschäftigen, daß
die Masse des von ihnen produzirten Mehrwerthes ihm nicht nur
einen „standesgemäßen“ Unterhalt sicherte, sondern auch erlaubte,
seinen Reichthum beständig zu vermehren, was unter der kapitalistischen Produktionsweise eine Nothwendigkeit für ihn ist, wie
wir noch sehen werden.

Nicht jede Geldsumme ermöglicht es ihrem Besitzer, Kapitalist
zu werden. Soll ein Geldbesitzer industrieller Kapitalist werden,
so muß sein Geldvorrath groß genug sein, um eine ausreichende
über das Maß des Handwerksbetriebes hinausgehende Anzahl
von Arbeitskräften und Produktionsmitteln kaufen zu können.
Der Geldbesitzer muß aber auch frei von allen Hindernissen
produziren, welche ihm verbieten, die Zahl seiner Arbeiter auf
und über das nothwendige Maß zu erhöhen. Das Zunftwesen
des Mittelalters suchte die Verwandlung von Handwerksmeistern
in Kapitalisten dadurch zu hindern, daß es die Anzahl der Lohnarbeiter, die ein einzelner Meister beschäftigen durfte, sehr beschränkte.

„Der Kaufmann war es, der der Prinzipal der modernen
(kapitalistischen) Werkstatt wurde, und nicht der alte Zunftmeister.“ („Das Elend der Philosophie,“ S. 135.)

Der Zunftmeister ist Aneigner von Mehrwerth, aber noch
nicht vollkommener Kapitalist.

Der zünftige Geselle ist Erzeuger von Mehrwerth, aber
noch nicht vollständiger proletarischer Lohnarbeiter.

Der Zunftmeister arbeitet noch selbst. Der Kapitalist ist nur Kommandant und Ueberwacher der Arbeit Anderer.

Der zünftige Geselle ist noch Anwender der Produktions=mittel; sie sind seinetwegen da, um ihm die Arbeit zu ermöglichen und zu erleichtern. Er ist Gehilfe, Mitarbeiter des Meisters, will und kann in der Regel selbst einmal Meister werden.

Der Lohnarbeiter der kapitalistischen Produktionsweise ist dagegen alleiniger Arbeiter im Produktionsprozeß, Quelle von Mehrwerth, und der Kapitalist ihr Auspumper. Die Produktions=mittel dienen jetzt vor Allem dem Zweck, die Arbeitskraft des Arbeiters in sich einzusaugen: sie sind es jetzt, die den Arbeiter anwenden, der thatsächlich nie Kapitalist werden kann. Die Arbeitsmittel sind nicht mehr dazu da, dem Arbeiter sein Werk zu erleichtern, sie helfen jetzt, ihn daran zu fesseln.

Blicken wir in eine kapitalistische Fabrik: da sehen wir vielleicht Tausende von Spindeln, Tausende von Zentnern Baum=wolle. Sie sind alle gekauft worden, um sich zu verwerthen, d. h. um Mehrwerth einzusaugen. Aber sie verwerthen sich nicht ohne Arbeitszusatz, und so rufen sie nach Arbeit und wieder Arbeit. Die Spinnmaschine ist nicht dazu da, dem Arbeiter die Arbeit zu erleichtern, sondern der Spinner ist da, damit die Spinnmaschine sich verwerthet. Die Spindeln laufen und ver=langen nach menschlicher Arbeitskraft: der Arbeiter ist hungrig, aber die Spindel arbeitet fort, und so muß er sein Mittagessen hinabschlucken, während er seine Herrin bedient. Seine Kräfte ermatten, er will schlafen, aber die Spindeln laufen frisch und munter weiter und heischen mehr Arbeit; und weil die Spindel läuft, darf auch der Arbeiter nicht schlafen.

Das todte Werkzeug hat den lebendigen Arbeiter unterjocht.

Sechstes Kapitel.

Der relative Mehrwerth.

Ist die nothwendige Arbeitszeit, das heißt der Theil des Arbeitstages, während dessen nur so viel Werth produzirt wird, als das Kapital für die Waare Arbeitskraft zu erlegen hat, eine bestimmte Größe, dann kann die Rate des Mehrwerthes nur vergrößert werden durch Verlängerung des Arbeitstages. Beträgt z. B. die nothwendige Arbeitszeit 6 Stunden täglich, und ist sie unveränderlich, was unter gegebenen Produktions=bedingungen der Fall, dann kann die Rate des Mehrwerthes nur vermehrt werden durch Verlängerung des Arbeitstages.

Die Wirkungen dieses Umstandes haben wir im 4. Kapitel betrachtet.

Aber der Arbeitstag kann nicht in's Unendliche ausgedehnt werden. Das Bestreben des Kapitalisten, ihn zu verlängern, findet natürliche Schranken in der Erschöpfung des Arbeiters, moralische Schranken in dessen Ansprüchen auf freie Bethätigung als Mensch, politische Schranken in der durch verschiedene Verhält=nisse erzwungenen Beschränkung des Arbeitstages durch den Staat.

Nehmen wir an, der Arbeitstag habe eine Grenze erlangt, über die er unter den gegebenen Umständen nicht verlängert werden könne; diese Grenze sei mit der zwölften Arbeitsstunde gegeben. Die nothwendige Arbeitszeit betrage sechs Stunden, die Rate des Mehrwerthes also 100 Prozent.

Wie nun diese Rate vergrößern? Sehr einfach. Drücke ich die nothwendige Arbeitszeit von 6 auf 4 Stunden herab, so steigt die Zeit der Mehrarbeit von 6 auf 8 Stunden; die Länge des Arbeitstages ist die gleiche geblieben, aber das Verhältniß seiner beiden Bestandtheile, der nothwendigen und der überschüssigen Arbeitszeit, ist ein anderes geworden. Damit auch die Rate des Mehrwerthes. Durch die Herabdrückung der nothwendigen Arbeitszeit von 6 auf 4 Stunden bei 12stündigem Arbeitstag ist die Rate des Mehrwerthes von 100 auf 200 Prozent gestiegen, sie hat sich verdoppelt. Der Vorgang wird am leichtesten begriffen, wenn man die Länge des Arbeitstages und seiner Theile in Linien von gewisser Länge veranschaulicht. Nehmen wir an, die Linie A—B stelle einen zwölfstündigen Arbeitstag vor, der Linientheil A—C die nothwendige, der Theil C—B die überschüssige Arbeitszeit:

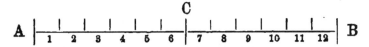

Wie kann ich C—B um zwei Längseinheiten, die Arbeitsstunden darstellen, verlängern, ohne A—B auszudehnen? Durch Verkürzung von A—C:

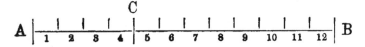

C—B auf der ersten Linie ist ebenso groß wie A—C. Auf der zweiten ist C—B noch einmal so groß als A—C.

Es ist also möglich, Mehrwerth zu erzielen nicht nur durch absolute Verlängerung des Arbeitstages, sondern auch durch Verkürzung der nothwendigen Arbeitszeit.

Durch Verlängerung des Arbeitstages produzirten Mehrwerth nennt Marx absoluten Mehrwerth; den Mehrwerth dagegen, der aus Verkürzung der nothwendigen Arbeitszeit und

entsprechender Veränderung im Größenverhältniß der beiden Bestandtheile des Arbeitstages entspringt, relativen Mehrwerth.

In unverhüllter Form zeigt sich das Bestreben des Kapitalisten, den Mehrwerth in letzterer Weise zu vergrößern, in
seinen Versuchen, den Lohn zu drücken. Da aber der Werth
der Arbeitskraft unter gegebenen Verhältnissen eine bestimmte
Größe ist, kann dies Bestreben nur dahin gehen, den Preis der
Arbeitskraft unter ihren Werth herabzudrücken. So wichtig
dieser Umstand in der Praxis ist, so können wir ihn doch hier
noch nicht näher berücksichtigen, wo es sich um die Grundlagen
der ökonomischen Bewegung, nicht um ihre äußerlichen Erscheinungsformen handelt.

Wir müssen daher vorläufig von der Annahme ausgehen,
daß Alles normal vor sich geht, der Preis dem Werth entspricht,
also der Lohn der Arbeitskraft ihrem Werth. Wir haben hier
also noch nicht zu untersuchen, wie der Arbeitslohn unter den
Werth der Arbeitskraft gedrückt werden kann und welche Folgen
dies mit sich führt, sondern zu untersuchen, wie der Werth der
Arbeitskraft verringert wird.

Der Arbeiter hat unter gegebenen Umständen bestimmte
Bedürfnisse; er bedarf zu seiner und seiner Familie Erhaltung
einer bestimmten Menge von Gebrauchswerthen. Diese Gebrauchsgegenstände sind Waaren, ihr Werth wird bedingt durch
die zu ihrer Herstellung gesellschaftlich nothwendige Arbeitszeit.
Das ist uns Alles bereits bekannt, es bedarf nicht weiterer Ausführung. Sinkt die zur Herstellung der erwähnten Gebrauchsgegenstände durchschnittlich nothwendige Arbeitszeit, so sinkt auch
der Werth dieser Produkte und damit der Werth der Arbeitskraft des Arbeiters und der zur Wiederherstellung dieses Werthes
nothwendige Theil des Arbeitstages, ohne Einschränkung der
gewohnheitsgemäßen Bedürfnisse des Arbeiters. Mit anderen
Worten: steigt die Produktivkraft der Arbeit, so sinkt

unter gewissen Umständen der Werth der Arbeitskraft. Nur unter gewissen Umständen, nämlich nur dann oder nur insoweit, als die Erhöhung der Produktivkraft der Arbeit die Arbeitszeit verkürzt, die nothwendig ist zur Herstellung der Lebens= mittel, deren der Arbeiter gewohnheitsmäßig bedarf. Wenn der Arbeiter gewohnt ist, Stiefel zu tragen, anstatt barfuß zu gehen, so wird es den Werth der Arbeitskraft verringern, wenn zur Herstellung eines Paars Stiefel 6 statt 12 Arbeitsstunden noth= wendig sind. Wenn aber die Produktivkraft der Arbeit der Diamantenschleifer oder der Spitzenklöppler sich verdoppelt, so bleibt dies auf den Werth der Arbeitskraft ohne Einfluß.

Eine Erhöhung der Produktivkraft der Arbeit ist aber nur möglich durch eine Aenderung des Produktionsverfahrens, durch eine Verbesserung der Arbeitsmittel oder der Arbeits= methoden. Die Produktion von relativem Mehrwerth wird also bedingt durch eine Umwälzung des Arbeits= verfahrens.

Diese Umwälzung und stete Vervollkommnung der Pro= duktionsweise ist eine Naturnothwendigkeit für das kapitalistische Produktionssystem. Der einzelne Kapitalist wird sich dessen freilich nicht nothwendig bewußt, daß, je wohlfeiler er produzirt, desto niedriger der Werth der Arbeitskraft und desto höher, unter sonst gleichen Umständen, der Mehrwerth. Die Konkurrenz zwingt ihn aber stets zu neuen Verbesserungen im Produktionsprozeß. Das Bestreben, seinen Konkurrenten zuvor zu kommen, bewegt ihn, Methoden einzuführen, die ihm erlauben, in geringerer, als der durchschnittlich nothwendigen Arbeitszeit ebensoviel Waaren zu erzeugen, wie bisher. Die Konkurrenz zwingt seine Kon= kurrenten, das verbesserte Verfahren ebenfalls einzuführen. Die Ausnahmsgewinne, die gemacht worden, so lange es vereinzelt gewesen, schwinden, sobald es allgemein geworden, aber, je nach= dem dies Verfahren auf die Produktion der nothwendigen Lebens=

mittel mehr oder weniger einwirkt, bleibt als dauerndes Er=
gebniß eine mehr oder weniger große Senkung des Werthes der
Arbeitskraft und eine entsprechende Steigerung des relativen
Mehrwerthes.

Dies nur eine der Ursachen, welche bewirken, daß der
Kapitalismus die Produktionsweise beständig umwälzt und so
den relativen Mehrwerth immer mehr erhöht.

Steigt die Produktivkraft der Arbeit, so steigt auch die Rate
des relativen Mehrwerthes, während der Werth der produzirten
Waaren entsprechend sinkt. So sehen wir den anscheinenden
Widerspruch sich entwickeln, daß die Kapitalisten unabläſſig be=
müht sind, immer billiger zu produziren, ihren Waaren immer
geringeren Werth zu geben, um immer mehr Werth einsacken zu
können. Wir sehen aber noch eine andere anscheinende Unge=
reimtheit auftauchen: je größer die Produktivität der Arbeit, desto
größer unter der Herrschaft der kapitalistischen Produktionsweise
die Mehrarbeit, die überschüſſige Arbeitszeit des Arbeiters. Die
kapitalistische Produktionsweise strebt darnach, die Produktivkraft
der Arbeit riesenhaft zu steigern, die nothwendige Arbeitszeit auf
ein Minimum zu verringern, gleichzeitig aber den Arbeitstag so
viel als möglich zu verlängern.

Wie sie den Arbeitstag verlängerte, haben wir bereits im
vierten Kapitel gesehen. Betrachten wir jetzt, wie sie die noth=
wendige Arbeitszeit verkürzte.

———

Siebentes Kapitel

Kooperation.

Wir haben im fünften Kapitel dieses Abschnitts gesehen, daß es nicht genügt, Lohnarbeiter anzuwenden, um ein Kapitalist im vollen Sinne des Wortes zu sein. Der Anwender von Lohnarbeitern wird erst Kapitalist, wenn die von ihnen erzeugte Masse von Mehrwerth groß genug ist, um ihm ein „standesgemäßes" Einkommen zu gewähren, und seinen Reichthum zu vermehren, ohne daß er genöthigt ist, selbst Hand an die Arbeit anzulegen. Dies setzt die gleichzeitige Beschäftigung einer Zahl von Arbeitern voraus, welche das beim zünftigen Handwerk zulässige Maß weit übersteigt. „Das Wirken einer größeren Arbeiteranzahl zur selben Zeit, in demselben Raum (oder, wenn man will, auf demselben Arbeitsfeld), zur Produktion derselben Waarensorte, unter dem Kommando desselben Kapitalisten, bildet historisch und begrifflich den Ausgangspunkt der kapitalistischen Produktion."

Der Unterschied zwischen der kapitalistischen und der handwerksmäßigen Produktionsweise ist daher zunächst nur einer des Grades, nicht der Art. Ob ich drei Tuchweber an drei Webstühlen oder dreißig Weber an dreißig ebensolchen Webstühlen in gleichem Raume und zur gleichen Zeit beschäftige, scheint zunächst nur den Unterschied zur Folge zu haben, daß im letzteren Falle zehnmal so viel Werth und Mehrwerth erzeugt wird, wie in ersterem.

Aber die Beschäftigung der größeren Zahl bringt noch andere Unterschiede mit sich. Zunächst sei an das Gesetz der großen Zahlen erinnert, an den Umstand, daß die individuellen Eigenthümlichkeiten sich um so mehr bemerkbar machen, je weniger Individuen man in Betracht zieht, und um so mehr verschwinden, je mehr die Beobachtung eine Massenbeobachtung ist. Wenn ich die durchschnittliche Lebensdauer des Menschen erfahren will, werde ich wahrscheinlich Irrthümern unterworfen sein, wenn ich sie aus der Lebensdauer von 5—6 Personen berechne. Ich kann aber mit großer Wahrscheinlichkeit annehmen, der Wahrheit sehr nahe zu kommen, wenn ich sie aus der Lebensdauer von etwa einer Million Menschen berechne.

So werden auch die individuellen Unterschiede der einzelnen Arbeiter sich viel mehr bemerkbar machen, wenn ich nur drei, als wenn ich dreißig anwende. In letzterem Falle wird die größere Arbeitsleistung der guten und die mindere der schlechten sich ausgleichen, so daß Durchschnittsarbeit geliefert wird. Nach Burke sollen schon bei gleichzeitiger Anwendung von fünf Ackerknechten alle individuellen Unterschiede verschwinden, so daß beliebig herausgenommene fünf Knechte in der Regel ebenso viel Arbeit verrichten, wie andere fünf zufällig herausgegriffene.

Für den kleinen Meister ist es zufällig, ob seine Arbeiter gesellschaftliche Durchschnittsarbeit leisten. Erst für den Kapitalisten wird es möglich, daß die von ihm in Bewegung gesetzte Arbeit in der Regel gesellschaftliche Durchschnittsarbeit ist.

Die gleichzeitige Beschäftigung vieler Arbeiter am gleichen Ort bringt noch andere Vortheile mit sich. Ich muß nicht zehnmal mehr zahlen für Errichtung eines Arbeitslokals, in dem dreißig Tuchweber weben, als für die eines Raumes, in dem nur drei weben. Auch kostet ein Magazin für 100 Zentner Wolle nicht zehnmal so viel als eines für 10 Zentner u. s. w. Der Werth des konstanten Kapitaltheils, der im Produkt wieder-

erscheint, verringert sich also im Verhältniß zur Zahl der be=
schäftigten Arbeiter umsomehr, je mehr Arbeiter unter sonst gleichen
Verhältnissen in einem bestimmten Arbeitsprozeß thätig sind. Damit
wächst der Mehrwerth im Verhältniß zum vorgeschossenen Gesammt=
kapital, damit sinkt aber auch der Werth des Produkts, und,
unter gewissen, im vorigen Kapitel erörterten Umständen, der
Werth der Arbeitskraft. In diesem Fall wächst der Mehrwerth
auch im Verhältniß zum variablen Kapital.

Die gleichzeitige Anwendung vieler Arbeiter an gleichem Ort
zur Erzielung eines bestimmten Resultats führt zu ihrem plan=
mäßigen Zusammenwirken, das heißt, zur Kooperation.
Diese schafft eine neue, gesellschaftliche Produktivkraft,
die mehr und anders ist, als die Summe der einzelnen Produktiv=
kräfte, aus denen sie besteht.

Die neue Kraft ist von vornherein Massenkraft; sie
macht manche Arbeitsprozesse möglich, die mit geringeren Kräften
gar nicht oder nur unvollkommen durchführbar sind. Dreißig
Mann heben mit Leichtigkeit in wenigen Augenblicken einen Baum,
an dem drei Mann sich vergeblich den ganzen Tag abquälen
würden. Die Kooperation macht auch die Durchführung von
Arbeiten möglich, bei denen nicht Massenkraft, wohl aber
die Zusammendrängung einer möglichst großen Arbeitsleistung
in einem kleinen Zeitraum erforderlich ist; dies ist z. B. bei
der Getreideernte der Fall.

Auch wo weder eine große Masse der Kraft noch ihre
räumliche oder zeitliche Zusammendrängung und Konzentrirung
erforderlich, wirkt die Kooperation vortheilhaft; sie erhöht die
Produktivität der Arbeit. Jeder kennt die Art und Weise,
wie bei einem Hausbau die Bausteine auf die Gerüste befördert
werden; es wird eine Kette von Arbeitern gebildet, die einer
dem andern die Steine zureichen. In Folge dieses planmäßigen
Zusammenwirkens legen die Bausteine ihren Weg viel schneller

zurück, als wenn sie von den einzelnen Arbeitern auf die Gerüste hinaufgetragen würden.

Endlich ist nicht zu übersehen, daß der Mensch ein gesellschaftliches Thier ist, daß seine Lebensgeister in geselligem Wirken sich beleben, und daß Ehrgeiz und Wetteifer dabei ins Spiel kommen. So geht die gesellschaftliche Arbeit schneller von Statten und die Arbeitsleistung ist verhältnißmäßig größer, als die isolirter Arbeiter.

Unter dem kapitalistischen System können Lohnarbeiter nur zusammenwirken, wenn ihre Arbeitskräfte von einem und demselben Kapitalisten gekauft worden. Je mehr Arbeitskräfte gekauft werden sollen, desto mehr variables Kapital ist nothwendig; je mehr Lohnarbeiter angewendet werden sollen, desto größer die Masse des Rohmaterials, der Werkzeuge, die diese wiederum anwenden ꝛc., also desto größer die nothwendige Menge konstanten Kapitals. Die Durchführung der Kooperation in gewissem Umfang setzt daher eine gewisse Größe des Kapitals voraus. Diese wird jetzt eine Vorbedingung der kapitalistischen Produktionsweise.

Die Kooperation ist nicht der kapitalistischen Produktionsweise allein eigenthümlich. Wir sahen sie in urwüchsigen Formen bereits bei den Indianern. Es zeigte sich uns, daß deren planmäßiges Zusammenwirken bei der Jagd eine planmäßige Leitung erfordert. Diese ist für alle gesellschaftliche Arbeit nöthig, in welcher Form immer sie vor sich gehen möge. In der kapitalistischen Produktionsweise wird die Leitung der Produktion nothwendig zu einer Funktion des Kapitals. Auch bei dieser Untersuchung zeigt sich uns die Fruchtbarkeit der Marx'schen Unterscheidung des zwieschlächtigen Charakters der Waaren produzirenden Arbeit. Diesem zwieschlächtigen Charakter entsprechend, ist unter der kapitalistischen Produktionsweise, wie wir gesehen haben, der Produktionsprozeß die Einheit von Arbeitsprozeß und Verwerthungsprozeß. Soweit der Produktionsprozeß als Arbeitsprozeß erscheint, erscheint der Kapitalist als Leiter der Produktion, erscheint die Funktion, die er versieht, als eine solche, die unter jedem gesellschaftlichen Arbeitsprozeß mehr oder weniger nothwendig sein wird. Der kapitalistische Produktionsprozeß als Verwerthungsprozeß hat aber zur Grundlage den Gegensatz der Interessen von Kapital und Arbeit, wie er sich uns bereits anläßlich des Arbeitstages offenbart hat. Soll der Verwerthungsprozeß ungestört in der gewünschten Weise vor sich gehen, dann bedingt er die Unter= ordnung des Arbeiters, die despotische Herrschaft des Kapi= talisten. Verwerthungsprozeß und Arbeitsprozeß bilden aber nur zwei verschiedene Seiten eines und desselben Prozesses, des kapi= talistischen Produktionsprozesses, und somit erscheinen die Leitung der Produktion und die despotische Herrschaft des Kapitals über den Arbeiter auch als eins — und da die erstere eine technische Nothwendigkeit, erzählt uns die bürgerliche Oekonomie, daß die Herrschaft des Kapitals über die Arbeit eine technische, durch die Sachlage der Dinge gebotene Nothwendigkeit sei, daß mit der Beseitigung der Herrschaft des Kapitals auch die Produktion selbst, soweit sie gesellschaftlicher Natur, vernichtet werde, daß die Herrschaft des Kapitals die naturnothwendige Vorbedingung der Zivilisation sei!

Auch Robbertus hat erklärt, als Leiter der Produktion seien die Kapitalisten Beamte der Gesellschaft und zum Empfang eines Gehalts berechtigt. Aber wie der Kapitalist nur Gebrauchswerthe produziren läßt, weil er in anderer Weise nicht in den Besitz von Werthen kommen kann, so ist auch für ihn die Leitung der Produktion nur ein nothwendiges Uebel, dem er sich nur des= wegen unterzieht, weil es mit der Verwerthung seines Kapitals untrennbar verknüpft ist. Er entgeht diesem Uebel, wo er es kann, ohne den Mehrwerth zu schädigen. Ist sein Unternehmen groß genug, dann läßt er seine „Beamtung" von Miethlingen, Direktoren und Unterbeamten versehen. Mitunter benutzt er auch andere Methoden, die Leitung der Produktion los zu werden. Während der Baumwollkrisis Anfangs der sechziger Jahre z. B. schlossen die englischen Baumwollspinner ihre Fabriken, um auf der Baumwoll=Börse zu spielen und dort ihr „Gehalt" heraus= zuschlagen. Die Behauptung, daß die Kapitalisten für ihre Leitung der Produktion bezahlt zu werden verdienen, erinnert uns an jenen Jungen, der einen Baum voll herrlicher Aepfel sah, zu dem er nicht anders als über eine hohe Mauer gelangen konnte. Die Aepfel waren zu verführerisch, und so übernahm er die Arbeit, die Mauer zu übersteigen, was ihm nach vieler Mühe auch gelang. Eben delektirte er sich an den Aepfeln, als der Besitzer des Gartens kam und ihn fragte, welches Recht er habe, die Aepfel zu nehmen. „Ich habe sie redlich verdient," erwiderte der Knabe, „sie sind die Bezahlung für die harte Arbeit, über die Mauer zu steigen." Wie der Knabe zu den Aepfeln nur über die Mauer, kann der Kapitalist in der Regel zum Mehr= werth nur als Leiter der Produktion gelangen.

Noch eine sonderbare Anschauung, die man in ökonomischen Büchern findet, ist hier zurückzuweisen. Der Kapitalist kauft, wie bisher angenommen wird, jede Arbeitskraft zu ihrem vollen Werth. Aber die gesammten Arbeitskräfte, die er gekauft, entfalten in ihrem planmäßigen Zusammenwirken eine neue Produktivkraft. Sie produziren mehr, als wenn er jede von ihnen für sich be= schäftigen würde. Diese neue Produktivkraft bezahlt der Kapitalist nicht. Sie hat nichts zu thun mit dem Waarenwerth der Arbeitskraft, sie bildet eine Eigenthümlichkeit ihres Gebrauchs= werthes. Diese neue Kraft äußert sich auch erst während des Arbeitsprozesses, also erst, nachdem die Waare Arbeitskraft in den Besitz des Kapitalisten eingegangen, nachdem sie Kapital geworden. Daher erscheint es den Kapitalisten und ihren An= wälten, als wenn diese Erhöhung der Produktivität der Arbeit nicht dieser, sondern dem Kapital zuzuschreiben sei. „Weil die gesellschaftliche Produktivkraft der Arbeit dem Kapital nichts kostet, weil sie andererseits nicht von dem Arbeiter entwickelt wird, bevor seine Arbeit selbst dem Kapital gehört, erscheint sie als Produktivkraft, die das Kapital von Natur besitzt."

Die Kooperation ist, wie schon erwähnt, nicht der kapitalistischen Produktionsweise allein eigenthümlich. Gesellschaftliche, gemeinsame Produktion ist bereits dem urwüchsigen Kommunismus eigen, der sich an der Wiege des Menschengeschlechts findet. Der Ackerbau wurde ursprünglich überall kooperativ, gemeinsam betrieben. Die Landanweisung an die einzelnen Familien ist erst später erfolgt. Wir haben Beispiele der Kooperation bei den Indianern und Indern im ersten Abschnitt gegeben.

Die Entwicklung der Waarenproduktion hat diese urwüchsige Kooperation vernichtet. Wohl erweitert sich mit der Waarenproduktion der Kreis derjenigen, die für einander arbeiten, aber das miteinander arbeiten hört im Wesentlichen auf, außer unter der Form der Zwangsarbeit, Arbeit von Sklaven, Leibeigenen oder Unterthanen für ihre Herren.

Das Kapital, das im Gegensatz zu der Isolirung und Kräftezersplitterung der Bauernwirthschaft und des Handwerksbetriebes ersteht, entwickelt wieder die Kooperation, die gesellschaftliche, gemeinsame Arbeit. Die Kooperation ist die Grundform der kapitalistischen Produktionsweise, ihre besondere historische Form innerhalb der Waarenproduktion. Das Kapital sucht die gesellschaftliche Produktion immer mehr zu entwickeln, es entfaltet immer höhere Formen der Kooperation: die Manufaktur, die große Industrie. Sein Ziel dabei ist die Steigerung des Mehrwerthes. Aber ohne es zu wollen, bereitet es auf diese Art den Boden vor für eine neue, höhere Form der Produktion.

Die handwerksmäßige Waarenproduktion beruht auf der Zersplitterung und gegenseitigen Isolirung der Betriebe; ein kapitalistischer Betrieb beruht dagegen auf der Vereinigung der

Arbeiten, auf einer gesellschaftlichen, gemeinsamen Produktion. Die handwerksmäßige Waarenproduktion setzt als Regel viele kleine selbständige Waarenproduzenten voraus; der kapitalistische, auf der Kooperation beruhende Betrieb unterstellt die unbedingte Autorität des Kapitalisten über die einzelnen Arbeiter.

Wir haben im ersten Abschnitt die urwüchsige Kooperation und Arbeitstheilung an zwei Beispielen beobachtet; wir haben die Entstehung der Waarenproduktion verfolgt; jetzt sehen wir die kapitalistische Produktionsweise sich entwickeln, welche Waarenproduktion und kooperative Produktion gleichzeitig ist.

Unterscheidet sich die kapitalistische von der handwerksmäßigen Waarenproduktion durch die Konzentration der Betriebe, die Organisation gemeinsamer, gesellschaftlicher Arbeit, so unterscheidet sich andererseits die kapitalistische Kooperation von der urwüchsigen kommunistischen durch die unbedingte Autorität des Kapitalisten, der gleichzeitig Leiter der Produktion und Besitzer der Produktionsmittel ist und dem auch die Produkte der kooperativen Arbeit zufallen, die bei der urwüchsigen Kooperation den Arbeitenden selbst gehören.

Achtes Kapitel.

Arbeitstheilung und Manufaktur.

1. Doppelter Ursprung der Manufaktur. Ihre Elemente: der Theilarbeiter und sein Werkzeug.

Im ersten Abschnitt konnten wir als Grundlage unserer Darstellung neben dem „Kapital" namentlich die „Kritik der politischen Oekonomie" von Marx benutzen, zum Theil auch sein „Lohnarbeit und Kapital." Bezüglich der Ausführungen dieses und des nächsten Kapitels, die von der Arbeitstheilung und der Manufaktur, dem Maschinenwesen und der Großindustrie handeln, kommt neben dem „Kapital" die „Misère de la philosophie" von Marx in Betracht*), namentlich der § 2 des zweiten Kapitels (S. 110—130), betitelt: „Arbeitstheilung und Maschinen."

Die Literatur über die Nachtheile der Arbeitstheilung in der kapitalistischen Manufaktur für den Arbeiter ist im „Elend der Philosophie" eingehender behandelt, als im „Kapital." Der genannte § 2 bildet also nicht nur einen Vorläufer, sondern auch eine Ergänzung der beiden hier in Betracht kommenden Kapitel des „Kapital," die unseres Erachtens zu dem Großartigsten gehören, was Marx überhaupt geschrieben und die leider bisher

---

*) Eine deutsche Uebersetzung des Buches erschien in Stuttgart bei J. H. W. Dietz unter dem Titel: „Das Elend der Philosophie." (2. Auflage 1892.) Die Zitate und Seitenangaben werden hier nach der deutschen Ausgabe (2. Auflage) gegeben.

von den meisten, die das „Kapital“ gelesen*), nicht so beachtet wurden, wie sie verdienten.

Zunächst haben wir die Manufaktur zu betrachten, „jene Industrie, die noch nicht die moderne große Industrie mit ihren Maschinen ist, die aber bereits weder die Industrie des Mittelalters noch die Hausindustrie mehr ist.“ („Elend der Philosophie,“ S. 121.) Als charakteristische Form des kapitalistischen Produktionsprozesses herrscht sie im Großen und Ganzen ungefähr von der Mitte des sechzehnten bis gegen Ende des achtzehnten Jahrhunderts.**)

Ihr Ursprung ist ein doppelter. Auf der einen Seite fand das Kapital Produkte vor, die durch die Hände verschiedenartiger Handwerker laufen mußten, ehe sie vollendet waren. So wanderte eine Kutsche aus den Händen des Stellmachers in die des Sattlers, des Tapezierers, des Malers, des Glasers u. s. w. An Stelle der verschiedenartigen selbständigen Handwerker setzte der Kapitalist Lohnarbeiter dieser Arbeitszweige, die in einem gemeinsamen Arbeitshaus planmäßig zusammen an der Herstellung der Kutsche arbeiteten.

Die Manufaktur entwickelte sich aber auch auf dem entgegengesetzten Wege. Der Kapitalist vereinigte eine Reihe von

---

*) Herr Gustav Groß ist einer der Wenigen, welche die Bedeutung dieser Kapitel erfaßt haben. Vgl. Karl Marx, von Dr. G. Groß, Leipzig, 1885, S. 82.

**) Das Wort Manufaktur ist aus den lateinischen Worten manus (Hand) und factus (gemacht, verfertigt) gebildet. Einer der wichtigsten Gewerbszweige, dessen sich die Manufaktur bemächtigte, war die Verarbeitung von Faserstoffen, wie Wolle, Baumwolle u. dgl. Daher nennt man vielfach heute noch die Werkstätten der Textilindustrie Manufakturen, wenn sie auch nicht in das Bereich der Manufaktur, sondern der mit Maschinen betriebenen Großindustrie fallen, ja man spricht mitunter von der Manufaktur als der Textilindustrie schlechtweg. Dieser Sprachgebrauch ist unrichtig.

Arbeitern, die alle das gleiche Produkt erzeugten, z. B. Nadler, in einem Arbeitsraum. Jedem von ihnen fielen alle die Verrichtungen nacheinander zu, die zur Fertigstellung des Produktes nothwendig waren. Sobald eine größere Anzahl von Arbeitern in dieser Weise beschäftigt war, führte dies naturgemäß zu einer Theilung der verschiedenen Verrichtungen unter die verschiedenen Arbeiter. Auf der einen Seite entstand die Manufaktur durch Vereinigung verschiedenartiger selbständiger Handwerke, auf der anderen Seite durch Theilung der verschiedenen Verrichtungen eines Handwerks unter verschiedene Arbeiter.

Ob aber die jeweilige Verrichtung, die dem Arbeiter in der Manufaktur zufällt, ehedem die selbständige Verrichtung eines besonderen Handwerks war oder aus der Zerlegung der Verrichtungen eines Handwerks erstand, das Handwerk bildete stets ihre Grundlage, nicht nur historisch, sondern auch technisch. Es bleibt unerläßliche Bedingung, daß jede einzelne Operation von Menschenhand vollführt werde. So wie im Handwerk beruht auch in der Manufaktur der Erfolg der Arbeit wesentlich auf der Geschicklichkeit, Sicherheit und Schnelligkeit des einzelnen Arbeiters.

Aber zwischen dem Arbeiter des Handwerks und dem der Manufaktur besteht ein gewaltiger Unterschied. An Stelle der Mannigfaltigkeit der Verrichtungen des Ersteren tritt in der Manufaktur die Einfachheit und Eintönigkeit der Verrichtungen, die der Arbeiter tagaus, tagein, jahraus, jahrein vollbringt. Der Arbeiter ist nicht mehr ein zielbewußter, selbständiger Produzent, sondern nur noch ein unselbständiger Theil eines großen Arbeitsmechanismus, gewissermaßen ein Glied des Gesammtarbeiters.

Die Virtuosität des Arbeiters auf dem beschränkten Gebiet, in dem er sich bewegt, wird dadurch freilich enorm gesteigert. Er entdeckt eine Reihe von Kunstgriffen, überträgt sie an seine Genossen und lernt andere von diesen. Der Wechsel des Platzes und des Werkzeuges, den die Mannigfaltigkeit der Arbeit mit sich bringt, verursacht Verschwendung von Zeit und Arbeitskraft; diese fällt weg bei dem Theilarbeiter der Manufaktur, der ununterbrochen am selben Platz mit dem gleichen Werkzeug in einem Fluß fortarbeitet. Andererseits liegen im Wechsel der Thätigkeit eine Erholung und ein Reiz, die dem Theilarbeiter mangeln.

Die Theilung der Arbeit in der Manufaktur entwickelt nicht nur die Virtuosität des Arbeiters, sie bewirkt auch eine Vervollkommnung seiner Werkzeuge. Ein Werkzeug, das den verschiedensten Verrichtungen dienen soll, kann nicht jeder derselben vollkommen angepaßt sein; ein Werkzeug, das ausschließlich bei einer einzigen Verrichtung angewandt wird, kann dieser entsprechend angepaßt und dadurch viel wirksamer werden, als die früheren Werkzeuge.

Alle diese Umstände bewirken eine bedeutende Steigerung der Produktivkraft der Arbeit in der Manufaktur gegenüber dem Handwerk.

2. Die beiden Grundformen in der Manufaktur.

Wir betrachteten bisher den doppelten Ursprung der Manufaktur und ihre einfachen Elemente, den Theilarbeiter und sein Werkzeug. Wenden wir uns jetzt zu ihrer Gesammtgestalt.

Die Manufaktur besitzt zwei von einander wesentlich verschiedene Grundformen, die aus der Natur des Machwerks, des Produkts entspringen. Entweder wird dieses aus einer Reihe selbständiger Theilprodukte zusammengesetzt, oder es wird gebildet in einer Reihe miteinander zusammenhängender Manipulationen und Verrichtungen, die aber alle an demselben Arbeitsgegenstand nacheinander vorgenommen werden.

Wir können jede dieser beiden Grundformen der Manufaktur mit einem berühmten Beispiel illustriren. Sir William Petty macht die manufakturmäßige Arbeitstheilung anschaulich

mit der Uhrenfabrikation, welche zur ersteren Grundform der
Manufaktur zu zählen ist. Im handwerksmäßigen Betrieb war
die Uhr ursprünglich das Produkt der Arbeit eines Arbeiters,
welcher sie von Anfang bis zu Ende selbst fertigte. Sobald die
Uhrenfabrikation dem kapitalistischen Betrieb unterworfen war,
wurde die Herstellung eines jeden Bestandtheils der Uhr einem
besonderen Theilarbeiter zugewiesen, und ebenso deren Zusammen=
setzung. Da giebt es Uhrfedermacher, Zifferblattmacher, Gehäuse=
macher, Zeigermacher, Zapfenmacher u. s. w., endlich den Repasseur,
der die ganze Uhr zusammenstellt und sie in geregelten Gang setzt.

Ein Beispiel der zweiten Grundform der Manufaktur hat
uns Adam Smith gegeben in seiner berühmt gewordenen Dar=
legung der Stecknadelfabrikation, wie sie zu seiner Zeit bestand.
„Der eine Mensch zieht den Draht,“ sagt er, „der andere streckt
ihn, der dritte schneidet ihn in Stücke, der vierte macht die Spitze
daran, der fünfte schleift ihn am anderen Ende, auf das der
Kopf gesetzt werden soll. Den Nadelkopf zu machen, erfordert
selbst zwei bis drei von einander verschiedene Operationen. Den
Kopf auf die Nadel zu setzen, ist ein eigenes Geschäft; — die
Nadeln weiß zu machen, ein anderes. Es macht sogar einen
besonderen Arbeitszweig aus, die Nadeln in die Papiere zu stecken.
Und so findet sich die Arbeit, eine Stecknadel zu verfertigen, in
achtzehn von einander abgesonderte Verrichtungen vertheilt, die in
einigen Fabriken dieser Art von ebensoviel Händen verrichtet
werden.“ (Wealth of nations, ch. I.)

Der einzelne Draht durchläuft nacheinander die Hände der
verschiedenen Theilarbeiter; aber diese Arbeiter sind auch alle
gleichzeitig thätig. In einer Nadelmanufaktur werden gleichzeitig
Drähte gezogen, gestreckt, geschnitten, gespitzt u. s. w., kurz, die
verschiedenen Operationen, die der Arbeiter des Handwerks nach=
einander verrichten mußte, werden in der Manufaktur gleich=
zeitig nebeneinander verrichtet. Dadurch wird es möglich, in

dem gleichen Zeitraum mehr Waare zu liefern. Im Vergleich zum Handwerk wird in der Manufaktur auch Produktivkraft gewonnen, ein Gewinn, der aus ihrem kooperativen Charakter entspringt. Aber der Manufaktur klebt noch eine Beschränktheit an: ob sie zu der ersteren Gattung gehöre, die wir mit der Uhrmacherei illustrirt, oder zur zweiten, für die wir ein Beispiel in der Nadelfabrikation gefunden, stets hat das Machwerk oder dessen Bestandtheile einen Transport aus einer Hand in die andere durchzumachen, was Zeit und Arbeit in Anspruch nimmt. Diese Beschränktheit wird erst überwunden in der großen Industrie.

Bei diesem Transport aus einer Hand in die andere liefert ein Arbeiter dem anderen sein Rohmaterial, ein Arbeiter beschäftigt also den anderen. So kann z. B. der Arbeiter, der die Köpfe auf die Nadeln zu setzen hat, dies nicht thun, wenn ihm nicht entsprechend hergerichtete Drahtstücke in genügender Anzahl geliefert werden. Soll also die Gesammtarbeit in ununterbrochenem Fluß fortgehen und nirgends stocken, so muß die nothwendige Arbeitszeit zur Herstellung eines gewissen Produkts in jedem Theilarbeitszweig festgesetzt und die Menge der in jedem derselben beschäftigten Arbeiter in ein entsprechendes Verhältniß zu einander gebracht werden. Wenn z. B. der Drahtschneider durchschnittlich in einer Stunde 1000 Nadeln schneiden kann, während der Arbeiter, der die Köpfe aufzusetzen hat, in der gleichen Zeit nur mit 200 Nadeln fertig wird, so müssen, um zehn Kopfaufsetzer genügend beschäftigen zu können, zwei Drahtschneider thätig sein. Andererseits aber muß der Kapitalist, der einen Drahtschneider beschäftigt, auch fünf Kopfaufsetzer anwenden, wenn er die Arbeitskraft des Ersteren seinen Zwecken völlig entsprechend ausnützen soll. Will er sein Unternehmen erweitern, so ist die Zahl der Arbeiter, die er mehr einstellen muß, wenn er ihre Arbeitskraft möglichst ausnützen will, auch keine beliebige. Um bei unserem Beispiel zu bleiben: wenn er einen Drahtschneider mehr einstellt, wird das nur dann von entsprechendem Vortheil für ihn sein, wenn er fünf, und nicht etwa drei oder vier Kopfaufsetzer mehr anwendet.

Die Herstellung einer Waare in der dazu gesellschaftlich nothwendigen Arbeitszeit ist, wie wir wissen, eine Forderung der Waarenproduktion überhaupt; sie wird erzwungen durch die Konkurrenz. Mit der Entwicklung der kapitalistischen Manufaktur wird aber die Herstellung einer bestimmten Produktenmenge innerhalb der gesellschaftlich nothwendigen Arbeitszeit auch zu einer technischen Nothwendigkeit. Wenn der Handwerker schneller oder langsamer arbeitet, als gesellschaftlich nothwendig, so beeinflußt das seinen Verdienst aus seiner Arbeit, aber es macht diese nicht unmöglich. In der kapitalistischen Manufaktur geräth der ganze Arbeitsprozeß ins Stocken, sobald in einem Zweig von Theilarbeiten die Produktion von der Regel abweicht. Wir haben aber oben gesehen, daß die gleichzeitige Verwendung einer größeren Zahl von Arbeitern bei dem gleichen Werk ihre Arbeit zur Durchschnittsarbeit gestaltet. Dieser Vortheil der einfachen Kooperation wird zur nothwendigen Bedingung der Produktion in der Manufaktur.

Erst wenn kapitalistisch produzirt wird, produzirt also der einzelne Waarenproduzent (der Kapitalist) in der Regel mit gesellschaftlich nothwendiger Durchschnittsarbeit, und er muß es thun. Erst unter der kapitalistischen Produktionsweise kommt das Gesetz des Waarenwerthes zur vollen Entfaltung.

Mit der Manufaktur beginnt hie und da auch schon die Anwendung von Maschinen; sie spielen jedoch in dieser Periode stets nur eine Nebenrolle. Die Hauptmaschinerie der Manufaktur bleibt der Gesammtarbeiter, dessen ineinandergreifende Räder die einzelnen Theilarbeiter bilden. Der Arbeiter ist unter dem Manufaktursystem in der That nur Theil einer Maschine, der ebenso regelmäßig und stetig, wie ein solcher zu wirken hat. So wie es bei der Maschine mehr oder weniger komplizirte Theile giebt, so erfordern auch die verschiedenen Theilarbeiten mehr oder weniger ausgebildete Arbeiter, deren Arbeitskraft demnach auch mehr oder weniger Werth besitzt. Als die Nadelerzeugung noch handwerksmäßig betrieben wurde, war die Ausbildung für jeden Nadler die gleiche, und demgemäß auch im Ganzen und Großen der Werth der Arbeitskraft eines Jeden von ihnen derselbe und verhältnißmäßig hoch. Als die Nadelerzeugung dem Manufaktur= system unterworfen wurde, zerfiel sie in Theilarbeiten, die große Uebung erforderten, und andere, die mit Leichtigkeit erlernt werden konnten. Die Arbeitskraft derjenigen, welche lange Zeit damit zubrachten, die nöthige große Uebung zu erlangen, hatte natürlich einen viel höheren Werth, als die derjenigen, welche sich den leichteren Handgriffen zuwendeten. So entsteht eine „Hierarchie der Arbeitskräfte, der eine Stufenleiter der Arbeitslöhne ent= spricht."*) Auf der untersten Sprosse dieser Leiter stehen die= jenigen, welche Hantirungen verrichten, deren jeder Mensch ohne besondere Uebung und Vorbereitung fähig ist. Solche einfache Hantirungen kommen in jedem Produktionsprozeß vor; beim Hand= werk bilden sie eine Abwechslung mit komplizirteren Thätigkeiten; in der Manufaktur werden sie die ununterbrochen fortbetriebene Beschäftigung einer besonderen Klasse von Leuten, die sich jetzt als ungelernte Arbeiter von den gelernten Arbeitern unterscheiden.

Fast jeder der Arbeiter der Manufaktur hat eine kürzere Zeit der Ausbildung durchzumachen, als der Handwerker des ent= sprechenden Industriezweiges. Der letztere hat alle Verrichtungen zu erlernen, die zur Fertigstellung des Produkts seines Gewerbes nothwendig sind, von den ersteren jeder nur eine oder einige wenige solcher Verrichtungen. Bei den ungelernten Arbeitern fallen die Bildungskosten ganz weg.

---

*) Folgende Tabelle, die wir Babbage entnommen (on the Economy of Machinery and Manufacture, London, 1835, XXIV u. 408 S.), veranschaulicht sehr gut die hierarchische Gliederung der einzelnen Lohnstufen und die technische Nothwendigkeit, die Zahl der

9*

So sinkt in der Manufaktur der Werth der Arbeitskraft, es sinkt damit die zur Erhaltung des Arbeiters nothwendige Arbeitszeit und es verlängert sich bei gleichbleibendem Arbeitstag die Dauer der Mehrarbeit, es wächst der relative Mehrwerth.

Der Arbeiter aber wird körperlich und geistig verkrüppelt, seine Arbeit verliert für ihn jeden Inhalt, jedes Interesse, er selbst wird ein Zubehör des Kapitals.

Arbeiter in jeder einzelnen Verrichtung einander anzupassen und die durchschnittlich nothwendige Arbeitszeit zur Geltung zu bringen. Die Tabelle giebt die Verhältnisse einer kleinen englischen Stecknadelmanufaktur im Anfang unseres Jahrhunderts wieder (S. 184):

Name der Verrichtung	Arbeiter	Lohn per Tag
Drahtzieher	ein Mann	3 Schilling 3 Pence
Strecken des Drahtes	{ eine Frau ein Mädchen	1 Schilling — Pence — „ 6 „
Spitzen	ein Mann	5 Schilling 3 Pence
Herstellen der Köpfe	{ ein Mann ein Knabe	5 Schilling 4½ Pence — „ 4½ „
Aufsetzen der Köpfe	eine Frau	1 Schilling 3 Pence
Weißmachen	{ ein Mann eine Frau	6 Schilling — Pence 3 „ — „
In Papier stecken	eine Frau	1 Schilling 6 Pence

Die Löhne betrugen also von 4½ P. (36 Pf.) bis 6 Sch. (6 Mark).

Neuntes Kapitel.

Maschinerie und große Industrie.

---

1. Die Entwicklung der Maschinerie.

Die Theilung der Arbeit in der Manufaktur führte zwar zu einer Modifizirung der handwerksmäßigen Arbeit, hob dieselbe aber nicht auf. Die Handwerksgeschicklichkeit bleibt im Großen und Ganzen die Grundlage der Manufaktur und ermöglicht dem, wenn auch einseitig geübten Theilarbeiter noch eine gewisse Selbständigkeit gegenüber dem Kapitalisten. Er kann nicht von heut auf morgen ersetzt werden, während seine Leistung zum Fortgange des ganzen Betriebes unentbehrlich ist, wie wir am Beispiel von der Nadelfabrikation gesehen. Und die Arbeiter sind sich dieses Vortheils so gut bewußt, daß sie alles daran setzen, der Manufaktur diesen handwerksmäßigen Charakter durch möglichste Aufrechterhaltung der Handwerksgewohnheiten, z. B. im Lehrlingswesen 2c., zu erhalten.

Man kann dieses Bestreben noch heute in einer ganzen Reihe von Industrien beobachten, die bis jetzt manufakturmäßig betrieben wurden. Hier liegt auch das Geheimniß vieler Erfolge der Gewerkschaftsbewegung.

Des Einen Freud ist des Andern Leid. „Durch die ganze Manufakturperiode," schreibt Marx, „läuft daher die Klage über den Disziplinmangel der Arbeiter. Und hätten wir nicht die Zeugnisse gleichzeitiger Schriftsteller, die einfachen Thatsachen, daß

es vom 16. Jahrhundert bis zur Epoche der großen Industrie dem
Kapital mißlingt, sich der ganzen disponiblen Arbeits=
zeit der Manufakturarbeiter zu bemächtigen, daß die
Manufakturen kurzlebig sind und mit der Ein= oder Aus=
wanderung der Arbeiter ihren Sitz in dem einen Land ver=
lassen und in dem anderen aufschlagen, würden Bibliotheken
sprechen." Man begreift daher den Schmerzensruf, den der anonyme
Verfasser eines im Jahre 1770 erschienenen Pamphlets ausstößt:
„Arbeiter sollten sich nie für unabhängig von ihren Vorgesetzten
halten ... Ordnung muß auf die eine oder die andere Weise
gestiftet werden."

Und Ordnung wurde gestiftet. Die Manufaktur selbst er=
zeugte die Vorbedingung dazu. Sie rief die hierarchisch gegliederte
Werkstatt zur Produktion komplizirterer Arbeitsinstrumente ins
Leben, und „das Produkt der manufakturmäßigen Theilung der
Arbeit produzirte seinerseits — Maschinen." Die Maschine
aber giebt der Herrschaft der handwerksmäßigen Thätigkeit den
Gnadenstoß.

Wodurch unterscheidet sich die Maschine vom Handwerks=
instrument, wodurch verwandelt sich das Arbeitsmittel aus einem
Werkzeug in eine Maschine? Dadurch, daß ein mechanischer
Apparat, der nur in die entsprechende Bewegung versetzt
zu werden braucht, „mit seinen Werkzeugen dieselben Ope=
rationen verrichtet, welche früher der Arbeiter mit ähn=
lichen Werkzeugen verrichtete." Ob die Triebkraft nun vom
Menschen ausgeht oder selbst wieder von einer Maschine, ändert
am Wesen der Sache nichts. Es ist das festzuhalten gegenüber
der irrthümlichen Auffassung, als ob die Maschine sich dadurch
vom Werkzeug unterscheide, daß sie von einer vom Menschen ver=
schiedenen Naturkraft, wie Thier, Wasser, Wind u. s. w., in Be=
wegung gesetzt wird. Die Anwendung solcher Bewegungskräfte
ist viel, viel älter als die Maschinenproduktion, wir brauchen nur

an das Ziehen des Pfluges durch Ochsen oder Pferde zu erinnern. Thiere, Wind, Wasserkraft ꝛc. sind bekanntlich schon sehr
früh von den Menschen als motorische (Bewegungs=) Kräfte angewendet worden, beim Drehen der Mühlen, beim Betrieb von
Pumpwerken ꝛc., ohne eine Revolution der Produktionsweise zu bewirken; selbst die Dampfmaschine, wie sie Ende des 17. Jahrhunderts erfunden wurde, rief noch keine industrielle Revolution
hervor. Wohl aber war dies der Fall, als die erste bedeutende
Werkzeugmaschine, die „Spinnmaschine,“ erfunden wurde. Nichts
abgeschmackter als das Märchen von der Entdeckung der Dampf-
kraft durch zufällige Beobachtung eines siedenden Theetopfes. Das
Kraftvermögen des Wasserdampfes ist wahrscheinlich schon vor
2000 Jahren den Griechen bekannt gewesen, aber sie wußten
nichts damit anzufangen, später benutzte man es zu allerhand
mechanischen Spielereien. Die Erfindung der Dampfmaschine
aber ist das Produkt einer wirklichen, zielbewußten geistigen Anstrengung, gestützt auf frühere Versuche, und war erst möglich,
als die Manufaktur die technischen Voraussetzungen, namentlich
auch eine genügende Anzahl geschickter mechanischer Arbeiter zu ihrer
Herstellung geliefert hatte. Und sie war fernerhin erst möglich,
als das Bedürfniß auch das Interesse an neuen bewegenden
Kräften geweckt hatte.*) Das aber war der Fall, als die Arbeits=
maschine erfunden war.

Sie bedurfte zu ihrer Ausnutzung einer kräftigeren, regel=
mäßiger funktionirenden Triebkraft als der bis dahin vorhandenen. Der Mensch ist ein sehr unvollkommenes Werkzeug für
kontinuirliche (ununterbrochene) und gleichförmige Bewegung
und obendrein zu schwach; das stärkere Pferd ist nicht nur sehr
kostspielig und nur in beschränktem Umfange in der Fabrik ver-

---

*) Goethe beantwortet die Frage: „Was ist Erfinden?“ mit den
treffenden Worten: „Der Abschluß des Gesuchten.“ (Buch der Er=
findungen.)

wendbar, sondern besitzt auch die scheußliche Eigenschaft, zuweilen
seinen eigenen Kopf zu haben; der Wind ist zu unstät und un=
kontrolirbar, und auch die Wasserkraft, die schon während
der Manufakturperiode stark angewendet ward, genügte nicht mehr,
da sie nicht beliebig erhöht werden konnte, in gewissen Jahres=
zeiten gleichfalls wiederholt versagte und vor Allem an den Ort
gebunden war. Erst als James Watt, nach vielen Anstreng=
ungen, seine zweite sog. doppelt wirkende Dampfmaschine er=
funden hatte, nachdem er in dem „höchst ausgedehnten“ in=
dustriellen Etablissement seines Kompagnons Mathias Boulton
„sowohl die technischen Kräfte als die Geldmittel“ (s. Buch
der Erfindungen) gefunden, deren er zur Ausführung seiner Pläne
bedurfte, erst da war der Motor gefunden, der „seine Be=
wegungskraft selbst erzeugt aus der Verspeisung von Kohlen
und Wasser, dessen Kraftpotenz ganz unter menschlicher
Kontrole steht, der mobil (der Ortsveränderung fähig) und
ein Mittel der Lokomotion (der Fortbewegung), städtisch und
nicht gleich dem Wasserrad ländlich, die Konzentration der
Produktion in Städten erlaubt, statt sie, wie das Wasserrad,
über das Land zu zerstreuen, universell (allgemein) in seiner
technologischen Anwendung.“ (Marx.) Und nun wirkt natür=
lich die vervollkommnete bewegende Kraft ihrerseits zurück auf die
immer weitere Entwicklung der Arbeitsmaschine.

„Alle entwickelte Maschinerie besteht aus drei wesentlich
verschiedenen Theilen: der Bewegungsmaschine, dem Trans=
missionsmechanismus, endlich der Werkzeugmaschine
oder Arbeitsmaschine.“ Die Bewegungsmaschine als Trieb=
kraft des ganzen Mechanismus haben wir eben betrachtet.
Der Transmissions(Uebertragungs=)mechanismus, der sich
zusammensetzt aus Schwungrädern, Treibwellen, Zahnrädern,
Kreiselrädern, Schäften, Schnüren, Riemen, Zwischengeschirr und
Vorgelege der verschiedensten Art, regelt die Bewegung, ver=

wandelt ihre Form je nach Erforderniß, z. B. aus einer grad=
linigen in eine kreisförmige, vertheilt und überträgt sie auf die
Werkzeugmaschinerie. „Beide Theile des Mechanismus sind nur
vorhanden, um der Werkzeugmaschine die Bewegung mitzutheilen,
wodurch sie den Arbeitsgegenstand anpackt und zweckgemäß verändert."

Die Werkzeugmaschine ist es, von der, wie schon bemerkt,
die industrielle Revolution im 18. Jahrhundert ausgeht, wie sie auch
heute noch da den Ausgangspunkt bildet, wo ein bisheriger Hand=
werks= oder Manufakturbetrieb in Maschinenbetrieb übergeht. Sie ist
zunächst entweder eine mehr oder minder veränderte mechanische Aus=
gabe des alten Handwerksinstruments, wie bei dem mechanischen
Webstuhl, oder die an ihrem Gerüst angebrachten Organe sind alte
Bekannte, wie Spindeln bei der Spinnmaschine, Nadeln beim
Strumpfwirkerstuhl, Messer bei der Zerhackmaschine u. s. w. Aber
die Anzahl der Werkzeuge, welche dieselbe Werkzeugmaschine
gleichzeitig in Thätigkeit setzt, ist „von vornherein frei von der
Schranke, wodurch das Handwerkszeug eines Arbeiters beengt wird."

Da eine Bewegungsmaschine vermittels zweckmäßiger Ein=
richtung („Verästelung in besondere Ausläufe") des Transmissions=
mechanismus eine ganze Anzahl von Arbeitsmaschinen gleichzeitig
in Bewegung setzen kann, so sinkt dadurch die einzelne Arbeits=
maschine zu einem bloßen Element der maschinenmäßigen Pro=
duktion herab. Wo ein und dieselbe Arbeitsmaschine das ganze
Machwerk verfertigt, wie z. B. beim mechanischen Webstuhl, da
erscheint in der auf Maschinenbetrieb gegründeten Werkstatt, d. h.
in der Fabrik, jedesmal die einfache Kooperation wieder,
indem eine Anzahl gleichartiger Arbeitsmaschinen, vom
Arbeiter kann hier zunächst abgesehen werden, in demselben Raume
gleichzeitig mit= und nebeneinander wirken. Jedoch existirt
hier eine technische Einheit. Ein Pulsschlag, ein und dieselbe
Bewegungsmaschine setzt sie gleichmäßig in Gang. Sie sind nur
noch Organe desselben Bewegungsmechanismus.

Wo aber der Arbeitsgegenstand eine zusammenhängende Reihe verschiedener Stufenprozesse durchläuft, die von einer Kette verschiedenartiger, aber einander ergänzender Werkzeugs= maschinen ausgeführt worden, wo also die der Manufaktur eigenthümliche Kooperation durch Theilung der Arbeit wieder= erscheint, aber als Ineinandergreifen von Theilarbeits= maschinen, erst da tritt an die Stelle der einzelnen selbständigen Maschine ein eigentliches Maschinensystem. Jede Theilmaschine liefert der zunächst folgenden ihr Rohmaterial, und, ähnlich wie in der Manufaktur die Kooperation der Theilarbeiter, so erheischt in dem gegliederten Maschinensystem die beständige Beschäftigung der Theilmaschinen durch einander ein bestimmtes Ver= hältniß zwischen ihrer Anzahl, ihrem Umfang und ihrer Geschwindigkeit. Diese kombinirte Arbeitsmaschinerie ist um so vollkommener, je kontinuirlicher ihr Gesammtprozeß, das heißt, mit je weniger Unterbrechung das Rohmaterial von seiner ersten zu seiner letzten Form übergeht, je mehr also statt der Menschenhand der Mechanismus selbst es von einer Produktionsstufe in die andere führt. Verrichtet sie alle zur Bearbeitung des Rohstoffes nöthigen Bewegungen ohne mensch= liche Beihilfe, so daß sie nur menschlicher Nachhilfe bedarf, so haben wir ein automatisches System der Maschinerie. Daß auch dieses noch beständiger Ausarbeitung im Detail fähig ist, zeigt der Apparat, der die Spinnmaschine von selbst stillsetzt, sobald ein einzelner Faden reißt. Als ein Beispiel „sowohl der Kontinuität der Produktion als der Durchführung des automatischen Prinzips" kann, sagt Marx, „die moderne Papierfabrik gelten."

Wie die von Watt erfundene Dampfmaschine, so waren auch die anderen ersten Erfindungen auf dem Gebiete des Maschinen= wesens nur ausführbar, weil die Manufakturperiode eine beträcht= liche Menge geschickter mechanischer Arbeiter geliefert hatte, Theil= arbeiter der Manufakturen, daneben auch selbständige Handwerker, welche im Stande waren, Maschinen fertig zu stellen. Die ersten Maschinen wurden von Handwerkern oder in Manufakturen erzeugt.

Aber so lange die Maschinen dem persönlichen Geschick und der persönlichen Kraft von Arbeitern, die noch halbe Künstler waren, ihre Existenz dankten, waren sie nicht nur sehr theuer — ein Punkt, für den der Kapitalist stets ein merkwürdig gutes Verständniß besitzt — die Ausdehnung ihrer Anwendung, also die Entwicklung der Großindustrie, blieb solange auch abhängig von der Vermehrung der Maschinenbauer, deren Geschäft lange Zeit zur Erlernung bedurfte, deren Zahl sich daher nicht sprungweis vermehren ließ.

Aber auch in technischer Beziehung gerieth die große Industrie, sobald sie eine gewisse Höhe der Entwicklung erklommen, in Widerspruch mit ihrer handwerks- und manufakturmäßigen Unterlage. Jeder Fortschritt, die Ausreckung des Umfanges der Maschinen, ihre Befreiung von dem sie ursprünglich beherrschenden handwerksmäßigen Modell, die Verwendung von geeigneterem, aber schwerer zu bewältigendem Material, z. B. Eisen statt Holz, stieß auf die größten Schwierigkeiten, die zu überwinden selbst dem in der Manufaktur durchgeführten System der Arbeitstheilung nicht gelang. „Maschinen z. B. wie die moderne Druckerpresse, der moderne Dampfwebstuhl und die moderne Kardirmaschine, konnten nicht von der Manufaktur geliefert werden."

Auf der anderen Seite zieht die Umwälzung in dem einen Industriezweig die Umwälzung in einer Reihe mit ihr in Zusammenhang stehender Industriezweige nach sich. Die Maschinenspinnerei macht Maschinenweberei nöthig, und beide zusammen eine mechanisch-chemische Revolution in Bleicherei, Druckerei und Färberei. Dann aber erforderte die Revolution der Produktionsweise in Industrie und Landwirthschaft eine Umwälzung der Verkehrs- und Transportmittel. Die große Industrie mit

ihrer fieberhaften Geschwindigkeit der Produktion muß. ihre Roh=
stoffe schnell beziehen, ihre Produkte schnell und in großen Mengen
auf die Märkte werfen können, sie muß in der Lage sein, große
Arbeitermassen nach ihren Bedürfnissen heranziehen und abstoßen
zu können 2c. Daher Umwälzung im Schiffbau, Ersetzung des
Segelschiffes durch das Dampfschiff, des Landfuhrwerkes durch
Eisenbahnen, der Eilboten durch den Telegraphen. „Die furcht=
baren Eisenmassen aber, die jetzt zu schmieden, zu schweißen, zu
schneiden, zu bohren und zu formen waren, erforderten ihrerseits
zyklopische (riesenhafte) Maschinen, deren Schöpfung der manufaktur=
mäßige Maschinenbau versagte.“

So mußte sich die große Industrie ihre eigene, ihrem Wesen
angepaßte Unterlage schaffen, und zwar dadurch, daß sie sich der
Maschine bemächtigte, um durch sie Maschinen zu produziren.
„Erst durch die Werkzeugmaschinen hat die Technik die Riesen=
aufgabe überwältigen können, welche der Maschinenbau ihr stellte“
(Buch der Erfindungen). Dazu war aber nothwendig, die für
die einzelnen Maschinentheile nöthigen streng geometrischen Formen,
wie Linie, Ebene, Kreis, Zylinder, Kegel und Kugel maschinen=
mäßig zu produziren. Und auch dieses Problem wurde gelöst,
als Henry Maudsley im ersten Jahrzehnt unseres Jahrhunderts
den Drehbankschlitten („slide rest“) erfunden hatte, der bald
automatisch gemacht und von der Drechselbank auf andere Kon=
struktionsmaschinen übertragen wurde. Dank dieser mechanischen
Erfindung gelang es, die geometrischen Formen der einzelnen
Maschinentheile „mit einem Grad von Leichtigkeit, Genauigkeit
und Raschheit zu produziren, den keine gehäufte Erfahrung der
Hand des geschicktesten Arbeiters verleihen konnte.“*)

---

*) „The Industry of Nations, London, 1855,“ 2. Bd., S. 239.
Aus demselben zitirt Marx folgenden Satz über die Erfindung des
„slide rest“: „Einfach und äußerlich unbedeutend, wie dieser Zusatz
zur Drehbank erscheinen mag, ist es nach unserer Meinung nicht zu

Ueber die Großartigkeit der zum Maschinenbau angewandten Maschinerie ist es nicht nöthig, viele Worte zu verlieren. Wer hätte nicht von den Riesenwerken unserer Maschinenfabriken gehört, von jenen gewaltigen Dampfhämmern, die, über 100 Zentner schwer, spielend einen Granitblock pulverisiren, gleichzeitig aber fähig sind, die leisesten, bis auf die geringsten Differenzen genau bemessenen Schläge auszuführen u. s. w.? Und jeder Tag berichtet uns von neuen Fortschritten des Maschinensystems, von neuer Ausdehnung seines Gebietes.

In der Manufaktur war die Theilung der Arbeit noch vorwiegend subjektiv, der Einzelprozeß war der Person des Arbeiters angepaßt, im Maschinensystem besitzt die große Industrie einen ganz objektiven Produktionsorganismus, der dem Arbeiter fertig gegenübersteht und dem daher dieser sich anzupassen hat. Die Kooperation, die Verdrängung des vereinzelten Arbeiters durch den vergesellschafteten, ist nicht mehr zufällig, sondern „durch die Natur des Arbeitsmittels diktirte technische Nothwendigkeit."

356

2. Werthabgabe der Maschinerie an das Produkt.

Gleich dem einfachen Werkzeug gehört die Maschine zum konstanten Kapital. Sie schafft keinen Werth, sondern giebt nur ihren eigenen Werth an das Produkt ab, im einzelnen Fall den Werth dessen, was sie durch ihre Abnützung verliert.

Die Maschinerie geht in den Arbeitsprozeß ganz, in den Verwerthungsprozeß immer nur theilweise ein. Dasselbe findet auch beim Werkzeug statt, doch ist die <u>Differenz</u> zwischen dem ursprünglichen Gesammtwerth und dem an das Produkt ab-

---

viel gesagt, wenn wir behaupten, daß sein Einfluß auf Verbesserung und Ausdehnung des Maschinenwesens ebenso groß war, als der durch Watt's Verbesserung der Dampfmaschine bewirkte."

gegebenen Werththeil bei der Maschine weit größer als beim
Werkzeug, denn erstens lebt sie länger als das Werkzeug, da
sie aus dauerhafterem Material errichtet ist, zweitens ermöglicht
sie, in Folge ihrer Regelung durch streng wissenschaftliche Gesetze,
größere Ersparniß im Verschleiß ihrer Bestandtheile und im
Konsum von Hilfsstoffen, Oel, Kohlen u. s. w., und endlich ist ihr
Produktionsfeld unverhältnißmäßig größer als das des Werkzeugs.

Bei gegebener Differenz zwischen dem Werth der Maschinerie
und dem auf ihr Tagesprodukt übertragenen Werththeil, hängt der
Grad, worin dieser Werththeil das Produkt vertheuert, von dem Umfange des Produkts ab. In einem 1858 gehaltenen Vortrag schätzte
ein Herr Baynes aus Blackburn, daß „jede wirkliche mechanische
Pferdekraft*) 450 selfacting (selbstthätige) Mulespindeln treibt, oder
200 Drosselspindeln oder 15 Webstühle für 40zölliges Gewebe" 2c.
Somit vertheilen sich die täglichen Kosten einer Dampfpferdekraft
und die Abnutzung der von ihr in Bewegung gesetzten Maschinerie
im ersten Fall über das Tagesprodukt von 450 Mulespindeln, im
zweiten von 200 Drosselspindeln, im dritten von 15 mechanischen
Webstühlen; der Werththeil, der so auf ein Loth Garn oder eine
Elle Gewebe übertragen wird, ist ein überaus winziger.

Bei gegebenem Wirkungskreis der Arbeitsmaschine,
d. h. der Anzahl ihrer Werkzeuge oder, wo es sich, wie beim
Dampfhammer, um Kraft handelt, dem Umfange ihrer Kraft,
hängt die Produktenmasse von der Geschwindigkeit ab, womit
die Maschine operirt.

Die Größe des Werththeils, den die Maschinerie an das
Produkt abgiebt, hängt, bei gegebenem Maß der Werthübertragung,

---

*) Hiezu bemerkt Engels, der Herausgeber der 3. und 4. Auf-
lage des „Kapital," in einer Note: „Eine ‚Pferdekraft' ist gleich der
Kraft von 33 000 Fußpfunden in der Minute, d. h. der Kraft, die
33 000 Pfund in der Minute um 1 Fuß (englisch) hebt oder 1 Pfund
um 33 000 Fuß. Dies ist die oben gemeinte Pferdekraft."

von ihrer eigenen Werthgröße ab. Je weniger Arbeit sie
selbst kostet, um so weniger Werth setzt sie dem Produkt zu.
Kostet ihre Produktion so viel Arbeit, als ihre Anwendung erspart, so findet bloßer Platzwechsel von Arbeit statt, aber keine
Vermehrung der Produktivität der Arbeit. Die Produktivität
der Maschine mißt sich an dem Grad, worin sie menschliche
Arbeitskraft erspart. Es steht daher durchaus nicht im Widerspruch mit dem Prinzip der Maschinenproduktion, daß im Allgemeinen, im Vergleich mit handwerks- oder manufakturmäßig erzeugten Waaren, beim Maschinenprodukt der dem Arbeitsmittel geschuldete Werthbestandtheil relativ, d. h. im Verhältniß
zum Gesammtwerth des Produktes zunimmt, indeß er absolut sinkt.

Vom Standpunkt der Verwohlfeilerung des Produktes
ist die Grenze für den Gebrauch der Maschinerie darin gegeben,
daß ihre eigene Produktion weniger Arbeit kostet als ihre Anwendung Arbeit ersetzt. Nun zahlt aber, wie wir früher gesehen,
das Kapital nicht die angewandte Arbeit, sondern blos den
Werth der angewandten Arbeitskraft, es ist also für dasselbe
der Maschinengebrauch begrenzt durch die Differenz zwischen dem
Werth der Maschine und dem Gesammtwerth der von ihr
während ihrer Dauer ersetzten Arbeitskraft, bezw., da der wirkliche Lohn des Arbeiters bald unter den Werth seiner Arbeitskraft
sinkt, bald über ihn steigt, in den verschiedenen Ländern, in verschiedenen Epochen und in verschiedenen Arbeitszweigen verschieden
ist, durch die Differenz zwischen dem Preis der Maschinerie und
dem Preis der von ihr zu ersetzenden Arbeitskraft. Nur diese
Differenz ist für den Kapitalisten bestimmend, nur sie drückt auf
ihn mit dem Zwangsmittel der Konkurrenz, und daher kommt
es, daß heute mitunter Maschinen, die sich in einem Lande pro-
fitabel erweisen, in einem anderen nicht zur Anwendung kommen.
In Amerika hat man Maschinen zum Steinklopfen erfunden, in
der alten Welt wendet man sie nicht an, weil hier der Prole-

tarier, der diese Arbeit verrichtet, einen so geringen Theil seiner Arbeit bezahlt erhält, daß Maschinen die Produktion für den Kapitalisten vertheuern würden.

Niedrige Löhne sind geradezu ein Hinderniß für die Ein= führung von Maschinen, also auch von diesem Standpunkt aus ein Nachtheil für die gesellschaftliche Entwicklung.

Erst in einer Gesellschaft, die den Gegensatz zwischen Kapital und Arbeit aufgehoben, fände das Maschinenwesen Spielraum zur vollen Entfaltung.

3. Die nächsten Wirkungen des maschinenmäßigen Betriebes auf die Arbeiter.

„Sofern die Maschine Muskelkraft entbehrlich macht, wird sie zum Mittel, Arbeiter ohne Muskelkraft oder von un= reifer Körperentwicklung, aber größerer Geschmeidigkeit der Glieder anzuwenden. Das gewaltige Ersatzmittel von Arbeit und Arbeitern verwandelt sich sofort in ein Mittel, die Zahl der Lohnarbeiter zu vermehren durch Einrollirung aller Mitglieder der Arbeiterfamilie, ohne Unterschied von Geschlecht und Alter, unter die unmittelbare Botmäßigkeit des Kapitals." Nicht nur an die Stelle des Kinderspiels, sondern auch der freien Arbeit im häuslichen Kreis für die Familie selbst, tritt die Zwangs= arbeit für den Kapitalisten. „Weiber= und Kinderarbeit war das erste Wort der kapitalistischen Anwendung der Maschinerie!"

Die Rückwirkung davon sollte in wirthschaftlicher, sozialer und sittlicher Beziehung gleich verhängnißvoll für die Arbeiter= klasse werden.

Bis dahin war der Werth der Arbeitskraft bestimmt durch die zur Erhaltung nicht nur des individuellen erwachsenen Ar= beiters, sondern der ganzen Arbeiterfamilie, der er als Er= nährer vorstand, nöthige Arbeitszeit. Nun aber, da Frau und Kinder auch auf den Arbeitsmarkt gezogen wurden, Gelegenheit bekamen, mit zu verdienen, vertheilte sich mit der Zeit der Werth der Arbeitskraft des Mannes über seine ganze Familie. Und dieser Bewegung des Werthes der Arbeitskraft paßt sich wunderbar schnell an die entsprechende Bewegung ihres Preises, d. h. des Arbeitslohnes. Statt des Vaters muß allmälig die ganze Familie, um bestehen zu können, für Lohn arbeiten, und so nicht nur Arbeit, sondern auch Mehrarbeit für das Kapital liefern. Die Maschine vermehrt auf diese Weise nicht nur das Ausbeutungs= material, sondern erhöht auch den Grad der Ausbeutung.

Eine gewisse nominelle Mehreinnahme der Arbeiterfamilie ist dabei übrigens nicht ausgeschlossen. Wenn statt des Vaters nun Vater, Mutter und zwei Kinder arbeiten, so ist der Gesammt= lohn in den meisten Fällen höher, als früher der Lohn des Vaters allein. Aber die Kosten des Unterhalts haben sich ebenfalls erhöht. Die Maschine bedeutet größere Wirthschaft= lichkeit in der Fabrik, aber die Maschinenindustrie macht der Wirthschaftlichkeit im Hause des Arbeiters ein Ende. Die Fabrik= arbeiterin kann nicht zugleich Hausfrau sein. Ersparniß und Zweck= mäßigkeit in Vermutzung der Lebensmittel werden unmöglich.

Früher hatte der Arbeiter seine eigene Arbeitskraft verkauft, über welche er als wenigstens formell freie Person verfügte. Jetzt wird er Sklavenhändler und verkauft Weib und Kind an die Fabrik. Wenn der kapitalistische Pharisäer in der Oeffentlichkeit über diese „Bestialität" zetert, so vergißt er, daß er selbst es ist, der sie geschaffen hat, sie ausbeutet und unter dem schönen Titel „Freiheit der Arbeit" verewigen möchte. Der Bestialität der Arbeitereltern aber steht die große Thatsache gegenüber, daß die Beschränkung der Frauen= und Kinderarbeit in den englischen Fabriken dem Kapital von den erwachsenen männlichen Arbeitern aberobert wurde.

Marx bringt zahlreiche Belege für die verkümmernde Wirk= ung der Fabrikarbeit der Frauen und Kinder. Wir verweisen auf diese und führen hier einen aus neuerer Zeit an, aus dem Buche von Singer: „Untersuchungen über die sozialen Zustände in den Fabrikbezirken des nordöstlichen Böhmen" (Leipzig 1885). Die Daten dieses Buches ermöglichen uns eine Vergleichung der mittleren Kindersterblichkeit in einem Lande, das von der Groß= industrie so gut wie gar nichts weiß, Norwegen, mit der in Distrikten, in denen die Großindustrie hochentwickelt ist, ohne bis zur Zeit der Abfassung des Buches durch eine Arbeiterschutzgesetz= gebung eingeschränkt worden zu sein. Wir meinen das nordöstliche Böhmen.

In Norwegen kamen (1866—1874) auf zehntausend Lebend=Geborene beiderlei Geschlechts im Alter bis zu 1 Jahr 1063 Sterbefälle. Dagegen zählte man in folgenden hochindu= striellen Bezirken auf je zehntausend Lebend=Geborene Sterbefälle

in	im ersten Lebensjahr
Hohenelbe	3026
Gablonz	3104
Braunau	3236
Trautenau	3475
Reichenberg, Umgebung	3805
Friedland	4130

Die Säuglings=Sterblichkeit in den Fabrikdistrikten war also eine drei= bis viermal so große wie in dem in der „Kultur" zurückgebliebenen Norwegen! Die große Sterblichkeit in den ersteren darf nicht mit den Malthusianern auf übergroße Frucht= barkeit der Bevölkerung zurückgeführt werden. Die Geburtenziffer ist vielmehr eine auffallend geringe. In den von Singer untersuchten Bezirken kommen auf 1000 Bewohner jährlich nicht ganz 35 Ge= burten, in Deutschland fast 42, in Gesammt=Oesterreich über 40.

Neben der leiblichen und moralischen Verkümmerung züchtete die Verwandlung unreifer Menschen in bloße Maschinen zur Fabrizirung von Mehrwerth auch eine „intellektuelle Ver=

öbung, sehr zu unterscheiden von jener naturwüchsigen Unwissen= heit, welche den Geist in Brache legt, ohne Verderb seiner Ent= wicklungsfähigkeit, seiner natürlichen Fruchtbarkeit selbst."

Aber eine „segensreiche" Wirkung hat das von der Maschinerie bewirkte Heranziehen von Kindern und Weibern zum kombinirten Arbeitspersonal doch: es hilft endlich den Widerstand brechen, den der männliche Arbeiter in der Manufaktur der Despotie des Kapitals noch entgegensetzte. —

Was ist der Zweck der Maschinerie, weshalb führt der Kapitalist Maschinen ein? Um die Mühe seiner Arbeiter zu er= leichtern? Keineswegs. Die Maschinerie hat den Zweck, durch Erhöhung der Produktivkraft der Arbeit Waaren zu ver= wohlfeilern und den Theil des Arbeitstages, den der Arbeiter zur Produktion des Werthes seiner Arbeitskraft braucht, zu ver= kürzen zu Gunsten des Theiles, während dessen er **Mehr= werth** schafft.

Nun haben wir aber gesehen, daß die Maschinerie um so produktiver ist, je geringer der Theil ihres eigenen Werthes, den sie an eine bestimmte Produktenmenge abgiebt. Und dieser Theil ist um so geringer, je größer die Produktenmasse, welche sie erzeugt, die Produktenmasse aber ist um so größer, je länger die Periode dauert, während deren die Maschine in Thätigkeit ist. Ist es nun dem Kapitalisten gleichgiltig, ob sich diese „Arbeitsperiode" seiner Maschinerie etwa auf 15 Jahre bei täglich 8 Stunden Thätigkeit oder auf 7 1/2 Jahre bei täglich 16 Stunden Thätigkeit vertheilt? Mathematisch genommen ist die Benutzungszeit in beiden Fällen die gleiche. Aber unser Kapitalist rechnet anders.

Er sagt sich erstens: In 7 1/2 Jahren bei täglich 16 Stunden Betrieb setzt die Maschine dem Gesammtprodukt nicht mehr Werth zu als in 15 Jahren bei täglich 8 Stunden, dagegen reproduzirt sie im ersteren Falle ihren Werth doppelt so schnell als im

zweiten und verſetzt mich in die angenehme Lage, in 7½ Jahren
ebenſoviel Mehrarbeit einzuſtreichen als ſonſt in 15 — abgeſehen
von anderen Vortheilen, welche die Verlängerung des Arbeits=
tages mit ſich bringt.

Ferner: Meine Maſchine nutzt ſich nicht blos ab beim Ge=
brauch, ſondern auch wenn ſie ſtille ſteht und daher dem Einfluß
der Elemente ausgeſetzt iſt. Raſtet ſie, ſo roſtet ſie. Dieſe
letztere Abnutzung iſt reiner Verluſt, den ich vermeiden kann, je
mehr ich die Zeit des Stillſtandes abkürze.

Weiter: In unſerer Zeit der fortgeſetzten techniſchen Um=
wälzungen muß ich täglich gewärtig ſein, daß meine Maſchine
durch irgend eine wohlfeiler hergeſtellte oder techniſch verbeſſerte
Konkurrentin entwerthet wird. Je ſchneller ich ſie daher ihren
Werth wieder einbringen laſſe, um ſo geringer iſt die Gefahr
dieſer Fatalität.

Beiläufig, dieſe Gefahr iſt am größten bei der erſten Ein=
führung der Maſchinerie in irgend einen Produktionszweig; hier
folgen die neuen Methoden Schlag auf Schlag. Daher macht
ſich auch dann das Beſtreben nach Verlängerung des Arbeits=
tages am ſtärkſten geltend.

Unſer Kapitaliſt fährt fort: Meine Maſchinen, meine Ge=
bäude 2c. repräſentiren ein Kapital von ſo und ſo viel tauſend
Mark. Stehen erſtere ſtill, ſo liegt mein ganzes Kapital nutzlos
da. Je länger ſie daher in Thätigkeit ſind, um ſo beſſer ver=
werthe ich nicht nur ſie, ſondern auch den in Baulichkeiten 2c.
angelegten Kapitaltheil.

Zu dieſen Erwägungen des Kapitaliſten geſellt ſich ein
Beweggrund, der ihm allerdings ebenſowenig, wie ſeinem ge=
lehrten Anwalt, dem politiſchen Oekonomen, zum Bewußtſein
kommt, nichtsdeſtoweniger aber von großer Wirkung iſt. Der
Kapitaliſt ſchafft ſeine Maſchinen an, um Arbeitslohn (variables
Kapital) zu ſparen, damit künftig ein Arbeiter in einer Stunde

ebenso viel Waare herstelle, als bisher in drei oder vier. Die
Maschine erhöht die Produktivität der Arbeit und vermag dadurch
die Mehrarbeit auf Kosten der nothwendigen Arbeit auszudehnen,
also die Rate des Mehrwerths zu erhöhen. Aber sie kann
dies Resultat nur hervorbringen durch Verminderung der
Zahl der von einem gegebenen Kapital angewandten
Arbeiter. Der Maschinenbetrieb verwandelt einen Theil des
Kapitals, der früher variabel war, d. h. sich in lebendige Arbeits=
kraft umsetzte, in Maschinerie, d. h. in konstantes Kapital.

Wir wissen aber, daß die Masse des Mehrwerths bestimmt
wird, erstens durch die Rate des Mehrwerths und zweitens
durch die Anzahl der beschäftigten Arbeiter. Die Ein=
führung der Maschinerie in der kapitalistischen Großindustrie sucht
den ersteren Faktor der Masse des Mehrwerths zu erhöhen durch
Verminderung des zweiten. Es liegt also in der Anwendung
der Maschinerie zur Produktion von Mehrwerth ein innerer
Widerspruch. Dieser Gegensatz treibt das Kapital dazu, die ver=
hältnißmäßige Abnahme der Anzahl der ausgebeuteten Arbeiter
dadurch auszugleichen, daß es, nicht zufrieden mit der Zunahme
der relativen Mehrarbeit, auch die absolute Mehrarbeit zu steigern
und den Arbeitstag so weit als möglich zu verlängern sucht.

Die kapitalistische Anwendung der Maschinerie schafft also
eine Reihe neuer, mächtiger Beweggründe zur maßlosen Ver=
längerung des Arbeitstages. Sie vermehrt aber auch die Mög=
lichkeit seiner Verlängerung. Da die Maschine ununterbrochen
fortzulaufen vermag, so ist das Kapital bei seinem Bestreben,
den Arbeitstag auszudehnen, nur durch die Schranken gebunden,
die ihm die natürliche Ermüdung des menschlichen Gehilfen bei
der Maschine, d. h. des Arbeiters, und dessen Widerstand setzen.
Den letzteren bricht es sowohl durch Hineinziehen des füg= und
biegsameren Weiber= und Kinderelements in die Produktion, als
auch durch Schaffung einer „überflüssigen" Arbeiterbevölkerung,

bestehend aus den durch die Maschine freigesetzten Arbeitern. Auf diese Art wirft die Maschine alle sittlichen und natürlichen Schranken des Arbeitstages über den Haufen, wird sie, trotzdem sie das „gewaltige Mittel zur Verkürzung der Arbeitszeit," zum unfehlbaren Mittel, alle Lebenszeit des Arbeiters und seiner Familie in disponible Arbeitszeit für die Verwerthung des Ar= beiters zu verwandeln.

Marx schließt den Abschnitt, in dem er dies konstatirt, mit folgenden Worten: „Wenn," träumte Aristoteles, der größte Denker des Alterthums, „wenn jedes Werkzeug auf Geheiß, oder auch vorausahnend, das ihm zukommende Werk verrichten könnte, wie des Dädalus Kunstwerke sich von selbst bewegten, oder die Dreifüße des Hephästos aus eigenem Antrieb an die heilige Arbeit gingen, wenn so die Weberschiffe von selbst webten, so bedürfte es weder für den Werkmeister der Gehilfen, noch für die Herren der Sklaven." Und Antiparos, ein griechischer Dichter aus der Zeit des Cicero, begrüßte die Erfindung der Wasser= mühle zum Mahlen des Getreides, diese Elementarform aller produktiven Maschinerie, als Befreierin der Sklavinnen und Her= stellerin des goldenen Zeitalters. „Die Heiden, ja die Heiden!" Sie begriffen, wie der gescheidte Bastiat entdeckt hat, und schon vor ihm der noch klügere Mac Culloch, nichts von politischer Oekonomie und Christenthum. Sie begriffen unter Anderem nicht, daß die Maschine das probateste Mittel zur Verlängerung des Arbeitstages ist. Sie entschuldigten etwa die Sklaverei des Einen als Mittel zur vollen menschlichen Entwicklung des Andern. Aber Sklaverei der Massen predigen, um einige rohe oder halbgebildete Parvenus zu „eminent spinners" (hervorragenden Spinnern), „extensive sausage makers" (großen Wurstfabrikanten) und „in= fluential shoe black dealers" (einflußreichen Stiefelwichshändlern) zu machen, dazu fehlte ihnen das spezifisch christliche Organ."

Je mehr das Maschinenwesen und mit ihm eine eigene Klasse von erfahrenen Maschinenarbeitern sich entwickeln, um so mehr nimmt auch die Geschwindigkeit und damit die Anstrengung, die Intensivität der Arbeit naturwüchsig zu. Diese gesteigerte Intensivität der Arbeit ist jedoch nur möglich, solange der Arbeitstag nicht über eine gewisse Grenze ausgedehnt wird, geradeso wie auf einer gewissen Stufe der Entwicklung eine Steigerung der Intensivität der Arbeit nur möglich ist bei einer entsprechenden Verkürzung des Arbeitstages. Wo es sich um eine tagaus tagein regelmäßig zu wiederholende Arbeit handelt, diktirt die Natur gebieterisch ihr: Bis hierher und nicht weiter.

In der ersten Zeit der Fabrikindustrie gingen in England Verlängerung des Arbeitstages und wachsende Intensivität der Fabrikarbeit Hand in Hand. Sobald aber durch die von der empörten Arbeiterklasse erzwungene gesetzliche Beschränkung des Arbeitstages dem Kapital jede Möglichkeit abgeschnitten war, auf dem ersteren Wege gesteigerte Produktion von Mehrwerth zu erzielen, verlegte es sich mit aller Kraft darauf, das gewünschte Resultat durch beschleunigte Entwicklung des Maschinensystems und größere Oekonomie im Produktionsprozeß zu erlangen. Bestand bisher die Produktionsmethode des relativen Mehrwerths im Allgemeinen darin, durch gesteigerte Produktivkraft der Arbeit den Arbeiter zu befähigen, mit derselben Arbeitsausgabe in derselben Zeit mehr zu produziren, so heißt es nun, durch vergrößerte Arbeitsausgabe in derselben Zeit ein größeres Arbeitsquantum zu erlangen. Die Verkürzung des Arbeitstages führt für den Arbeiter zur erhöhten Anspannung der Arbeitskraft, zur „dichteren Ausfüllung der Poren der Arbeitszeit," d. h. zur größeren „Kondensation der Arbeit." Er muß in einer Stunde des zehnstündigen Arbeitstages mehr arbeiten als früher in einer Stunde des zwölfstündigen Arbeitstages. Eine größere Masse Arbeit wird in eine gegebene Zeitperiode zusammengepreßt.

Wir haben die beiden Wege bereits genannt, vermittelst deren dieses Resultat erzielt werden kann: größere Oekonomie im Arbeitsprozeß und beschleunigte Entwicklung des Maschinenwesens. Im ersteren Falle sorgt das Kapital durch die Methode der Lohnzahlung (namentlich durch den Stücklohn, auf den wir später noch zurückkommen) dafür, daß der Arbeiter in der kürzeren Arbeitszeit mehr Arbeitskraft flüssig macht als vorher. Es wird die Regelmäßigkeit, Gleichförmigkeit, Ordnung, Energie der Arbeit erhöht. Selbst da, wo dem Kapital nicht das zweite Mittel zur Verfügung stand, nämlich durch erhöhte Geschwindigkeit des Umlaufes der treibenden oder Ausdehnung des Umfanges der zu überwachenden Maschine, dem Arbeiter mehr Arbeit abzupressen, selbst da sind in dieser Beziehung Resultate erzielt worden, welche alle vorher geltend gemachten Zweifel Lügen strafen. Fast bei jeder Verkürzung der Arbeitszeit erklären die Fabrikanten, die Arbeit werde in ihren Etablissements so sorgfältig überwacht, die Aufmerksamkeit ihrer Arbeiter sei so angespannt, daß es Unsinn sei, von einer Steigerung derselben ein erhebliches Resultat zu erwarten; und kaum daß sie durchgeführt, müssen dieselben Fabrikanten zugestehen, daß ihre Arbeiter in der kürzeren Zeit nicht nur ebensoviel, sondern zuweilen noch mehr Arbeit verrichten als vorher in der längeren selbst bei unveränderten Arbeitsmitteln. Ebenso steht es mit der Vervollkommnung der Maschinerie. So oft noch erklärt worden, man sei jetzt an der Grenze des auf lange Zeit Erreichbaren angelangt, ebenso oft wurde diese Grenze nach kurzer Zeit überschritten.

So stark ist die Intensivizirung der Arbeiter unter einem verkürzten Arbeitstag, daß die englischen Fabrikinspektoren, obwohl sie „die günstigen Resultate der Fabrikgesetze von 1844 und 1850 unermüdlich lobpreisen," doch in den sechziger Jahren zugestanden, daß die Verkürzung des Arbeitstages bereits eine die Gesundheit der

Arbeiter zerstörende Intensivität der Arbeiter hervor=
gerufen habe.

Diejenigen, welche glauben, die Einführung eines Normal=
arbeitstages werde die Harmonie zwischen Kapital und Arbeit
herstellen, sind in einem großen Irrthum begriffen.

„Es unterliegt nicht dem geringsten Zweifel," sagt Marx, *382*
„daß die Tendenz des Kapitals, sobald ihm Verlängerung des
Arbeitstages ein für allemal durch das Gesetz abgeschnitten ist,
sich durch systematische Steigerung des Intensitätsgrades der Arbeit
gütlich zu thun und jede Verbesserung der Maschinerie in ein
Mittel zur Aussaugung größerer Arbeitskraft zu verkehren, bald
wieder zu einem Wendepunkt treiben muß, wo abermalige Ab=
nahme der Arbeitsstunden unvermeidlich wird."

Wo der zehnstündige Normalarbeitstag eingeführt wird,
machen die eben gekennzeichneten Bemühungen der Fabrikanten in
nicht allzulanger Zeit den achtstündigen Arbeitstag nothwendig.

Dies spricht in unseren Augen nicht gegen, sondern für
den Normalarbeitstag. Wie jede wahrhafte soziale Reform treibt
er über sich selbst hinaus, ist ein Element der Weiterent=
wicklung, nicht der Versumpfung der Gesellschaft.

4. Die Maschine als „Erzieherin" des Arbeiters.

Wir haben bisher von Wirkungen der Einführung der
Maschinerie gesprochen, die in erster Linie ökonomischer Natur
sind; beschäftigen wir uns nun auch mit den direkt moralischen
Wirkungen der Maschinerie auf die Arbeiter.

Vergleichen wir das Ganze einer modernen, mit Maschinen
betriebenen Produktionsanstalt, d. h. einer Fabrik, mit einem
manufaktur= oder handwerksmäßigen Betriebe, so fällt uns sofort
ins Auge, daß während in Manufaktur und Handwerk der
Arbeiter sich des Werkzeugs bedient, in der Fabrik er es ist,
der der Maschine dient; er ist das „lebendige Anhängsel"

eines unabhängig von ihm existirenden todten Mechanismus.
Der „Philosoph" oder, wie Marx ihn nennt, der Pindar des
Maschinenwesens, Dr. Andrew Ure, nennt die moderne Fabrik
einen „ungeheuren Automaten, zusammengesetzt aus zahllosen
mechanischen und selbstbewußten Organen, die im Einverständniß
und ohne Unterbrechung wirken, um einen und denselben Gegen=
stand zu produziren, so daß alle diese Organe einer Bewegungs=
kraft untergeordnet sind, die sich von selbst bewegt." An anderer
Stelle spricht er von den Unterthanen der „wohlthätigen Macht
des Dampfes." Hinter dieser „wohlthätigen Macht" steht natürlich
ihr Anwender, der Kapitalist, der wohlthätig ist nur für sich selbst.

In jeder Fabrik finden wir neben der Masse der Arbeiter
an der Werkzeugmaschine und deren Handlangern ein der Zahl
nach unbedeutendes Personal, dem die Kontrole und Instand=
haltung der gesammten Maschinerie obliegt. Diese theils wissen=
schaftlich (Ingenieure), theils handwerksmäßig (Mechaniker,
Schreiner 2c.) ausgebildete Arbeiterklasse steht außerhalb des
Kreises der Fabrikarbeiter und kommt daher hier nicht für uns
in Betracht. Auch von den Handlangern, deren Dienste wegen
ihrer Einfachheit meist leicht durch Maschinen ersetzt werden können
(was sich überall da gezeigt hat, wo durch Fabrikgesetze die
billigsten dieser Handlanger, die Kinder, der Fabrik entzogen
wurden), oder doch raschen Wechsel der mit dieser Plackerei
belasteten Personen gestatten, haben wir hier abzusehen. Es
handelt sich um den eigentlichen Fabrikarbeiter, den Arbeiter
an der Werkzeugmaschine.

In die Werkzeugmaschine ist mit dem früheren Werkzeug
des Arbeiters (Nadel, Spindel, Meißel) auch seine besondere
Geschicklichkeit in der Führung desselben übergegangen. Er braucht
nur noch eine Geschicklichkeit, nämlich die, seine eigene Bewegung
der gleichförmig ununterbrochenen der Maschine anzupassen.
Diese Geschicklichkeit wird am schnellsten im jugendlichen Alter

erworben. Der Arbeiter muß früh anfangen, der Fabrikant ist nicht mehr auf eine ausschließlich zu Maschinenarbeiten herangezogene Arbeiterkategorie angewiesen, sondern findet stets in der heranwachsenden Arbeiterjugend schnell einzuschießenden Ersatz.

Proudhon bezeichnet in seiner „Philosophie des Elends" die Maschine als einen „Protest des Genius der Industrie gegen die zerstückelte und menschenmörderische Arbeit," die „Wiederherstellung des Arbeiters." Thatsächlich wirft allerdings die Maschinerie das alte System der Theilung der Arbeit mit seinen technischen Voraussetzungen über den Haufen, trotzdem finden wir dieselbe in der Fabrik fortgesetzt, und zwar in noch entwürdigenderer Form. Der Arbeiter führt freilich nicht mehr sein Lebenlang ein Theilwerkzeug, dafür aber wird, im Interesse gesteigerter Ausbeutung, die Maschinerie dazu mißbraucht, ihn von Kindesbeinen an in den Theil einer Theilmaschine zu verwandeln, und so wird seine hilflose Abhängigkeit vom Fabrikganzen, mit andern Worten, vom Kapitalisten, vollendet. Seine Arbeit wird allen geistigen Inhalts entkleidet, sie ist nur noch ein mechanisches, nervenzerrüttendes Abrackern. Seine spezielle Geschicklichkeit wird zum winzigen Nebending gegenüber der Wissenschaft, den ungeheuren Naturkräften und der gesellschaftlichen Massenarbeit, die im Maschinensystem verkörpert sind. Und wie er sich dem automatischen Gang der Maschinerie willenlos zu unterwerfen hat, so damit zugleich der vom Fabrikbesitzer verhängten Disziplin überhaupt.

Welches immer die Form der Gesellschaftsorganisation sein mag, stets wird dies Zusammenarbeiten auf großartiger Stufenleiter und die Anwendung gemeinsamer Arbeitsmittel, insbesondere der Maschinerie, eine Regelung des Arbeitsprozesses erfordern, die ihn von der Laune des einzelnen Mitwirkenden unabhängig macht. Will man nicht auf die Vortheile der maschinellen Produktion verzichten, so ist die Einführung einer Disziplin,

der sich alle zu unterwerfen haben, unerläßlich. Aber Disziplin
und Disziplin ist zweierlei. In einem freien Gemeinwesen, wo
sie alle trifft, drückt sie keinen; zum Vortheil Einzelner zwangs=
weise auferlegt, heißt sie Sklaverei, wird sie als drückendes
Joch nur mit äußerstem Widerwillen ertragen, wenn jeder Wider=
stand sich als fruchtlos erwies. Es erforderte daher harte Kämpfe,
bis es gelang, den Widerstand der Arbeiter gegen die Zwangs=
arbeit zu brechen, zu der sie die Maschine verurtheilt. Ure hebt
in dem schon erwähnten Buch hervor, daß Whyatt lange vor Ark=
wright die künstlichen Spinnfinger erfunden hatte, daß aber die
Hauptschwierigkeit nicht so sehr in der Erfindung eines selbst=
thätigen Mechanismus bestand, als in der Erfindung und Durch=
führung eines den Bedürfnissen des automatischen Systems ent=
sprechenden Disziplinarkodex! Darum einen Lorbeerkranz auf
das Haupt des „edlen" Barbiers Arkwright, der dieses Unter=
nehmen, „würdig eines Herkules," zu Stande brachte.

Der Disziplinarkodex, zu deutsch Fabrikordnung, des
modernen Kapitalisten weiß nichts von dem dem Bourgeois so
theuren konstitutionellen System der „Theilung der Gewalten,"
noch von dem ihm noch theureren Repräsentativsystem, sondern
er ist der Ausdruck der absoluten Alleinherrschaft des
Unternehmers über seine Arbeiter. „An die Stelle der Peitsche
des Sklaventreibers," sagt Marx, „tritt das Strafbuch des Auf=
sehers. Alle Strafen lösen sich natürlich auf in Geldstrafen
und Lohnabzüge, und der gesetzgeberische Scharfsinn der Fabrik=
Lykurge macht ihnen die Verletzung ihrer Gesetze womöglich noch
einträglicher als deren Befolgung." So wird der Trotz und
das Selbstbewußtsein des Arbeiters gebrochen. Dabei ist er
infolge unablässiger einseitiger Muskelthätigkeit körperlich ver=
krüppelt, durch die schlechte Fabrikluft, den betäubenden Lärm
während der Arbeit herabgekommen — das ist die edle erziehe=
rische Wirkung der Maschinerie.

Wir sprachen soeben von dem Widerstand der Arbeiter gegen
die Einführung der Maschinerie. Dabei ist jedoch das Gefühl,
daß die Maschine der Freiheit des Arbeiters den Todesstoß
giebt, mehr instinktiv maßgebend; in erster Reihe gilt dieser
Widerstand der Maschine als einem Mittel zur Ueberflüssig=
machung menschlicher Arbeit. Von diesem Gesichtspunkte aus
wurde sogar die Bandmühle, die zuerst Mitte des 16. Jahrhunderts
in Danzig erfunden worden sein soll, vom dortigen Stadtrath unter=
drückt, und ebenso später in Bayern, in Köln, und 1685 durch
kaiserliches Edikt für ganz Deutschland verboten. Die Revolten
der englischen Arbeiter gegen die Einführung von Maschinen
dauern bis in dieses Jahrhundert hinein, und die gleiche Er=
scheinung wiederholt sich auch in andern Ländern. In Frankreich
kamen sie noch in den dreißiger Jahren vor, in Deutschland
noch 1848.

Es ist sehr billig, über diese brutale Art, sich dem größten
Fortschritt der Neuzeit entgegen zu stemmen, pharisäerhaft zu
lamentiren, aber Thatsache ist, daß die Maschine überall zunächst
als Feindin des Arbeiters auftritt, dazu bestimmt, ihn zu ver=
drängen. Während der Manufakturperiode trat an der Theil=
ung der Arbeit und der Kooperation in den Werkstätten mehr
die positive Seite hervor, daß sie beschäftigte Arbeiter produk=
tiver machen, die Maschine aber tritt sofort als Konkurrentin
des Arbeiters auf. Für die durch sie verdrängten Arbeiter soll
es ein großer Trost sein, daß ihre Leiden theils nur „vorüber=
gehend" sind, theils daß die Maschine nur allmälig sich eines
ganzen Produktionsfeldes bemächtigt und so Umfang und In=
tensivität ihrer vernichtenden Wirkung gebrochen werde. „Der
eine Trost," antwortet Marx darauf, „schlägt den andern." Im
letzteren Falle produzirt sie in der mit ihr konkurrirenden Arbeiter=
schicht chronisches Elend, wo aber der Uebergang rasch ist,
wirkt sie massenhaft und akut. „Die Weltgeschichte bietet kein

entsetzlicheres Schauspiel als den allmäligen, über Dezennien ver=
schleppten, endlich 1838 besiegten Untergang der englischen Baum=
wollenweber. Viele von ihnen starben den Hungertod, viele vege=
tirten lange mit ihren Familien mit 2½ d (20 Pfg.) täglich.
Akut dagegen wirkte die englische Baumwollmaschinerie auf Ost=
indien, dessen Generalgouverneur 1834/35 konstatirte: „Das
Elend findet kaum eine Parallele in der Geschichte des Handels.
Die Knochen der Baumwollweber bleichen die Ebenen von Indien.“
Allerdings, setzt Marx mit bitterem Sarkasmus hinzu, sofern
diese Weber das Zeitliche segneten, bereitete ihnen die Maschine
nur „zeitliche Mißstände.“ Das Arbeitsmittel erschlägt den
Arbeiter. Das zeigt sich am handgreiflichsten, wo neu ein=
geführte Maschinerie mit überliefertem Handwerks= oder Manu=
fakturbetrieb konkurrirt. Aber innerhalb der großen Industrie
wirkt fortgesetzte Verbesserung der Maschinerie auf das gleiche
Resultat hin. Marx führt für diesen Satz aus den Berichten
der englischen Fabrikinspektoren eine Fülle von Belegen an, auf
die wir jedoch hier nicht näher einzugehen brauchen, da die That=
sache gar nicht geleugnet werden kann.

Kommen wir vielmehr noch einmal von der Maschine als
Konkurrentin, zur Maschine als „Erzieherin“ des Arbeiters. Die
vielen „Untugenden,“ zu denen die Arbeiterklasse nach Ansicht
ihrer kapitalistischen Freunde erwiesenermaßen hinneigt, — es
seien hier nur Unbotmäßigkeit, Faulheit und Völlerei genannt —
haben keinen wirksameren Gegner als die Maschine. Sie ist das
machtvollste Kampfmittel des Kapitals gegen die Arbeiter, wenn
sie sich seiner Autokratie widersetzen, wenn sie nicht zufrieden sind
mit den Löhnen, die es ihnen bewilligt, mit der Arbeitszeit, die
es ihnen auferlegt, wenn sie in Form von Strikes 2c. zu rebelliren
wagen. „Man könnte,“ sagt Marx, „eine ganze Geschichte der
Erfindungen seit 1830 schreiben, die blos als Kriegsmittel des
Kapitals wider Arbeiteremeuten ins Leben traten.“ Da aber

jede weitere Anwendung der „Hilfsquellen der Wissenschaft" in der Industrie, d. h. die Entwicklung der Maschinerie, ein wünschens= werther Fortschritt ist, so scheint es, als ob den Arbeitern jene Untugenden speziell zu dem Zweck verliehen seien, unfreiwillige Förderer des Fortschritts zu bilden. Und so sehen wir, wie sich in der kapitalistischen Welt alle Dinge schließlich zum Besten wenden, selbst die Laster der Arbeiter.

5. Die Maschine und der Arbeitsmarkt.

Die Maschine verdrängt Arbeiter, das ist eine Thatsache, die sich nicht leugnen läßt, die aber für Diejenigen sehr un= angenehm ist, welche in der bestehenden Produktionsweise die beste aller Welten sehen. Daher wurden zahlreiche Versuche unternommen, die unangenehme Thatsache zu vertuschen.

So behauptete z. B. eine Reihe von Nationalökonomen, daß alle Maschinerie, die Arbeiter verdrängt, stets nothwendigerweise ein entsprechendes Kapital zur Beschäftigung dieser Arbeiter frei= setzt. Dieses Kapital sollen die Lebensmittel sein, welche die Arbeiter verzehrt hätten, wenn sie in Arbeit geblieben wären! Die Lebensmittel, heißt es, werden durch die Entlassung der Arbeiter freigesetzt und haben das Bedürfniß, eine Beschäftigung für diese hervorzurufen, um von ihnen konsumirt zu werden.

Die Lebensmittel, die der Arbeiter zu seinem Konsum kauft, treten ihm jedoch in Wirklichkeit nicht als Kapital, sondern als einfache Waaren gegenüber. Was ihm als Kapital gegenüber= tritt, ist das Geld, wogegen er seine Arbeitskraft verkauft. Dieses Geld wird durch die Einführung der Maschinerie nicht freigesetzt; es dient vielmehr zu deren Anschaffung und wird so festgesetzt. Die Einführung der Maschinen setzt nicht das ganze variable Kapital frei, das zur Entlohnung der Arbeiter diente, die sie verdrängt, sondern verwandelt es mindestens zum Theil in kon=

ftantes Kapital. Einführung neuer Maschinerie heißt daher, bei gleichbleibender Höhe des angewandten Kapitals, Vermehrung des konstanten, Verminderung des variablen Kapitals.

Ein Beispiel möge das veranschaulichen.

Ein Kapitalist wendet ein Kapital von 200 000 Mark an, davon dienen 100 000 Mark als variables Kapital. Er beschäftigt 500 Arbeiter. Er führt eine Maschinerie ein, die es ermöglicht, dasselbe Produkt statt mit 500 mit 200 Arbeitern zu erzeugen. Die Maschine kostet 50 000 Mark.

Früher wendete der Kapitalist 100 000 Mark variables und ebensoviel konstantes Kapital an. Jetzt wendet er 150 000 Mark konstantes und nur 40 000 Mark variables Kapital an. Nur 10 000 Mark sind freigesetzt worden, die aber nicht zur Beschäftigung von 300 Arbeitern, sondern — wenn unter gleichen Umständen, wie die größere Summe angewandt — von kaum 10 Arbeitern dienen werden. Denn von den 10 000 Mark müssen ja rund 8000 Mark für Anschaffung von Maschinen 2c. angelegt werden, und nur rund 2000 Mark bleiben frei für variables Kapital.

Man sieht, es ist kein entsprechendes Kapital freigesetzt worden.

Die Theorie, daß die Maschine mit den Arbeitern auch das entsprechende Kapital freisetzt, ist von Marx als gänzlich unbegründet nachgewiesen worden. Die einzige Möglichkeit, den fatalen Nachweis abzuschwächen, besteht darin, daß man Marx eine ebenso unbegründete Behauptung in den Mund legt.

So stießen wir einmal in einer Abhandlung, in der Marx „wissenschaftlich" abgethan wird, auf folgenden Passus:

„Die Maschine ersetzt ihm (Marx) einfach Arbeit, während sie doch auch Gelegenheit zur Mehrarbeit geben kann und thatsächlich schon oft gegeben hat. Hierbei braucht auch nicht nothwendig durch die Mehrproduktion die Arbeit in einem andern

Gebiet der Erde freigesetzt und damit überzählig geworden zu
sein, wie dies in sozialistischen Blättern später häufig mit aller
Bestimmtheit behauptet worden ist. Die Mehrproduktion kann
schon leicht dadurch Verwendung finden, daß die gesammte Pro=
duktivkraft, und damit auch die Befähigung, den Verbrauch aus=
zudehnen, gestiegen ist." (Professor Dr. J. Lehr in der Viertel=
jahresschrift für Volkswirthschaft, 23. Jahrgang, 2. Bd., S. 114.)

Professor Julius Wolf läßt in einem Werke, das von
Fälschungen und Entstellungen der Marxschen Lehren strotzt,
Marx sogar behaupten, "daß, wenn das Gesammtkapital im Lande
wächst, bestenfalls etwa die gleiche Arbeiterbevölkerung
wie früher Beschäftigung finden könne, eben weil immer mehr
der Menschen durch die Maschine ersetzt werden." ("Sozialismus
und kapitalistische Gesellschaftsordnung." Stuttgart 1892, S. 258.)

In Wirklichkeit sind Marx Behauptungen, wie die ihm hier
untergeschobenen, nie eingefallen. Weit entfernt, daß ihm "die
Maschine einfach Arbeit ersetzt," hat Marx vielmehr systematisch
und gründlich, wie unseres Wissens Keiner vor ihm, die Umstände
entwickelt, unter denen sie "Gelegenheit zur Mehrarbeit geben kann
und thatsächlich oft gegeben hat." Es steht dies zu der Behauptung,
daß die Maschine Arbeiter verdrängt, in keinem Widerspruch.

Marx behauptet, daß die Maschine die Zahl der beschäf=
tigten Arbeiter im Verhältniß zum angewandten Kapital ver=
ringert, daß mit der Entwicklung des Maschinenwesens das variable
Kapital verhältnißmäßig abnimmt, das konstante Kapital
wächst. Das variable Kapital, die Zahl der beschäftigten Arbeiter
in einem Arbeitszweig, kann aber trotz Einführung, Vermehrung
oder Verbesserung von Maschinen gleichzeitig wachsen, wenn das
angewandte Gesammtkapital hinreichend zunimmt.*) Wenn die

---

*) Das Wachsthum der Produktion setzt natürlich auch eine
entsprechende Ausdehnung des Absatzmarktes voraus. Dieser höchst
wichtige Faktor kann jedoch hier noch nicht näher betrachtet werden.

Zahl der beschäftigten Arbeiter in solchem Fall nicht abnimmt, ist dies jedoch nicht der Freisetzung von Kapital durch die Maschine, sondern dem Zufluß neuen Zuschußkapitals zuzuschreiben. Das Bestreben der Maschine, Arbeiter außer Arbeit zu setzen, wird dadurch gehemmt und zeitweise überwunden, aber nicht aufgehoben; es macht sich wieder offenkundig geltend und die relative Abnahme der Zahl der Arbeiter wird zu einer absoluten, sobald der Zufluß neuen Zuschußkapitals sich verlangsamt und unter ein gewisses Maß sinkt.

Nehmen wir zur Veranschaulichung unser obiges Beispiel wieder vor. Wir hatten ein Kapital von 200 000 Mark, davon 100 000 Mark variables Kapital, die zur Anwendung von 500 Arbeitern dienten. Die Einführung einer neuen Maschine erhöhte den Betrag des konstanten Kapitals auf 158 000 Mark, senkte den Betrag des variablen auf 42 000, die Zahl der beschäftigten Arbeiter auf 210. Aber nehmen wir nun an, daß gleichzeitig dem Unternehmen 400 000 Mark neues Kapital zufließen; es wird entsprechend erweitert; in diesem Fall steigt die Zahl der beschäftigten Arbeiter auf 630, um 130 mehr, als vorher. Wäre die Maschine nicht eingeführt worden, so hätte die Verdreifachung des Kapitals freilich auch eine Verdreifachung der Arbeiterzahl, von 500 auf 1500 bewirkt.

Aber wenn die Maschine auch stets eine relative, mitunter eine absolute Verminderung der Arbeiterzahl in dem Arbeitszweig bewirkt, in dem sie eingeführt wird, so kann sie doch gleichzeitig eine Vermehrung der Arbeiterzahl in andern Arbeitszweigen hervorrufen, auf die der eine Zweig einwirkt.

Die Maschine macht eine neue Arbeiterart nothwendig, die Maschinenbauer.

Die Einführung der Maschine in einem Industriezweig bewirkt die Vermehrung der Gesammtmasse der von diesem erzeugten Produkte. Diese bedingt wieder eine entsprechende Vermehrung des Rohmaterials, und also, unter sonst gleichen Umständen, eine Vermehrung der Zahl der bei dessen Produktion beschäftigten Arbeiter. Wenn eine Maschine eingeführt wird, die 1000 Ellen Garn, vielleicht mit weniger Arbeitern, eben so schnell spinnt, als früher 100 Ellen Garn gesponnen wurden, so wird vielleicht die Zahl der Spinner abnehmen, gleichzeitig aber die der Arbeiter in den Baumwollplantagen wachsen. Die Entwicklung der Spinn= maschinen in England war der Hauptgrund der Vermehrung der Zahl der Negersklaven in den Vereinigten Staaten.

Wird das Garn billiger, so kann der Weber (wir nehmen an, daß er noch ein Handweber) ohne größere Auslagen für Roh= material mehr produziren, sein Einkommen wächst, mehr Menschen wenden sich der Weberei zu. „Ergreift die Maschinerie Vor= oder Zwischenstufen, welche ein Arbeitsgegenstand bis zu seiner letzten Form zu durchlaufen hat, so vermehrt sich mit dem Arbeits= material die Arbeitsnachfrage in den noch handwerks= oder manufaktur= mäßig betriebenen Gewerken, worin das Maschinenfabrikat eingeht.“

Mit der Entwicklung des Maschinenwesens wächst der Mehr= werth und die Produktenmasse, in der er sich darstellt. Damit steigt der Luxus der Kapitalistenklasse und ihrer Anhängsel. Es wächst die Nachfrage nach Luxusarbeitern, Dienstboten, Lakaien u. s. w. 1861 kamen in England auf die Textilindustrie 642 607 Per= sonen, auf die dienende Klasse 1 208 648 Personen.

Neben diesen Faktoren, welche bewirken, daß die Einführung der Maschinerie eine Vermehrung der Nachfrage nach Arbeit im Gefolge hat, nennt Marx noch einen: die Entstehung neuer Arbeitsfelder, wie Gasanstalten, Eisenbahnen u. s. w.

Man vergleiche mit diesen Ergebnissen der Marx'schen Dar= legungen das, was die Herren Professoren Marx in den Mund legen, von ihrer eigenen Gelehrsamkeit ganz abgesehen.

Freilich, wenn Marx untersuchte, in welcher Weise die Ein= führung der Maschinerie eine Vermehrung der Nachfrage nach

Arbeit zur Folge haben kann, so that er das nicht, um die Leiden wegzuspintifiren, welche das Fabriksystem für die arbeitende Bevölkerung mit sich bringt. Die Fabrik zerstört dem Arbeiter die Familie, raubt ihm die Jugend, vermehrt seine Arbeit und nimmt ihr jeglichen Inhalt, ruinirt ihn körperlich und geistig und macht ihn zum willenlosen Werkzeug des Kapitalisten — und die bürgerlichen Oekonomen glauben, die kapitalistische Anwendung der Maschinerie glänzend verherrlicht zu haben, wenn sie nachweisen, daß mit ihr die Zahl der Lohnarbeiter in den Fabriken wächst!

Als ob dieses Wachsthum nicht ein Wachsthum des Elends wäre! Und neben dem Elend der Arbeit wächst das Elend der Arbeitslosigkeit.

Das variable Kapital kann mit dem Fortschritt des Maschinenwesens absolut wachsen, aber es muß es nicht nothwendigerweise; in verschiedenen Zweigen der Großindustrie ist bereits zu verschiedenen Zeiten neben einer Vermehrung des konstanten Kapitals eine absolute Verminderung des variablen, eine Abnahme der Zahl der beschäftigten Arbeiter konstatirt worden. (Wir geben einige diesbezügliche Thatsachen im dritten Abschnitt im Kapitel über die Uebervölkerung.) Es ist hier ganz abgesehen von der Arbeitslosigkeit und dem Elend, welches die Konkurrenz der Großindustrie in entsprechenden Arbeitszweigen mit Handbetrieb im In= und Ausland hervorruft. Man erinnere sich an das im vorigen Paragraphen über die Handweber in England und Ostindien Gesagte, die zu Hunderttausenden verhungerten, indeß gleichzeitig die Zahl der englischen Maschinenweber um einige Tausende stieg. Die Vulgärökonomen, die dem Arbeiter weiß machen wollen, daß die Maschine neue Beschäftigung für die freigesetzten Arbeiter schafft, sahen diese Tausende neuer Arbeiter, schwiegen aber klüglich von den Hunderttausenden freigesetzten.

Selbst wenn gleichzeitig mit der Freisetzung der Arbeiter in einem Arbeitszweig eine Vermehrung der Arbeitsnachfrage in andern Industriezweigen eintritt, so liegt darin nur ein schlechter Trost für den Beschäftigungslosen. Kann ein Arbeiter, der sein Leben lang in einem bestimmten Arbeitszweig thätig gewesen, von heute auf morgen in einen andern überspringen?

Neben der Bewegung auf dem Arbeitsmarkt, welche durch die stete Verschiebung im Verhältniß des konstanten zum variablen Kapital zu Ungunsten des letzteren vor sich geht, entwickelt sich mit der Großindustrie eine andere eigenthümliche, die erstere kreuzende Wirkung auf den Arbeitsmarkt.

Sobald die der großen Industrie entsprechenden allgemeinen Produktionsbedingungen hergestellt sind, sobald Maschinenproduktion, Kohlen- und Eisengewinnung, das Transportwesen u. dergl. eine gewisse Höhe der Entwicklung erlangt haben, ist diese Betriebs- weise einer unglaublich raschen Ausdehnung fähig, die nur am Rohmaterial und dem Absatzmarkt Schranken findet. Daher das stete Drängen und Hasten nach dem Aufschließen neuer Märkte, die neue Rohstoffe liefern und neue Käufer für die Fabrikate. Jeder wesentlichen Erweiterung des Marktes folgt eine Periode fieberhafter Produktion, bis der Markt überfüllt ist, worauf eine Periode der Versumpfung eintritt. „Das Leben der Industrie verwandelt sich in eine Reihenfolge von Perioden mittlerer Lebendig- keit, Prosperität, Ueberproduktion, Krise und Stagnation." Für den Arbeiter bedeutet dieser Kreislauf das beständige Schwanken zwischen Ueberarbeit und Arbeitslosigkeit, völlige Unsicherheit der Beschäftigung und der Lohnhöhe, überhaupt der ganzen Lebenslage.

Diese Bewegung verschlingt sich mit der durch den tech- nischen Fortschritt bewirkten, der relativen, oft auch absoluten Abnahme des variablen Kapitals. Bald wirken sie einander ent- gegen — in der Zeit der Prosperität, wo der technische Fort- schritt dafür sorgt, daß den Arbeitern die Bäume nicht in den Himmel wachsen; bald wirken sie vereint in derselben Richtung, in der Zeit der Krise, wo gleichzeitig mit der Arbeitslosigkeit die

Konkurrenzjagd am zügellosesten, das Drängen nach Herabsetzung der Preise am wildesten, welche Herabsetzung theils durch Einführung neuer arbeitssparenden Maschinen, theils durch Verlängerung der Arbeitszeit, theils durch Herabdrückung des Arbeitslohnes bewirkt wird; stets aber auf Kosten des Arbeiters.

6. Die Maschine als revolutionärer Agent.

Wenn man einem der Harmonieapostel eine Schilderung des kapitalistischen Fabriksystems vorhält und ihn fragt, ob er noch glaube, daß wir in der besten aller Welten leben, dann sucht er sich gerne um die Beantwortung dieser Frage dadurch herumzudrücken, daß er erklärt: Ja, wir leben noch in einem Uebergangszustand. Die kapitalistische Großindustrie konnte ihre Segnungen noch nicht voll entfalten, weil sie noch durch mittelalterlichen Schutt in ihrer Entwicklung gehemmt ist. Aber man vergleiche nur die Lage der Arbeiter in den Fabriken mit der von Arbeitern in entsprechenden hausindustriellen oder handwerksmäßigen Betrieben, und man wird finden, daß die ersteren viel besser daran sind, als letztere, daß also die Großindustrie die Lage der Arbeiter wesentlich gehoben, nicht verschlechtert hat. So der Harmonieapostel.

Es ist unläugbar, daß, wo der großindustrielle Betrieb Platz gegriffen, in den überlieferten Hausindustrien, Handwerken und Manufakturen die Arbeiter in noch viel erbärmlicheren Verhältnissen leben, als in den Fabriken. Ob dies für die kapitalistische Großindustrie spricht? Wir glauben kaum. Die Thatsache erklärt sich einfach daraus, daß das Fabriksystem in den Gewerbszweigen, in denen es sich einnistet, nicht nur die Lage der Arbeiter verschlechtert, die in die Fabriken gezogen werden, sondern auch die der Arbeiter, die fortfahren, außerhalb der Fabriken zu arbeiten, und zwar die der letzteren noch mehr, als die der ersteren. Der „Fortschritt," der durch die kapi=

talistische Großindustrie hervorgerufen wird, besteht darin, daß sie
mit allen den Qualen und Entbehrungen, die sie den Fabrik=
arbeitern auferlegt, doppelt und dreifach den Arbeiter in Haus=
industrie, Handwerk und Manufaktur heimsucht.

„Die Ausbeutung wohlfeiler und unreifer Arbeitskräfte
wird in der modernen Manufaktur schamloser, als in der eigent=
lichen Fabrik, weil die hier existirende technische Grundlage, Ersatz
der Muskelkraft durch Maschinen und Leichtigkeit der Arbeit,
dort großentheils wegfällt, zugleich der weibliche oder noch un=
reife Körper den Einflüssen giftiger Substanzen u. s. w. aufs
Gewissenloseste preisgegeben wird. Sie wird in der sogenannten
Hausarbeit schamloser, als in der Manufaktur, weil die Wider=
standsfähigkeit der Arbeiter mit ihrer Zersplitterung abnimmt,
eine ganze Reihe räuberischer Parasiten sich zwischen den eigent=
lichen „Arbeitgeber" und den Arbeiter drängt, die Hausarbeit
überall mit Maschinen — oder wenigstens Manufakturbetrieb
in demselben Produktionszweig kämpft, die Armuth dem Arbeiter
die nöthigsten Arbeitsbedingungen, Raum, Licht, Ventilation u. s. w.
raubt, die Unregelmäßigkeit der Beschäftigung wächst, und endlich
in diesen letzten Zufluchtsstätten der durch die große Industrie
und Agrikultur „überzählig" Gemachten die Arbeiterkonkurrenz
nothwendig ihr Maximum erreicht. Die durch den Maschinen=
betrieb erst systematisch ausgebildete Oekonomisirung der Produk=
tionsmittel, von vornherein zugleich rücksichtsloseste Verschwendung
der Arbeitskraft und Raub an den normalen Voraussetzungen der
Arbeitsfunktion, kehrt jetzt diese ihm antagonistische und menschen=
mörderische Seite um so mehr heraus, je weniger in einem In=
dustriezweig die gesellschaftliche Produktivkraft der Arbeit und die
technische Grundlage kombinirter Arbeitsprozesse entwickelt sind."*)

_____

*) Seit einigen Jahren ist eine Reihe zum Theil sehr schätzens=
werther Untersuchungen über das grauenhafte Elend der Haus=

Was ein Mensch erdulden kann, ohne auf der Stelle er=
liegen zu müssen, haben die Arbeiter in der Hausindustrie zu
dulden. In dem Bestreben, an Wohlfeilheit mit der Maschine
zu konkurriren, setzen sie ihre Ansprüche an Nahrung, Kleidung,
Licht, Luft, Ruhe, immer weiter herunter, bis sie ein Niveau
erreichen, wie es die furchtbarste Phantasie nicht tiefer ersinnen
konnte. Marx berichtet von Spitzenschulen, in denen Kinder von
zwei Jahren verwendet wurden. In der englischen Strohflechterei
arbeiteten Kinder von drei Jahren an, mitunter bis Mitternacht,
in engen Räumen, in denen manchmal nur 12—17 Kubikfuß
auf die Person kamen. Diese Zahlen, sagte Kommissär White
vor der Kommission zur Untersuchung der Kinderarbeit, „repräsen=
tirten weniger Raum als die Hälfte von dem, den ein Kind
einnehmen würde, wenn verpackt in eine Schachtel von drei Fuß
nach allen Dimensionen!"

Wie viel aber auch die Natur des Menschen aushalten
kann, ohne augenblicklich zu erliegen, es giebt doch Grenzen,
unter die sie nicht hinabsteigen kann. Ist diese erreicht, dann
schlägt für die Hausarbeit die Stunde des raschen Untergangs
in Folge der Einführung von Maschinerie; die Hausarbeiter
haben entweder andere Beschäftigung zu finden, oder sie ver=
hungern rascher, als bis dahin. Aehnliches gilt vom überlieferten
Handwerk und der Manufaktur.

Der Uebergang von der Manufaktur zur Großindustrie wird
beschleunigt durch Einführung von Fabrikgesetzen. Die Haus=
industrie verliert sofort ihren Boden, sobald sie gesetzlichen Ein=
schränkungen unterworfen ist. Nur die unbeschränkte weitest=
gehende Ausbeutung der Arbeitskraft von Frauen und Kindern
vermag noch ihr Dasein zu fristen.

---

industrie in Deutschland erschienen. Wer sich darüber eingehender
unterrichten will, dem empfehlen wir namentlich die Schrift von
Dr. Emanuel Sax, Die Hausindustrie in Thüringen.

Wirkt die Maschine so völlig umwälzend auf allen Gebieten der Industrie, deren sie sich bemächtigt, so ist sie fast noch revolutionärer, wenn sie die Landwirthschaft ergreift. Hier macht sie in der Regel Arbeiter nicht blos relativ, sondern auch absolut überzählig — ausgenommen die Fälle, in denen gleichzeitig eine sehr starke Zunahme der in Anbau genommenen Bodenfläche stattfindet, wie dies z. B. der Fall in den Vereinigten Staaten gewesen.

Den Bauer bedroht dort, wo die Maschine in die Landwirthschaft eindringt, dasselbe Geschick, wie die überlieferten Handbetriebe der Industrie. Mit ihm fällt das festeste Bollwerk der alten Gesellschaft. Die auf dem flachen Lande „überzählig" gemachten Bauern und Lohnarbeiter strömen in die Städte. Die großen Städte wachsen enorm an, indeß das flache Land entvölkert. Die Zusammendrängung der ungeheuren Menschenmassen in den Städten erzeugt physisches Siechthum der industriellen Arbeiter. Die Vereinsamung des flachen Landes vermindert die geistige Anregung der Landarbeiter, zerstört ihr geistiges Leben, bricht ihre Widerstandskraft gegenüber dem Kapital. Mit den großen Städten wächst die Verschwendung der Bodenfruchtbarkeit, indem die dem Boden in den Nahrungsmitteln entnommenen Bestandtheile ihm nicht wieder zurückgegeben werden, und in der Form von Exkrementen und Abfällen die Städte verpesten, statt das Land zu düngen. Mit der Anwendung der modernen Technologie auf die Landwirthschaft wachsen aber auch die Mittel, dem Boden die höchsten Erträge abzugewinnen. Immer mehr wird ihm genommen, immer weniger zurückgegeben. So entwickelt die kapitalistische Anwendung der Maschinerie gleichzeitig mit dem Raubbau an der menschlichen Arbeitskraft den am Grund und Boden. Sie verwüstet die Erde und läßt den Arbeiter körperlich und geistig verkommen.

Aber gleichzeitig entwickelt sie die Keime einer neuen und höheren Kultur, und die Triebkräfte, welche dieser zum Durchbruch verhelfen werden. Marx sah im Elend nicht nur das Elend, sondern auch die Keime der besseren Zukunft, die es in seinem Schooße birgt. Er verurtheilt nicht das Fabriksystem, er klagt es nicht an, sondern er will es begreifen. Er moralisirt nicht, sondern er forscht. Und er selbst macht uns dabei auf seinen Vorgänger aufmerksam, der zuerst die revolutionäre Seite des modernen Fabriksystems erkannte, auf Robert Owen.

Die Großindustrie hat furchtbares Elend geschaffen, wie noch keine Produktionsweise vor ihr. Aber das Elend der Massen ist kein stagnirendes. Wir finden heute nicht den stehenden Sumpf von Elend, in dem die Gesellschaft langsam und unmerklich versinkt, wie etwa die römische Gesellschaft in der Kaiserzeit. Die moderne Produktionsweise gleicht eher einem Wirbelstrom, der alle Schichten der Gesellschaft aufwühlt und durcheinandermengt und in ständiger Bewegung hält. Alle überkommenen Produktionsverhältnisse werden vernichtet, und damit die überkommenen Vorurtheile. Aber die neuen Produktionsverhältnisse, die an ihre Stelle treten, sind selbst keine beständigen, sondern stetem Wechsel unterworfen. Eine Erfindung, eine Arbeitsmethode jagt die andere, Kapitalmassen und Arbeitermassen werden unaufhörlich aus einem Produktionszweig in den andern, von einem Land ins andere geschleudert, alle Festigkeit der Verhältnisse und aller Glaube an deren Festigkeit schwindet. Die konservativen Elemente werden beseitigt, der Bauer in die großen Städte gedrängt, in denen heute die geschichtliche Bewegungskraft konzentrirt ist, und wo er hilft, die Wucht der Bewegung zu vermehren, statt sie zu hemmen. Weib und Kind werden in die Fabrik gezogen, das konservative Element der bürgerlichen Familienform aufgelöst, aus der erhaltenden und bewahrenden Hausfrau wird die erwerbende, ums Dasein ringende Lohnarbeiterin.

Und in dieser völligen Auflösung des Alten, die vor unseren Augen vor sich geht, zeigen sich bereits Keime des Neuen.

Die zunehmende Verblödung der Arbeiterjugend infolge der übertrieben langen einseitigen Arbeit hat in allen Industriestaaten dazu gezwungen, in der einen oder der anderen Form, den Elementarunterricht als Zwangsbedingung der Arbeit zu erklären. Man hat seitdem gefunden, daß die Fabrikkinder nicht nur ebensogut, sondern eher besser und leichter lernen, als regelmäßige Tagesschüler. „Die Sache ist sehr einfach," meint ein Fabrikinspektor. „Diejenigen, die sich nur einen halben Tag in der Schule aufhalten, sind stets frisch und fast immer fähig und willig, Unterricht zu empfangen. Das System halber Arbeit und halber Schule macht jede der beiden Beschäftigungen zur Ausruhung und Erholung von der anderen und folglich viel angemessener für das Kind, als die ununterbrochene Fortdauer einer von beiden." Marx fügt hinzu: „Aus dem Fabriksystem, wie man im Detail bei Robert Owen verfolgen kann, entsproß der Keim der Erziehung der Zukunft, welche für alle Kinder über einem gewissen Alter produktive Arbeit mit Unterricht und Gymnastik verbinden wird, nicht nur als eine Methode zur Steigerung der gesellschaftlichen Produktion, sondern als die einzige Methode zur Produktion vollseitig entwickelter Menschen."

An diese pädagogische Umwälzung wird sich eine weitere anschließen müssen. Die weitgetriebene Arbeitstheilung in der Gesellschaft in getrennte Berufe und Spezialfächer, die bereits der Periode des Handwerks eigenthümlich, und die Arbeitstheilung innerhalb der einzelnen Betriebe, die sich in der Manufakturperiode dazu gesellt, hatten höchst ungünstige Folgen für die arbeitenden Individuen. Die Produktionsbedingungen entwickelten sich langsam, verknöcherten mitunter förmlich; der ganze Mensch wurde so zeitlebens an eine gewisse Theiloperation gefesselt, in der er ungeheure Geschicklichkeit erlangte, indeß er gleichzeitig einseitig verkrüppelte und jener harmonischen Entwicklung verlustig ging, die noch dem klassischen Alterthum seine ideale Schönheit verlieh.

Die Maschine beseitigt in den Zweigen, die sie ergreift, die Nothwendigkeit langjähriger anhaltender Uebung für den Arbeiter, um ihn zu produktiven Leistungen in seinem bestimmten Fache zu befähigen. Sie macht es aber auch unmöglich, daß der Mensch sein Leben lang an eine bestimmte Theiloperation gefesselt werde, da sie die Produktionsbedingungen beständig umwälzt, den Arbeiter aus einem Arbeitszweig herausreißt und ihn in einen anderen hineinstößt.

Aber welche Leiden bringt nicht diese stete Bewegung heute hervor, wo beständig hunderttausende von Proletariern eine arbeitslose Reservearmee bilden, begierig, jede Beschäftigung zu ergreifen, die man ihnen zuweist! Und wie gering ist heutzutage die Fähigkeit, sich den verschiedensten Thätigkeiten anzupassen, bei den Lohnarbeitern, deren Körper und Geist in der Jugend gleich verkrüppelt werden, denen die Einsicht in die verschiedenen mechanischen und technischen Vorgänge mangelt, mit denen die moderne Großproduktion ihre Wirkungen erzielt, und denen die Elastizität fehlt, sich diesen verschiedenen Vorgängen anzupassen. Und schließlich, wenn der Arbeiter in der Großindustrie auch nicht mit Nothwendigkeit sein Leben lang an eine bestimmte Detailfunktion gefesselt ist, so doch tagaus, tagein, Monate, ja Jahre lang, mit der Unterbrechung von Arbeitslosigkeit und Hunger.

Wie ganz anders, wenn die verschiedenen Detailfunktionen einander täglich, ja stündlich ablösten, so daß sie nicht ermüden und verdummen, sondern anregen und erheitern würden; wenn die korrumpirende Arbeitslosigkeit verschwände und die technischen Umwälzungen nicht auf Kosten der Arbeiter vor sich gingen!

Unter den vielen Vorbedingungen dieser Aenderung ist auch eine pädagogische. Die Arbeiterklasse muß wissenschaftliche Einsicht in den Gang der Produktionsmethode, sie muß praktische Fertigkeit in der Handhabung der verschiedensten Produktionsinstrumente erhalten. Es wird das heute schon in Lehrlingsschulen und ähnlichen Anstalten versucht, aber in höchst ungenügender Weise. „Wenn die Fabrikgesetzgebung als erste, dem Kapital nothdürftig abgerungene Konzession nur Elementarunterricht mit fabrikmäßiger Arbeit verbindet, unterliegt es keinem Zweifel, daß die unvermeidliche Eroberung der politischen Gewalt durch die Arbeiterklasse auch dem technologischen Unterricht, theoretisch und praktisch, seinen Platz in den Arbeiterschulen erobern wird." — 453

Welche Umwälzungen birgt endlich die moderne Großindustrie in Bezug auf die Familie in sich! Sie löst heute schon für die Lohnarbeiter die überkommene Form der Familie auf. Nicht nur das Verhältniß zwischen Mann und Weib, sondern auch das zwischen Eltern und Kindern ist durch das System der industriellen Frauen= und Kinderarbeit ein anderes geworden. Die Eltern werden vielfach aus Schützern und Ernährern Ausbeuter der Kinder. Wir haben oben der armen Kinder in der englischen Strohflechterei gedacht, die von drei Jahren an unter den elendesten Verhältnissen oft bis Mitternacht arbeiten mußten. „Die elenden, verkommenen Eltern" dieser kleinen Strohflechter, sagt Marx, „sinnen nur darauf, aus den Kindern so viel als möglich heraus= zuschlagen. Aufgewachsen, fragen die Kinder natürlich keinen Deut nach den Eltern und verlassen sie." „Es ist jedoch nicht der Mißbrauch der elterlichen Gewalt," sagt Marx an anderer Stelle, „der die direkte oder indirekte Ausbeutung unreifer Arbeits= kräfte durch das Kapital schuf, sondern es ist umgekehrt die kapitalistische Ausbeutungsweise, welche die elterliche Gewalt, durch Aufhebung der ihr entsprechenden ökonomischen Grundlage, zu einem Mißbrauch gemacht hat. So furchtbar und ekelhaft nun die Auflösung des alten Familienlebens innerhalb des kapi= talistischen Systems erscheint, so schafft nichts desto weniger die große Industrie mit der entscheidenden Rolle, die sie den Weibern, jungen Personen und Kindern beiderlei Geschlechts in gesell= schaftlich organisirten Produktionsprozessen jenseits der Sphäre des Hauswesens zuweist, die neue ökonomische Grundlage für eine höhere Form der Familie und des Verhältnisses beider Geschlechter. Es ist natürlich ebenso albern, die christlich= germanische Form der Familie für absolut zu halten, als die altrömische Form oder die altgriechische oder die orientalische, die übrigens untereinander eine geschichtliche Entwicklungsreihe bilden. Ebenso leuchtet ein, daß die Zusammensetzung des kom= binirten Arbeitspersonals aus Individuen beiderlei Geschlechts und der verschiedensten Altersstufen, obgleich in ihrer naturwüchsig brutalen kapitalistischen Form, wo der Arbeiter für den Produktions= prozeß, nicht der Produktionsprozeß für den Arbeiter da ist, Pestquelle des Verderbs und der Sklaverei, unter entsprechenden Verhältnissen umgekehrt zur Quelle humaner Entwicklung um= schlagen muß."

Nachdem uns Marx diese Ausblicke in die Zukunft eröffnet, dürfen wir wohl versöhnt dem System der Maschinerie und Großindustrie gegenüberstehen. So unermeßlich auch die Leiden sind, die es auf die arbeitenden Klassen wälzt, so sind sie wenigstens nicht vergeblich. Wir wissen, daß auf dem Felde der Arbeit, das mit Millionen von Proletarierleichen gedüngt worden, eine neue Saat aufsprießen wird, eine höhere Gesellschaftsform. Die Maschinenproduktion bildet die Grundlage, auf der ein neues Geschlecht erstehen wird, fern von der einseitigen Beschränktheit des Handwerks und der Manufaktur, nicht der Sklave der Natur, wie der Mensch des urwüchsigen Kommunismus, nicht geistige und körperliche Kraft und Schönheit mit der Unterdrückung recht= loser Sklavenheerden erkaufend, wie das klassische Alterthum; ein Geschlecht, harmonisch entwickelt, lebensfreudig und genußfähig, Herr der Erde und der Naturkräfte, alle Mitglieder des Gemein= wesens in brüderlicher Gleichheit umfassend.

———————

III. Abschnitt.

Arbeitslohn und Kapitaleinkommen.

Erstes Kapitel.

Der Arbeitslohn.

1. Größenwechsel von Preis der Arbeitskraft und Mehrwerth.

Wir haben im zweiten Abschnitt vorwiegend die Produktion des Mehrwerthes behandelt. Jetzt wenden wir uns zunächst zu den Gesetzen des Arbeitslohnes. Die Einleitung dazu und den Uebergang vom zweiten zum dritten Abschnitt, gewissermaßen auf den Gebieten beider stehend, bildet die Untersuchung der Größenwechsel des Preises der Arbeitskraft und des Mehrwerthes, bewirkt durch die Veränderungen dreier Faktoren, die wir bereits im zweiten Abschnitt kennen gelernt; nämlich 1. die Länge des Arbeitstages, 2. die normale Intensität der Arbeit und 3. deren Produktivkraft.

Diese drei Faktoren können in der mannigfaltigsten Weise wechseln und sich ändern, bald einer allein, bald zwei, bald wieder alle drei, einmal der eine in dem, ein andermal in einem anderen Grade. Es würde natürlich zu weit führen, alle die Kombinationen, die sich daraus ergeben, zu untersuchen; bei einigem Nachdenken kann man sie selbst entwickeln, sobald die Hauptkombinationen gegeben sind. Nur diese seien hier dargestellt. Wir untersuchen die Aenderungen, die sich in der verhältnißmäßigen Größe des Mehrwerthes und des Preises der Arbeitskraft ergeben, wenn je einer der drei Faktoren sich ändert, die beiden anderen unverändert bleiben.

a) Die Größe des Arbeitstages und die Intensität der Arbeit bleiben unverändert, die Produktivkraft der Arbeit ändert sich. Die Produktivkraft der Arbeit hat wohl Einfluß auf die Masse der Produkte, die in einer bestimmten Zeiteinheit erzeugt werden, nicht aber auf die Werthgröße dieser Produktenmasse. Wenn in Folge einer Erfindung der Baumwollspinner in Stand gesetzt wird, in einer Stunde 6 Pfund Baumwolle zu verspinnen, indeß er bis dahin in einer Stunde nur 1 Pfund verspann, so wird er jetzt in einer Stunde sechsmal so viel Garn erzeugen, wie früher, aber denselben Werth. Aber der Werth, den er einem Pfund Baumwolle zusetzt, indem er sie durch seine Arbeit in Garn verwandelt, ist jetzt ein sechsfach geringerer. Diese Werthsenkung wirkt auf den Werth der Lebensmittel des Arbeiters, z. B. seiner Kleidungsstücke, zurück. Der Werth der Arbeitskraft sinkt und um die gleiche Größe steigt der Mehrwerth. Bei einem Sinken der Produktivkraft der Arbeit findet natürlich das Umgekehrte statt. Die Zu- oder Abnahme des Mehrwerthes ist stets Folge und nie Ursache der entsprechenden Zu- oder Abnahme des Werthes der Arbeitskraft. Es hängt von mancherlei Umständen, namentlich von der Widerstandskraft der Arbeiterklasse ab, ob und inwieweit dem Sinken des Werthes der Arbeitskraft ein Sinken ihres Preises entspricht. Nehmen wir an, daß in Folge der Vermehrung der Produktivkraft der Arbeit der Tageswerth der Arbeitskraft vielleicht von 3 Mark auf 2 falle, ihr Preis aber nur auf 2 Mark 50 Pfennig. Betrug der tägliche Mehrwerth auf einen Arbeiter früher auch 3 Mark, so würde er jetzt nicht auf 4 Mark, sondern zur großen Entrüstung des Kapitalisten nur auf 3 Mark 50 Pfennig steigen. Zum Glück für ihn tritt ein solcher Fall selten ein. Dieser setzt nicht nur große Widerstandskraft der Arbeiter voraus, sondern auch, daß die beiden anderen Faktoren unveränderlich sind — die Länge des Arbeitstages und die Intensität der Arbeit. Der Einfluß von Aenderungen dieser beiden wird von den Oekonomen nach dem Vorgang Ricardo's übersehen. Betrachten wir nun die Wirkung jeder dieser letzteren Aenderungen.

b) Arbeitstag und Produktivkraft der Arbeit ändern sich nicht, die Intensität der Arbeit ändert sich. Intensiver arbeiten, heißt, mehr Arbeit in derselben Zeit verausgaben, also in demselben Zeitraum mehr Werth schaffen. Wenn der Baumwollspinner, ohne daß die Produktivkraft der Arbeit sich ändert, in Folge angestrengterer Arbeit, in einer Stunde 1½ Pfund Baumwolle verspinnt, anstatt 1 Pfund, wie früher, so erzeugt er in einer Stunde auch um die Hälfte mehr Werth, als früher. Erzeugte er früher einen Werth von 6 Mark in 12 Stunden, so jetzt in derselben Zeit einen Werth von 9 Mark. War früher der Preis seiner Arbeitskraft 3 Mark, und steigt er jetzt auf 4 Mark, so steigt trotzdem gleichzeitig auch der Mehrwerth, nämlich von 3 auf 5 Mark. Es ist also nicht wahr, wie oft behauptet wird, daß ein Steigen des Preises der Arbeitskraft nur auf Kosten des Mehrwerthes möglich sei. Dies gilt nur für den ersten von uns betrachteten Fall; es gilt nicht für den eben erwähnten. Nebenbei sei bemerkt, daß die Preissteigerung der Arbeitskraft in diesem, dem zweiten Fall, nicht immer ein Steigen über ihren Werth bedeuten muß. Wenn die Preissteigerung ungenügend ist, die schnellere Abnutzung der Arbeitskraft wett zu machen, die aus der größeren Intensität der Arbeit naturnothwendig folgt, dann fällt in Wirklichkeit der Preis der Arbeitskraft unter ihren Werth.

Die Intensität der Arbeit ist bei verschiedenen Nationen verschieden. „Der intensivere Arbeitstag der einen Nation stellt sich in höherem Geldausdruck dar, als der minder intensive der anderen."

In den englischen Fabriken ist der Arbeitstag in der Regel kürzer, als in den deutschen, aber eben deswegen ist in den

12*

ersteren die Arbeit viel intensiver, so daß der englische Arbeiter in der Arbeitsstunde größeren Werth erzeugt, als sein Kollege in Deutschland. „Größere gesetzliche Verkürzung des Arbeits= tages in den kontinentalen Fabriken," sagt Marx, „wäre das unfehlbarste Mittel zur Verminderung dieser Differenz zwischen der kontinentalen und der englischen Arbeitsstunde."

c) Produktivität und Intensität der Arbeit bleiben unverändert, der Arbeitstag ändert sich. Dies kann nach zwei Richtungen hin geschehen: 1. Er wird verkürzt. Der Werth der Arbeitskraft wird dadurch nicht berührt; die Ver= kürzung geschieht auf Kosten des Mehrwerthes. Will der Kapitalist diesen nicht beschnitten sehen, dann muß er den Preis der Arbeits= kraft unter ihren Werth herabdrücken. Dieser Fall wird von den Gegnern des Normalarbeitstages gerne ins Feld geführt. Ihre Argumentation gilt jedoch nur dann, wenn Intensität und Produktivität der Arbeit unverändert bleiben. In Wirklichkeit ist aber stets eine Verkürzung der Arbeitszeit entweder Ursache oder Wirkung einer Vermehrung der Intensität und Produktivität der Arbeit. 2. Der Arbeitstag wird verlängert. Die Folgen dieser Aenderung haben den Kapitalisten noch sehr wenig Kopfschmerzen verursacht. Es steigt die Werthsumme der während des Arbeitstages erzeugten Produktenmasse und der Mehrwerth. Der Preis der Arbeitskraft kann auch steigen. Aber hier, wie bei der Vergrößerung der Intensität der Arbeit, kann die Preis= steigerung thatsächlich einen Fall unter den Werth bedeuten, wenn sie nicht der vermehrten Abnutzung der Arbeitskraft die Waage hält.

Die unter a, b und c betrachteten Fälle dürften selten in voller Reinheit eintreten. In der Regel wird die Veränderung des einen der drei Faktoren auch Veränderungen in den anderen nach sich ziehen. Marx untersucht unter Anderem den Fall, wenn Intensität und Produktivität der Arbeit wachsen und gleich= zeitig der Arbeitstag verkürzt wird, und legt die Grenze dar, bis zu welcher der Arbeitstag verkürzt werden könnte. Unter der kapitalistischen Produktionsweise kann der Arbeitstag nicht auf das Maß der zur Erhaltung des Arbeiters nothwendigen Arbeitszeit verkürzt werden. Das hieße den Mehrwerth, die Grundlage des Kapitalismus, beseitigen.

Die Beseitigung der kapitalistischen Produktionsweise würde erlauben, den Arbeitstag auf die nothwendige Arbeitszeit zu beschränken. Unter sonst gleichen Umständen würde jedoch, sobald die kapitalistische Produktionsweise beseitigt, das Bedürfniß vorhanden sein, die nothwendige Arbeitszeit zu verlängern. Einmal, weil die Lebensansprüche des Arbeiters wachsen würden, dann, weil die Anhäufung eines Fonds zur Fortführung und Erweiterung der Produktion in das Gebiet der nothwendigen Arbeit fiele, während sie heute dem Mehrwerth zukommt.

Aber auf der anderen Seite würde mit der Verkürzung des Arbeitstages die Intensität der Arbeit wachsen. Das System der gesellschaftlich organisirten Arbeit würde zur Oekonomisirung der Produktionsmittel und Beseitigung jeder nutzlosen Arbeit führen. „Während die kapitalistische Produktionsweise in jedem individuellen Geschäfte Oekonomie erzwingt, erzeugt ihr anarchisches System der Konkurrenz die maßloseste Verschwendung der gesellschaftlichen Produktionsmittel und Arbeitskräfte, neben einer Unzahl jetzt unentbehrlicher, aber an und für sich überflüssiger Funktionen." „Intensität und Produktivkraft der Arbeit gegeben," fährt Marx fort, „ist der zur materiellen Produktion nothwendige Theil des gesellschaftlichen Arbeitstages um so kürzer, der für freie, geistige und gesellschaftliche Bethätigung der Individuen eroberte Zeittheil also um so größer, je gleichmäßiger die Arbeit unter alle werkfähigen Glieder der Gesellschaft vertheilt ist, je weniger eine Gesellschaftsschichte die Naturnothwendigkeit der Arbeit von sich selbst ab- und einer anderen Schichte zuwälzen kann. Die absolute Grenze für die Verkürzung des Arbeitstages ist nach dieser Seite hin die Allgemeinheit der Arbeit. In der kapitalistischen Gesellschaft wird freie Zeit für eine Klasse produzirt durch Verwandlung aller Lebenszeit der Massen in Arbeitszeit.“

2. Verwandlung des Preises der Arbeitskraft in den Arbeitslohn.

Wir haben bisher vom Werth und Preis der Arbeits= kraft und dessen Verhältniß zum Mehrwerth gehandelt. Was aber auf der Oberfläche der Gesellschaft als Arbeitslohn zu Tage tritt, das erscheint nicht als der Preis der Arbeitskraft, sondern als der Preis der Arbeit. „Wenn man Arbeiter fragte: ‚Wie hoch ist Ihr Arbeitslohn?‘ so würden sie antworten, dieser: ‚Ich erhalte 1 Mark für den Arbeitstag von meinem Bourgeois,‘ jener: ‚ich erhalte 2 Mark‘ u. s. w. Nach den verschiedenen Arbeitszweigen, denen sie angehören, würden sie verschiedene Geld= summen angeben, die sie für eine bestimmte Arbeitszeit oder für die Herstellung einer bestimmten Arbeit, z. B. für das Weben einer Elle Leinwand oder für das Setzen eines Druckbogens von ihrem jeweiligen Bourgeois erhalten. Trotz der Verschieden= heit ihrer Angaben werden sie alle in dem Punkte übereinstimmen: der Arbeitslohn ist die Summe Geldes, die der Kapitalist für eine bestimmte Arbeitszeit oder für eine bestimmte Arbeitslieferung zahlt.“ *)

Der Preis einer Waare ist ihr in Geld ausgedrückter Werth. Hat die Arbeit einen Preis, so muß sie auch einen Werth haben, kalkulirten demnach die Oekonomen. Wie groß ist aber ihr Werth? Er wird, wie der jeder anderen Waare, bestimmt durch die zu ihrer Herstellung nothwendige Arbeitszeit. Wie viel Arbeits= stunden sind nothwendig, um die Arbeit von 12 Stunden herzu= stellen? Offenbar 12 Stunden.

---

*) Marx, Lohnarbeit und Kapital

Wird hiernach die Arbeit zu ihrem vollen Werth bezahlt, dann erhält der Arbeiter ebensoviel an Arbeitslohn, als er dem Produkt an Werth zusetzt: wir stehen somit am Ende dieser Kalkulation vor der Alternative, entweder die Lehre vom Mehrwerth als falsch anzuerkennen, oder die Lehre vom Werth, oder beide, und damit das Räthsel der kapitalistischen Produktion für unlösbar zu erklären. Die klassische bürgerliche Oekonomie, die ihren Höhepunkt in Ricardo fand, ist an diesem Widerspruch gescheitert, die Vulgärökonomie, die es sich nicht zur Aufgabe macht, die moderne Produktionsweise zu erforschen, sondern sie zu rechtfertigen und rosig auszumalen, hat diesen Widerspruch zu ihren schönsten Trugschlüssen benutzt.

Marx hat sie alle zu nichte gemacht, indem er den Unterschied zwischen Arbeit und Arbeitskraft, die beide von den Oekonomen untereinander geworfen waren, klar feststellte.

1847 hatte Marx diese fundamentale Entdeckung noch nicht gemacht. In seinem „Elend der Philosophie," wie in seinen Artikeln über „Lohnarbeit und Kapital" spricht er noch vom Werth der Arbeit, der ihm unvermerkt zum Werth der Arbeitskraft wird. Unsere Oekonomen haben aber die Bedeutung der Scheidung von Arbeitskraft und Arbeit so wenig verstanden, daß sie beide Begriffe auch heute noch durcheinander werfen, und daß sie mit Vorliebe von einer Marx-Robbertus'schen Werththeorie sprechen, obgleich Robbertus die Ricardo'sche Werththeorie mit ihrer Verwechslung von Arbeit und Arbeitskraft und ihren daraus folgenden Widersprüchen unbesehen übernommen hat, indeß Marx in diesem und noch anderen Punkten von grundlegender Bedeutung (wir erinnern an die Beschränkung der werthbildenden Arbeit auf gesellschaftlich nothwendige Arbeit, die Scheidung von allgemeiner werthbildender und besonderer, Gebrauchswerthe schaffender Arbeit u. s. w.) sie ihrer Widersprüche entkleidet, und aus der Ricardo'schen Lehre erst eine wirkliche, ausreichende und fest begründete Werththeorie gemacht hat.

Marx hat zuerst nachgewiesen, daß die Arbeit keine Waare ist, und demnach auch keinen Waarenwerth besitzt, obwohl sie die Quelle und das Maß aller Waarenwerthe ist. Was auf dem Markt erscheint, ist der Arbeiter, der seine Arbeitskraft feil bietet. Die Arbeit entsteht durch den Konsum der Waare Arbeitskraft, wie eine gewisse Seligkeit durch den Konsum der Waare Champagner erzeugt wird. So wie der Kapitalist den Champagner kauft, aber nicht die Seligkeit, die dieser erzeugt, so kauft er die Arbeitskraft, nicht die Arbeit.

Aber die Arbeitskraft ist eine Waare eigenthümlicher Art; sie wird erst bezahlt, nachdem sie konsumirt worden; erst nach gethaner Arbeit erhält der Arbeiter seinen Lohn.

Die Arbeitskraft wird gekauft, aber anscheinend wird die Arbeit bezahlt. Der Arbeitslohn kommt nicht zur Erscheinung als Preis der Arbeitskraft. Dieser macht eine Verwandlung durch, ehe er als Arbeitslohn aus der Tasche des Kapitalisten ans Licht der Welt gelangt, er präsentirt sich uns als Preis der Arbeit.

Wie diese Verwandlung vor sich geht, und welches ihre Folgen, haben die Oekonomen vor Marx natürlich nicht wissenschaftlich untersuchen können, da sie den Unterschied im Preis der Arbeitskraft und der Arbeit nicht erkannt hatten. Marx hat uns also die erste streng wissenschaftliche Theorie des Arbeitslohnes gegeben. Die zwei Grundformen des Arbeitslohnes sind der Zeitlohn und der Stücklohn.

3. Der Zeitlohn.

Wir wissen, daß der Tageswerth der Arbeitskraft unter bestimmten Umständen ein bestimmter ist. Nehmen wir an, der Tageswerth der Arbeitskraft betrage 2 Mark 40 Pfennig, und der gewohnheitsmäßige Arbeitstag sei 12 Stunden. Wir nehmen hier, wie immer in diesem Buche, wo es nicht anders bemerkt, an, daß Werth und Preis der Arbeitskraft wie der anderen Waaren sich decken. Der Preis der Arbeit von 12 Stunden erscheint daher = 2 Mark 40 Pfennig, und der Preis der Arbeit einer Stunde = 20 Pfennig. Der so gefundene Preis der Arbeitsstunde dient als Einheitsmaß für den Preis der Arbeit.

Wir finden also den Preis der Arbeit, wenn wir den Tageswerth der Arbeitskraft durch die Zahl der Arbeitsstunden des gewohnheitsmäßigen Arbeitstages dividiren.

Der Preis der Arbeit und der Tages- oder Wochenlohn können sich in verschiedener Richtung bewegen. Nehmen wir an, die Arbeitszeit steige von 12 auf 15 Stunden — und gleichzeitig sinke der Preis der Arbeit von 20 auf 18 Pfennig. Der Taglohn wird jetzt 2 Mark 70 Pfennig betragen, er wird gestiegen sein, trotzdem gleichzeitig der Preis der Arbeit gesunken.

Der Preis der Arbeit hängt ab, wie eben gesagt, vom Tageswerth der Arbeitskraft und von der Länge des gewohnheitsmäßigen Arbeitstages.

Wenn nun in Folge außerordentlicher Ereignisse, z. B. einer Krise, der Kapitalist, weil seine Waaren unverkäuflich sind, die Arbeitszeit einschränkt, etwa nur halbe Zeit arbeiten läßt, so erhöht er den Preis der Arbeit nicht entsprechend. Beträgt dieser 20 Pfennig, so wird der Arbeiter bei sechsstündiger Arbeitszeit nur 1 Mark 20 Pfennig verdienen, obgleich der Tageswerth seiner Arbeitskraft weit höher, nach unserer Annahme 2 Mark 40 Pfennig.*)

---

*) Der Preis der Arbeit kann gleichzeitig auch noch sinken, aber es würde dies keine Folge der Einschränkung der Arbeitszeit sein, sondern größeren Angebots von Arbeitskräften rc., Erscheinungen, die wir hier nicht zu behandeln haben. Man muß bei diesen Untersuchungen immer im Auge behalten, daß es sich bisher um die Grundlagen der Erscheinungen der kapitalistischen Produktionsweise handelt, nicht um ihr Gesammtbild.

Haben wir früher in der Verlängerung des Arbeitstages eine Quelle von Leiden für den Arbeiter gesehen, so hier eine neue Quelle in seiner vorübergehenden Verkürzung.

Die Kapitalisten nehmen daraus Ursache, so oft es sich um gesetzliche Verkürzung des Arbeitstages handelt, gegen denselben ihr Mitgefühl für die armen Arbeiter ins Feld zu führen. „Wir sind ohnehin schon gezwungen, die erbärmlichsten Hungerlöhne für fünfzehnstündige Arbeit zu zahlen!" rufen sie, „jetzt wollt Ihr die Arbeitszeit auf zehn Stunden verkürzen und dadurch den hungernden Arbeitern noch ein Drittel ihres Lohnes wegnehmen? Gegen solche Barbarei müssen wir energisch protestiren!" Die edlen Menschenfreunde vergessen, daß der Preis der Arbeit steigt, wenn die Länge des gewohnheitsmäßigen Arbeitstages abnimmt; der Preis der Arbeit ist um so höher, je höher der Tageswerth der Arbeitskraft und je geringer die Länge des gewohnheitsmäßigen Arbeitstages. Vorübergehende Verkürzung des Arbeitstages senkt den Lohn, dauernde Verkürzung hebt ihn. Das hat man unter Anderem in England gesehen. Nach dem Bericht der Fabrikinspektoren vom April 1860 ist in den zwanzig Jahren von 1839—1859 der Arbeitslohn in den dem zehnstündigen Normalarbeitstag unterworfenen Fabriken gestiegen, in den Fabriken, in denen 14—15 Stunden lang gearbeitet wurde, gesunken. Zahlreiche Erfahrungen bis in die neueste Zeit hinein bestätigen diese Regel.

Dauernde Verlängerung der Arbeitszeit senkt den Preis der Arbeit. Umgekehrt zwingt ein niedriger Preis der Arbeit den Arbeiter, sich einer Verlängerung des Arbeitstages zu unterwerfen, um sich einen auch nur kümmerlichen Tageslohn zu sichern. Niedriger Preis der Arbeit und lange Arbeitszeit haben aber auch die Tendenz, sich zu befestigen. Die Kapitalisten erniedrigen den Lohn und verlängern die Arbeitszeit, um ihre Profite zu vergrößern. Aber ihre Konkurrenz unter einander zwingt sie

schließlich, im entsprechenden Maße die Preise der Waaren herab=
zusetzen. Der Extra=Profit, der durch Verlängerung des Arbeits=
tages und Erniedrigung des Lohnes erzielt worden, verschwindet
jetzt, die niedrigen Preise aber bleiben und wirken als Zwangs=
mittel, den Lohn bei übermäßiger Arbeitszeit auf der erreichten
niedrigen Stufe zu halten. Die Kapitalisten haben keinen dauernden
Vortheil, die Arbeiter aber einen dauernden Nachtheil davon. Die
gesetzliche Firirung des Normalarbeitstages bietet für diese Ent=
wicklung eine kräftige Schranke.

Noch andere wohlthätige Wirkungen des Normalarbeitstages
sind hier zu nennen.

Es kommt in gewissen Arbeitszweigen vor, daß der Kapitalist
sich nicht zur Zahlung eines bestimmten Wochen= oder Taglohnes
verpflichtet, sondern den Arbeiter nach Arbeitsstunden entlohnt.
Der Arbeiter muß den ganzen Tag zur Verfügung des Kapi=
talisten sein, aber es steht in dessen Belieben, ihn einmal über=
mäßig, das andere Mal nur während weniger Stunden zu
beschäftigen. Der Preis der Arbeit wird aber nach der Länge
des gewohnheitsmäßigen Arbeitstages bestimmt. Der Kapitalist
bekommt so bei Bezahlung des „normalen" Preises der Arbeit
die Verfügung über die ganze Arbeitskraft des Arbeiters, ohne
ihm den ganzen Werth seiner Arbeitskraft zu zahlen; an den
Tagen, wo er ihn unter der normalen Zahl von Arbeitsstunden
beschäftigt, tritt das klar zu Tage; es gilt aber auch für die
Zeit, wo er ihn über diese normale Zeit hinaus beschäftigt.

Der Werth der in jeder Arbeitsstunde ausgegebenen Arbeits=
kraft ist nämlich nicht der gleiche. Die in den ersten Stunden
des Arbeitstages ausgegebene Arbeitskraft ist leichter zu ersetzen,
als die in den letzten Stunden verwendete. Der Werth der in
der ersten Arbeitsstunde verausgabten Arbeitskraft ist daher
geringer, als der in der zehnten oder zwölften Stunde veraus=
gabten — obgleich der Gebrauchswerth der letzteren viel geringer

sein kann, als der der ersteren. — Dem entsprechend hat sich auch naturwüchsig, nicht auf Grund physiologischer und ökonomischer Einsicht, in vielen Betrieben die Gewohnheit herausgebildet, den Arbeitstag bis zu einem gewissen Punkt als „normal" und die Arbeitszeit darüber hinaus als Ueberzeit anzusehen, die besser bezahlt wird, freilich oft in lächerlich geringem Grade.

Die oben erwähnten Kapitalisten, die den Arbeiter nach der Stunde beschäftigen, sparen die höhere Vergütung der Ueberzeit.

Der Unterschied zwischen dem „normalen" Arbeitstag der oben erwähnten Art und der Ueberzeit ist nicht etwa so aufzufassen, als ob der Preis der Arbeit während des normalen Arbeitstages den normalen Lohn darstellte, und in der Ueberzeit ein Zuschußlohn bezahlt würde, der über den Tageswerth der Arbeitskraft hinaus ginge. Es giebt Fabriken, in denen jahraus, jahrein Ueberzeit gearbeitet wird. Der „normale" Lohn wird da so niedrig gestellt, daß der Arbeiter von ihm allein nicht existiren kann und gezwungen ist, Ueberzeit zu arbeiten. Der „normale" Arbeitstag ist, wo regelmäßig Ueberzeit gearbeitet wird, nur ein Theil des wirklichen Arbeitstages und der „normale" Lohn nur ein Theil des zur Erhaltung des Arbeiters nothwendigen Lohns. Die bessere Bezahlung der Ueberzeit ist oft nur ein Mittel, den Arbeiter zu bewegen, einer Verlängerung des Arbeitstages zuzustimmen. Diese entspricht aber, wie wir gesehen, einem Sinken im Preise der Arbeit.

Der Normalarbeitstag hat die Tendenz, allen diesen Handhaben der Lohnsenkung einen kräftigen Riegel vorzuschieben.

4. Der Stücklohn.

Der Zeitlohn ist die verwandelte Form des Preises der Arbeitskraft; der Stücklohn ist eine verwandelte Form des Zeitlohns.

Nehmen wir an, der gewöhnliche Arbeitstag betrage 12 Stunden, der Tageswerth der Arbeitskraft 2 Mark 40 Pfennig, ein Arbeiter verfertige durchschnittlich täglich 24 Stück eines gewissen Artikels — in kapitalistischen Betrieben setzt man bald erfahrungsgemäß fest, welche Leistung ein Arbeiter bei durchschnittlicher Geschicklichkeit und Intensität in einem Arbeitstag zu Stande bringt. Ich kann den Arbeiter im Tagelohn beschäftigen, zu einem Preis von 20 Pfennigen per Stunde; ich kann ihn aber auch für jedes von ihm gelieferte Stück bezahlen, per Stück mit 10 Pfennigen. In letzterem Falle ist der Lohn Stücklohn.

Die Grundlage des Stücklohnes ist, wie man sieht, der Tageswerth der Arbeitskraft und die gewohnheitsmäßige Länge des Arbeitstages, wie beim Zeitlohn. Dem Anschein nach ist freilich der Stücklohn durch die Leistung des Produzenten bestimmt; der Schein schwindet jedoch, wenn man weiß, daß der Stücklohn entsprechend herabgesetzt wird, sobald die Produktivität der Arbeit steigt. Wenn ein Arbeiter zur Herstellung eines Stückes des Artikels unseres obigen Beispieles durchschnittlich nicht mehr eine halbe, sondern nur noch eine Viertelstunde braucht — vielleicht in Folge der Verbesserung einer Maschine — so wird der Kapitalist, alle anderen Verhältnisse gleichbleibend angenommen, ihm nicht mehr 10 Pfennige, sondern nur noch 5 Pfennige per Stück bezahlen.

Es kommen aber oft genug Fälle vor, und Jedem, der sich mit Arbeiterangelegenheiten beschäftigt, werden solche bekannt sein, daß einzelnen Arbeitern oder Arbeitergruppen, die, vom Glück begünstigt, einmal ein ungewöhnlich großes Quantum von Produkten lieferten, der für den speziellen Fall akkordirte Stücklohn willkürlich beschnitten wurde, mit der Motivirung, die Lohnsumme übersteige zu sehr die gewöhnliche Lohnhöhe. Deutlicher kann wohl nicht gesagt werden, daß der Stücklohn nur eine verwandelte Form des Zeitlohnes ist, eine Form, die der Kapitalist freiwillig nur dann anwendet, wenn sie ihm vortheilhafter dünkt, als der unverwandelte Zeitlohn.

In der Regel bietet der Stücklohn für den Kapitalisten allerdings große Vortheile. In der Form des Zeitlohns bezahlt der Kapitalist die Arbeitskraft in der Form der von ihr gelieferten Arbeitsmenge; im Stücklohn bezahlt er sie in der Form des Produkts. Er kann sich also darauf verlassen, daß der Arbeiter in seinem eigenen Interesse in jeder Arbeitsstunde auch ohne äußeren Antrieb das möglichst große Quantum Produkte liefert. Er kann viel leichter kontroliren, ob der Arbeiter ein Produkt von durchschnittlicher Güte geliefert hat. Der geringste Makel wird da Ursache und sehr oft auch nur Vorwand zu Lohnabzügen, ja mitunter zu förmlichen Prellereien der Arbeiter.

Die Aufsicht des Kapitalisten und seiner Vertreter über die Arbeiter wird daher beim Stücklohn zum großen Theil über= flüssig, der Kapitalist erspart diese Arbeit und deren Kosten. Der Stücklohn ermöglicht in gewissen Industriezweigen sogar, daß die Arbeiter zu Hause arbeiten, wodurch für den Kapitalisten eine Menge von Anlage= und Betriebskosten (für Heizung, Beleucht= ung, Grundrente 2c.) erspart werden und damit ein Theil von Kapital für ihn verfügbar wird, das er sonst hätte festlegen müssen. In Gewerben, in denen die Hausarbeit verbreitet ist, z. B. Schneiderei oder Schuhmacherei, kommt es vor, daß Meister von Gesellen, welche bei ihnen in der Werkstatt, statt zu Hause arbeiten, für den Platz und Arbeitszubehör Miethe verlangen! Die Arbeiter müssen das Vergnügen, sich unter dem „Auge des Herrn" schinden zu dürfen, noch extra theuer bezahlen.

Das persönliche Interesse des Arbeiters treibt diesen unter dem Stücklohnsystem dazu, so intensiv und so lange als möglich zu arbeiten, um seinen Tag= oder Wochenlohn so viel als möglich zu steigern. Er sieht nicht, daß seine Ueberarbeit ihn nicht nur körperlich ruinirt — Akkordarbeit ist Mordarbeit, sagt das Sprich=

wort — sondern auch den Preis seiner Arbeit zu senken strebt.
Und wenn er das einsieht, so ist er doch nicht im Stande, sich
dem Zwangsgesetze der Konkurrenz mit seinen Mitarbeitern zu
entziehen. Diese Konkurrenz der Arbeiter gegeneinander und der
Schein der Freiheit und Selbständigkeit, den die Stückarbeit erweckt, vielfach auch ihre Isolirung von einander (bei der Hausarbeit) erschwert sehr die Organisation und das einmüthige Vor-
gehen dieser Arbeiter.

Und noch andere Nachtheile für den Arbeiter führt das
Stücklohn=System mit sich! So erlaubt es z. B. das Dazwischen-
schieben von Schmarotzerexistenzen zwischen den Arbeiter und den
Kapitalisten, Mittelspersonen, die davon leben, daß sie von dem
Arbeitslohn, den der Kapitalist zahlt, ein erkleckliches Stück für
sich abziehen. Das Stücklohn=System macht es aber auch möglich, daß der Kapitalist dort, wo die Arbeit von Arbeitergruppen
betrieben wird, nur mit den Führern der Gruppen Kontrakte
wegen der Lieferung der Produkte zu einem gewissen Preis per
Stück abschließt, und es diesen überläßt, ihre Unterarbeiter nach
eigenem Ermessen zu bezahlen. „Die Ausbeutung der Arbeiter
durch das Kapital verwirklicht sich hier vermittelst der Ausbeutung des Arbeiters durch den Arbeiter."

So nachtheilig der Stücklohn für den Arbeiter, so vortheilhaft für den Kapitalisten. Der Stücklohn ist auch die der kapitalistischen Produktionsweise entsprechende Form des Arbeitslohnes.
Er war im zünftigen Handwerk nicht ganz unbekannt. In größerem
Maßstabe ist er aber erst während der Manufakturperiode zur
Anwendung gekommen. Er diente in der Zeit des Aufkommens
der großen Industrie als einer der wichtigsten Hebel zur Verlängerung der Arbeitszeit und Senkung des Arbeitspreises.

5. Nationale Verschiedenheit der Arbeitslöhne.

Wir haben eine Reihe von Kombinationen gesehen, denen der Werth und der Preis der Arbeitskraft und dessen Verhältniß zum Mehrwerth unterliegen, bedingt durch Veränderungen in der Länge des Arbeitstages, der Intensität und der Produktivität der Arbeit. Gleichzeitig mit dieser Bewegung geht eine andere, diese durchkreuzende, vor sich in der Masse der Lebensmittel, in der der Preis der Arbeitskraft sich realisirt. Alle diese Veränderungen bedingen auch Veränderungen in der verwandelten Form des Preises der Arbeitskraft, im Arbeitslohn. So ist der Arbeitslohn in einem Lande in beständiger Bewegung und zu verschiedenen Zeiten verschieden. Dieser zeitlichen Verschiedenheit entspricht auch eine räumliche. Jedermann weiß, daß die Löhne in Amerika höher sind, als in Deutschland, in Deutschland höher als in Polen.

Die Vergleichung der Löhne verschiedener Nationen ist jedoch nicht ganz einfach. „Beim Vergleich nationaler Arbeitslöhne," sagt Marx, „sind alle den Wechsel in der Werthgröße bestimmenden Momente zu erwägen, Preis und Umfang der natürlichen und historisch entwickelten ersten Lebensbedürfnisse, Erziehungskosten des Arbeiters, Rolle der Weiber= und Kinderarbeit, Produktivität der Arbeit, ihre extensive und intensive Größe. Selbst die oberflächlichste Vergleichung erheischt, zunächst den Durchschnitts=Tagelohn für dieselben Gewerbe in verschiedenen Ländern auf gleich große Arbeitstage zu reduziren. Nach solcher Ausgleichung der Tagelöhne muß der Zeitlohn wieder in Stücklohn übersetzt werden, da nur der letztere ein Gradmesser sowohl für die Produktivität als die intensive Größe der Arbeit."

Der absolute Preis der Arbeit kann bei einer Nation verhältnißmäßig sehr hoch stehen und doch der verhältnißmäßige Arbeitslohn, das heißt der Arbeitspreis verglichen mit dem Mehrwerth oder dem Werth des Gesammtprodukts, und der wirkliche Lohn, das heißt die Menge der dem Arbeiter für den Lohn erreichbaren Lebensmittel, sehr niedrig sein.

Bei Nationen, bei denen die kapitalistische Produktionsweise mehr entwickelt, ist die Produktivität und Intensität der Arbeit eine größere als bei solchen, die in der Entwicklung dieser Produktionsweise zurückgeblieben. Auf dem Weltmarkt gilt aber die produktivere nationale Arbeit, gleich der intensiveren, als größeren Werth bildend.

Nehmen wir an, in Rußland verspinne ein Baumwollspinner, schlecht genährt und entwickelt, überangestrengt, mit schlechten Maschinen arbeitend, in einer Stunde durchschnittlich 1 Pfund Baumwolle; ein englischer Spinner dagegen 6 Pfund; 1 Pfund russisches Garn wird deswegen auf dem Weltmarkt nicht größeren Werth haben, als ein Pfund englisches. Die Spinnarbeit in England erzeugt daher in derselben Zeit mehr Werth, als die in Rußland; der Werth ihres Produkts während der gleichen Zeit verkörpert sich in England in einer größeren Menge Gold, als in Rußland. Es kann demnach der Geldausdruck des Lohnes in einem kapitalistisch entwickelten Lande höher stehen, als in einem unentwickelten und doch der Preis der Arbeit im Verhältniß zum Mehrwerth ein viel niedrigerer sein, weil eben der Werth des Gesammtprodukts ein höherer.

Aber in dem Lande, in dem die Produktivität der Arbeit eine größere, ist auch der Werth des Geldes ein geringerer. Es kann demnach der Preis der Arbeitskraft ein höherer sein, ohne daß der Arbeiter im Stande ist, mit seinem höheren Lohn mehr Lebensmittel zu kaufen.

Bei großen Unternehmungen außerhalb Englands, z. B. Eisenbahnbauten in Asien, waren die englischen Unternehmer gezwungen, neben billigen einheimischen auch theure englische Arbeiter anzuwenden. Die Erfahrung hat bei diesen und ähnlichen

Gelegenheiten gelehrt, daß die anscheinend theuerste Arbeit in
Wirklichkeit die billigste ist, im Verhältniß zur Arbeitsleistung
und zum Mehrwerth.

Die russische Industrie mit den elendesten Löhnen und der
unbeschränktesten Ausbeutung der Arbeit fristet nur mit Hilfe der
Prohibitivzölle ein erbärmliches Dasein. Sie kann nicht konkurriren mit der englischen Industrie, die mit verhältnißmäßig
hohen Löhnen und kurzer Arbeitszeit, mit zahlreichen Beschrän-
kungen der Frauen- und Kinderarbeit, Gesundheitsvorschriften u. s. w.
produzirt. Der absolute Preis der russischen Arbeit, ihr Ausdruck in Geld, ist niedrig. Ihr relativer Preis im Verhältniß zum Werth ihres Produktes auf dem Weltmarkt, ist hoch.

Zweites Kapitel.

Das Kapitaleinkommen.

Wir haben gesehen, wie aus Geld Kapital wird und wie der Lohnarbeiter durch seine Arbeit nicht nur den Werth des für die nöthigen Produktionsmittel verausgabten Kapitaltheils erhält, sondern auch neuen Werth schafft, der gleich ist dem Werth seiner Arbeitskraft plus einem Mehrwerth.

Die Bewegung des Kapitals ist jedoch mit dem Erscheinen des Mehrwerthes nicht abgeschlossen. Sowie die Waare ihren Beruf verfehlt hat, die sich nicht in Geld verwandelt, so auch der Mehrwerth, der ja zunächst ebenfalls in einer bestimmten Waarenmenge, im Mehrprodukt, feststeckt. Nachdem der Mehr=werth in Form von Mehrprodukt produzirt worden, heißt es, seinen Werth in Geld realisiren, die produzirten Waaren an den Mann bringen. Auf dem Weg zur Realisirung begegnen dem Mehrwerth, wie jedem anderen Werth, eine Menge von Abenteuern, theils lustiger, theils trauriger Natur. Heute wird er zu einem übermäßig hohen Preis realisirt, morgen zu einem unverhältnißmäßig niedrigen, oder gar nicht. Einmal wird die Waare, in der er verkörpert, von einem Käufer gesucht, ehe sie noch auf dem Markte erschienen, ein andermal bleibt sie jahrelang als Ladenhüter liegen, und so weiter. Und nach und während diesen Fährlichkeiten drohen ihm noch andere Gefahren. Hier ist es der Kaufmann, der den Verkauf der Waaren besorgt und

13*

dafür ein Stück vom Mehrwerth abreißt und als Handelsgewinn einsackt. Dort ist Grundrente an den Grundbesitzer zu zahlen, dann Steuern, dann Zinsen für gepumptes Geld u. s. w., bis der Rest als Profit in den Taschen unseres Kapitalisten verschwindet.

Alle die Abenteuer und Verwandlungen, die der Mehrwerth auf diesem Wege durchmacht, haben uns hier nicht zu beschäftigen. Sie gehören theils in das Gebiet des Zirkulationsprozesses des Kapitals, der von Marx im zweiten Buche seines Werkes behandelt wird, theils sind sie zu entwickeln bei der Untersuchung des Gesammtprozesses der kapitalistischen Produktionsweise, die wir im dritten Buche zu erwarten haben. Das erste Buch des „Kapital" behandelt nur die eine Seite des Gesammtprozesses, den unmittelbaren Produktionsprozeß; nur soweit der Mehrwerth auf diesen einwirkt, haben uns seine weiteren Schicksale, nachdem er einmal produzirt worden, hier zu beschäftigen. Wir nehmen also an, wie stets bisher, wo nicht das Gegentheil ausdrücklich vorausgesetzt worden, der Kapitalist verkaufe seine Waaren auf dem Waarenmarkt zu ihrem vollen Werth; wir nehmen ferner an, der Mehrwerth fließe ganz und unverkürzt dem Kapitalisten wieder zurück. Die gegentheilige Annahme würde blos die Untersuchung kompliziren und erschweren, ohne an ihrem wesentlichen Ergebniß etwas zu ändern.

Der Mehrwerth kann auf den Produktionsprozeß nur Einfluß nehmen bei der Reproduktion, bei der Wiederholung des Produktionsprozesses.

Jeder gesellschaftliche Produktionsprozeß ist zugleich auch Reproduktionsprozeß, die Produktion muß in jeder Gesellschaftsform entweder ununterbrochen vor sich gehen oder sich in bestimmten Zeitabschnitten wiederholen. Damit ist auch für jede Gesellschaftsform die Nothwendigkeit gegeben, fortwährend nicht nur Konsumtionsmittel, sondern auch Produktionsmittel herzustellen.

Wenn die Produktion kapitalistische Form annimmt, dann natürlich auch die Reproduktion. Ist es für jede Gesellschaft nothwendig, ununterbrochen oder in regelmäßig wiederkehrenden Zeitabschnitten Gebrauchswerthe zu produziren, so ist es für das Kapital nothwendig, fortwährend Mehrwerth zu produziren, den Mehrwerth beständig zu reproduziren, wenn es Kapital bleiben soll. Nachdem es einmal Mehrwerth geheckt, muß es verwendet werden, solchen zum zweitenmal zu hecken u. s. w. Das Kapital produzirt also immer wieder von neuem Mehrwerth, es reproduzirt ihn. Dieser erscheint als immer wieder sich erneuernde Frucht des in Bewegung begriffenen Kapitals, als stetiges Einkommen aus dem Kapital, als Revenue.

Soviel über den Mehrwerth, soweit er der Reproduktion entspringt. Aber der Reproduktionsprozeß bietet dem Mehrwerth auch Gelegenheit, wieder in den Produktionsprozeß einzugehen. Nehmen wir an, ein Kapitalist wende ein Kapital von 100 000 Mark an, das ihm jährlich eine Revenue von 20 000 Mark abwirft. Was wird er mit dieser anfangen? Zwei äußerste Fälle sind möglich: entweder konsumirt er den ganzen jährlichen Betrag des Mehrwerths, oder er vermehrt sein Kapital um diesen Betrag. Meistentheils wird weder der eine noch der andere dieser beiden extremen Fälle eintreten, sondern es wird der Mehrwerth zum Theil konsumirt und zum Theil zum früheren Kapital zugeschlagen werden.

Wird der ganze Mehrwerth konsumirt, dann bleibt das Kapital nach wie vor auf gleicher Höhe. Es findet einfache Reproduktion statt. Wird der Mehrwerth ganz oder zum Theil zum Kapital geschlagen, dann findet Akkumulation (Anhäufung) von Kapital statt, und die Reproduktion geht auf erweiterter Stufenleiter vor sich.

Drittes Kapitel.

Einfache Reproduktion.

Die einfache Reproduktion ist nur Wiederholung des Produktionsprozesses auf gleicher Stufenleiter. Indeß erhält dieser durch die Wiederholung eine Reihe neuer Merkmale.

Nehmen wir an, ein Geldbesitzer, der sein Geld irgend wie, vielleicht durch Arbeit, erworben, verwandle dies in Kapital. Er besitze 10000 Mark, 9000 lege er in konstantem Kapital aus, 1000 in variablem, in Arbeitslohn. Mit Anwendung dieses Kapitals erzeuge er eine Produktenmenge im Werth von 11000 Mark, die er auch zu ihrem vollen Werth verkaufe. Der Mehrwerth von 1000 Mark wird von ihm konsumirt, die Reproduktion geht auf der alten Stufenleiter weiter: 9000 Mark werden in konstantem, 1000 Mark in variablem Kapital ausgelegt. Wir sehen aber jetzt einen Unterschied gegen früher: die 1000 Mark, die während des ersten Produktionsprozesses in Arbeitslohn ausgegeben wurden, waren nicht durch die Arbeit der in dem Unternehmen beschäftigten Arbeiter erzeugt worden, sie waren aus einer anderen Quelle geflossen; vielleicht hatte sie der Kapitalist selbst erarbeitet. Woher stammen dagegen die 1000 Mark, die bei der Wiederholung des Produktionsprozesses in Arbeitslohn verausgabt werden? Sie sind die Realisirung eines von den Arbeitern während des früheren Produktionsprozesses erzeugten Werthes. Die Arbeiter haben nicht nur den

Werth des konstanten Kapitals (9000 Mark) auf das Produkt übertragen, sondern neuen Werth (im Betrag von 2000 Mark) geschaffen, davon ein Theil (1000 Mark) gleich dem Werth ihrer Arbeitskraft, ein Theil Mehrwerth.

Betrachten wir den kapitalistischen Produktionsprozeß als einmaligen Produktionsprozeß (oder erstmaligen, bei der ersten Anlage eines Kapitals), dann erscheint der Arbeitslohn als Vorschuß aus der Tasche des Kapitalisten. Betrachten wir den kapitalistischen Produktionsprozeß als Reproduktionsprozeß, dann sehen wir den Arbeiter aus dem Produkt seiner eigenen Arbeit bezahlt. In diesem Sinne ist es richtig, daß der Arbeiter im Lohn einen Antheil am Produkt seiner Arbeit erhält. Nur ist es das bereits verkaufte Produkt einer früheren Produktionsperiode, von dem er im Arbeitslohn einen Antheil erhält.

Kehren wir zu unserem Beispiel zurück. Nehmen wir an, jede Produktionsperiode nehme ein halbes Jahr in Anspruch. In jedem Jahr sackt unser Kapitalist 2000 Mark Mehrwerth ein und konsumirt sie. Nach 5 Jahren hat er 10 000 Mark konsumirt, einen Werth, gleich dem seines ursprünglichen Kapitals. Er besitzt aber nach wie vor einen Kapitalwerth von 10 000 Mark.

Dieser neue Kapitalwerth ist an Größe dem ursprünglichen gleich, aber seine Grundlage ist eine andere. Die ursprünglichen 10 000 Mark stammten nicht aus der Arbeit der in seinem Betrieb beschäftigten Arbeiter, sondern aus einer anderen Quelle. Aber diese 10 000 Mark hat er innerhalb 5 Jahren verzehrt; wenn er daneben noch 10 000 Mark besitzt, so stammen sie aus dem Mehrwerth. So verwandelt sich jedes Kapital, möge es aus welcher Quelle immer entsprungen sein, schon vermöge einfacher Reproduktion nach einer gewissen Zeit in kapitalisirten Mehrwerth, in den Ertrag überschüssiger fremder Arbeit, in akkumulirtes Kapital.

Der Ausgangspunkt des kapitalistischen Produktionsprozesses

ist die Scheidung des Arbeiters von den Produktionsmitteln, die Anhäufung besitzloser Arbeiter auf der einen, die Anhäufung von Produktionsmitteln und Lebensmitteln auf der anderen Seite. Im kapitalistischen Reproduktionsprozeß erscheinen diese Ausgangspunkte als Resultate des Produktionsprozesses. Der kapitalistische Reproduktionsprozeß selbst erzeugt immer wieder und erhält damit seine eigenen Bedingungen, das Kapital und die Klasse der Lohnarbeiter.

Die Lebensmittel und Produktionsmittel, welche die Lohnarbeiter erzeugen, gehören nicht ihnen, sondern den Kapitalisten. Die Lohnarbeiter kommen beständig wieder aus dem Produktionsprozeß heraus, wie sie in ihn eintraten, als besitzlose Proletarier; die Kapitalisten dagegen finden sich am Ende jeder Produktionsperiode immer wieder von Neuem im Besitz von Lebensmitteln, die Arbeitskräfte kaufen, von Produktionsmitteln, die Produzenten anwenden.

So erzeugt der Arbeiter selbst immer wieder die Vorbedingungen seiner Abhängigkeit und seines Elends.

Der Reproduktionsprozeß des Kapitals macht aber auch die Reproduktion der Arbeiterklasse nothwendig.

So lange wir den Produktionsprozeß als einmaligen und damit vereinzelten Vorgang untersuchten, hatten wir es nur zu thun mit dem einzelnen Kapitalisten und dem einzelnen Arbeiter. Hier schien die Arbeitskraft und damit der Arbeiter, der von ihr nicht losgelöst werden kann, dem Kapitalisten nur während der Zeit ihres produktiven Konsums zu gehören, während des Arbeitstages. Die andere Zeit über gehörte der Arbeiter sich selbst und seiner Familie. Wenn er aß, trank, schlief, so that er das blos für sich selbst, nicht für den Kapitalisten.

Sobald wir aber die kapitalistische Produktionsweise in ihrem Fluß und Zusammenhang betrachten, also als Reproduktionsprozeß, so haben wir es von vornherein zu thun nicht mit dem einzelnen Kapitalisten und Arbeiter, sondern mit der Klasse der Kapitalisten und der Klasse der Arbeiter. Der Reproduktionsprozeß des Kapitals erheischt die Verewigung der Arbeiterklasse, das heißt, damit der Produktionsprozeß immer wieder erneuert werden könne, müssen die Arbeiter ihre verausgabte Arbeitskraft immer wieder herstellen und für den steten Nachwuchs frischer Arbeiter sorgen. Das Kapital befindet sich in der angenehmen Lage, die Erfüllung dieser wichtigen Verrichtungen getrost dem Selbsterhaltungs= und Fortpflanzungstrieb der Arbeiter überlassen zu können.

Die Arbeiter leben anscheinend außerhalb der Arbeitszeit nur für sich; sie leben aber in Wirklichkeit, auch wenn sie „müssig gehen," für die Kapitalistenklasse. Wenn sie nach gethaner Arbeit essen, trinken, schlafen u. s. w., so erhalten sie dadurch die Klasse der Lohnarbeiter und damit die kapitalistische Produktionsweise. Wenn der Kapitalist — der Brotherr, wie man ihn in patriarchalischen Zeiten nannte, der Arbeitgeber, wie ihn die deutsche Katheder=Oekonomie getauft hat — wenn der dem Arbeiter seinen Lohn auszahlt, so giebt er ihm damit nur die Mittel, sich, und soweit an ihm, seine Klasse, für die Kapitalistenklasse zu erhalten.

Dadurch aber, daß die Arbeiter die Lebensmittel konsumiren, die sie für ihren Lohn kaufen, werden sie immer wieder von Neuem gezwungen, ihre Arbeitskraft feilzubieten.

So ist, vom Standpunkt der Reproduktion aus, der Arbeiter nicht nur während seiner Arbeitszeit, sondern auch während seiner „freien" Zeit im Interesse des Kapitals thätig. . Er ißt und trinkt nicht mehr für sich, sondern um der Kapitalistenklasse seine Arbeitskraft zu erhalten. Wie der Arbeiter ißt und trinkt, ist daher dem Kapitalisten gar nicht gleichgiltig. Wenn Jener am Sonntag sich besäuft, so daß er am Montag einen Katzenjammer hat, statt seine Arbeitskraft auszuruhen und zu erneuern, so erscheint ihm das nicht als eine Schädigung der eigenen Interessen

des Arbeiters, sondern als ein Verbrechen am Kapital, eine Ver-
untreuung von Arbeitskraft, die dem Kapital gebührt.

Nicht mehr die jeweilig gekaufte Arbeitskraft, sondern
der ganze Arbeiter, die ganze Arbeiterklasse erscheint vom
Standpunkt des Reproduktionsprozesses als Zubehör des Kapitals.
Wo der Arbeiter das nicht einsieht, und die Mittel hat, sich dem
zu entziehen, z. B. durch Auswanderung, trägt der Kapitalist
unter Umständen kein Bedenken, ihm durch gesetzlichen Zwang
darzuthun, daß er sich nicht für sich, sondern für das Kapital
zu erhalten und fortzupflanzen habe. So war früher z. B. die
Auswanderung geschickter Arbeiter in den meisten Staaten durch
Zwangsgesetze verboten. Heute ist das nicht nothwendig. Die
kapitalistische Produktionsweise ist so stark geworden, daß ihre
Gesetze sich in der Regel als ökonomische Zwangsgesetze ohne
politische Nachhilfe vollziehen. Der Arbeiter ist heute mit unsicht-
baren Fesseln an das Kapital gebunden, und er findet das Kapital
überall, wohin er sich wendet.

Unseren „Sozialreformern" erscheint diese Abhängigkeit von
der Kapitalistenklasse im Allgemeinen freilich nicht weitgehend
genug. Fesselung des Arbeiters an den einzelnen Kapitalisten
durch Einschränkung der Freizügigkeit, Einrichtung raffinirter
Systeme von Arbeiterhäusern und ähnliche „Reformen" bilden
hre Heilmittel zur „Lösung der sozialen Frage."

Viertes Kapitel.

Verwandlung von Mehrwerth in Kapital.

---

1. Wie Mehrwerth Kapital wird.

Der Fall, daß der Kapitalist den ganzen Mehrwerth kon=
sumirt, ist die Ausnahme. In der Regel verwandelt er den
Mehrwerth, wenigstens zum Theil, wieder in Kapital. „An=
wendung von Mehrwerth als Kapital oder Rückverwandlung von
Mehrwerth in Kapital heißt Akkumulation des Kapitals."

Der Vorgang ist leicht zu veranschaulichen. Erinnern wir uns
des Beispiels im vorigen Kapitel. Ein Kapital von 10 000 Mark
werfe seinem Anwender einen jährlichen Mehrwerth von 2000 Mark
ab. Wenn der Kapitalist diese nicht verzehrt, sondern zu seinem
ursprünglichen Kapital schlägt, so wird er ein Kapital von
12 000 Mark besitzen, das, unter den gleichen Bedingungen,
einen jährlichen Mehrwerth von 2400 Mark einbringt. Diese
wieder zum Kapital geschlagen, lassen es auf 14 400 Mark
anwachsen, den jährlichen Mehrwerth auf 2880 Mark; der gleiche
Vorgang, im nächsten Jahre wiederholt, ergiebt ein Kapital von
17 280 Mark, das einen Mehrwerth von 3456 Mark liefert,
zusammen 20 736 Mark und so fort. Nach vier Jahren hat
sich das Kapital in Folge der Akkumulation des Mehrwerthes
mehr als verdoppelt.

Ob der ganze Mehrwerth oder nur ein Theil desselben akkumulirt wird, kommt für uns hier noch nicht in Frage. Ebensowenig ist für die jetzige Untersuchung von Bedeutung, in welcher Weise der Mehrwerth akkumulirt wird, ob er zusätzliches oder neues Kapital bildet. Ein Besitzer einer Spinnfabrik kann den Mehrwerth dazu benutzen, seine Fabrik zu vergrößern, mehr Maschinen und mehr Arbeiter einzustellen, mehr Rohstoff zu kaufen; er kann ihn aber auch benutzen zum Bau einer neuen Spinnerei, oder zur Anlage eines ganz anderen Geschäftes, einer Weberei oder eines Kohlenbergwerks u. s. w. Wie immer die Anwendung des Mehrwerthes sei, stets wird er in diesem Falle in Kapital zurückverwandelt, in Mehrwerth heckenden Werth.

Damit aber der Mehrwerth Kapital werde, muß er, nachdem er die Verwandlung aus Waare in Geld durchgemacht, wieder die Verwandlung von Geld in die entsprechenden Waaren durchmachen. Nehmen wir z. B. einen Baumwollspinner. Er habe sein Garn verkauft und besitze jetzt neben dem ursprünglich vorgeschossenen Kapital auch den Mehrwerth in Geldform. Neben dem ursprünglichen Kapital soll nun auch dieser Mehrwerth sich in neues Kapital verwandeln. Dies ist nur möglich, wenn er auf dem Markte eine entsprechend vermehrte Menge von Waaren findet, die ihm als Produktionsmittel dienen können: soll der Mehrwerth zuschüssiges Kapital werden, so müssen zuschüssige Rohstoffe — in unserem Beispiel Baumwolle —, zusätzliche Arbeitsmittel — wie Maschinen —, zusätzliche Lebensmittel zur Erhaltung von mehr Arbeitskräften und endlich zusätzliche Arbeitskräfte vorhanden sein, das heißt, die materiellen Vorbedingungen einer Erweiterung der Produktion müssen gegeben sein, ehe eine Akkumulation von Kapital möglich ist.

Der Baumwollspinner darf aber erwarten, daß er die nöthigen zusätzlichen Produktionsmittel auf dem Waarenmarkt

findet. Denn nicht in der Spinnerei allein, auch in den Baum=
wollpflanzungen, den Maschinenfabriken, den Kohlengruben u. s. w.
wird gleichzeitig Mehrwerth produzirt, also auch Mehrprodukt.

Faßt man nicht den Mehrwerth ins Auge, der im Jahr
dem einzelnen Kapitalisten zufällt, sondern die Jahressumme des
Mehrwerthes, die die gesammte Kapitalistenklasse sich aneignet,
dann ergibt sich die Regel: Der Mehrwerth kann sich nicht (ganz
oder zum Theil) in Kapital verwandeln, wenn nicht das Mehr=
produkt (ganz oder zum entsprechenden Theil) aus Produktions=
mitteln und aus Lebensmitteln für Arbeiter besteht.

Woher aber die zuschüssigen Arbeiter nehmen? Darüber
braucht sich der Kapitalist keine grauen Haare wachsen zu lassen;
es genügt, daß er den Arbeitern im Lohn das zu ihrer Lebens=
fristung Nöthige giebt, für ihre Fortpflanzung und Vermehrung
sorgen sie selber.

Die Arbeiterklasse produzirt selbst die zuschüssigen
Arbeiter, die nöthig sind zur Erweiterung der Pro=
duktion, zur Reproduktion auf erweiterter Stufenleiter.

Wir sahen, daß bereits unter der Voraussetzung einfacher
Reproduktion nach einer Reihe von Jahren jedes Kapital ein
akkumulirtes, aus bloßem Mehrwerth bestehendes wird. Aber
ein solches Kapital kann wenigstens bei seinem Inslebentreten
den Ertrag der Arbeit seines Besitzers darstellen. Anders das
Kapital, das von vorneherein aus akkumulirtem Mehrwerth ent=
sprossen. Es ist von vorneherein unverhüllt der Ertrag der
Arbeit solcher, die es nicht besitzen. Akkumulation von Mehr=
werth heißt Aneignung unbezahlter Arbeit zum Behuf erweiterter
Aneignung unbezahlter Arbeit.

Welch' ein Widerspruch gegen die Grundlagen des Waaren=
austausches! Wir haben gesehen, daß der Waarenaustausch
ursprünglich einerseits das Privateigenthum des Waarenproduzenten
an seinem Produkt bedingt und andererseits den Austausch gleicher

Werthe, so daß keiner in den Besitz eines Werthes gelangen
konnte außer durch eigene Arbeit oder durch Hingabe eines
gleichen Werthes.

Jetzt finden wir als Grundlagen der kapitalistischen Pro=
duktionsweise auf der einen Seite die Trennung des Arbeiters
vom Produkt seiner Arbeit; Derjenige, der das Produkt erzeugt
und Derjenige, der es besitzt, sind nun zwei verschiedene Per=
sonen; und auf der anderen Seite finden wir die Aneignung von
Werth ohne Hingabe eines gleichen Werthes, den Mehrwerth.
Und obendrein finden wir den Mehrwerth jetzt nicht nur als
Resultat, sondern auch als Grundlage des kapitalistischen
Produktionsprozesses. Aus Kapital wird nicht nur Mehrwerth,
aus Mehrwerth wird auch Kapital, so daß schließlich die größte
Masse alles Reichthums aus Werth besteht, der ohne Gegenwerth
angeeignet worden.

Diese Verkehrung der Grundlagen der Waarenproduktion in
ihr Gegentheil erfolgte jedoch nicht im Widerspruch mit ihren
Gesetzen, sondern auf Grundlage derselben.

Ganz so nothwendig, wie die Waarenproduktion auf einem
gewissen Entwicklungsgrad kapitalistische Waarenproduktion wird
— ja nur auf der Grundlage der kapitalistischen Produktionsweise
wird die Waare zur allgemeinen, herrschenden Form des Pro=
dukts — ganz so nothwendig schlagen die Eigenthumsgesetze der
Waarenproduktion in Gesetze der kapitalistischen Aneignung um.
Man bewundere daher die Pfiffigkeit Proudhon's, der das kapita=
listische Eigenthum abschaffen will, indem er — die ewigen Eigen=
thumsgesetze der Waarenproduktion geltend macht!"

2. Die Enthaltsamkeit des Kapitalisten.

Wir betrachteten bisher nur die beiden extremen Fälle, wenn
der Mehrwerth völlig konsumirt oder völlig akkumulirt wird.
Aber, wie schon erwähnt, in der Regel wird nur ein Theil des

Mehrwerthes konsumirt, ein Theil akkumulirt. Der erste Theil wird als Revenue im engeren Sinne betrachtet.

Es hängt vom Belieben des Kapitalisten ab, einen wie großen Theil des Mehrwerths er konsumiren will, ein wie großer Theil in Kapital verwandelt werden soll. Die Entscheidung darüber erregt einen argen Zwiespalt in seinem Innern.

Mit Faust kann er ausrufen:

> „Zwei Seelen wohnen, ach! in meiner Brust,
> Die eine will sich von der andren trennen;
> Die eine hält, in derber Liebeslust,
> Sich an die Welt mit klammernden Organen;
> Die andre hebt gewaltsam sich vom Dust
> Zu den Gefilden" — wo Dukaten wachsen.

Ja, im Kapitalisten wiederholt sich in eigenthümlicher Weise der alte Zwiespalt zwischen Fleischeslust und Askese, zwischen Heidenthum und Christenthum. Verlangend schielt der Kapitalist nach den Freuden dieser Welt, aber jeder Genuß erscheint ihm sündhaft, den er nicht umsonst haben kann.

Der Theil des Mehrwerthes, den der Kapitalist persönlich konsumirt, ist in der Regel keine willkürliche, sondern eine historisch bestimmte Größe; bestimmt, wie der Lohn des Arbeiters durch die gewohnheitsmäßige, „standesgemäße" Lebenshaltung der betreffenden Gesellschaftsschicht.

Wie der Arbeiter, wenn auch in anderem Sinne, gehört auch der Kapitalist für seine ganze Lebenszeit dem Kapital. Er wird durch die Konkurrenz nicht nur gezwungen, die Gesetze der kapitalistischen Produktionsweise in seinem Unternehmen zu vollstrecken, auch sein Privatleben unterliegt deren Forderungen. Lebt er zu flott, haut er über die Schnur, so heißt es: er ist ein Verschwender, sein Kredit sinkt. Ist er geizig, macht er nicht den standesgemäßen Aufwand, so erweckt das den Anschein, als werfe sein Geschäft nicht den durchschnittlichen Ertrag ab, sein

Kredit leidet ebenfalls. So wird der Kapitalist gezwungen, einen gewissen, für bestimmte Zeiten und Kreise bestimmten Theil seines Mehrwerths zu konsumiren. Diese Größe ist jedoch eine viel elastischere, als die des Arbeitslohnes.

Für denjenigen Theil des Mehrwerths, der akkumulirt werden soll, giebt es jedoch gar keine Grenzen, außer der Gesammtmasse des Mehrwerthes selbst und der elastischen Lebenshaltung des Kapitalisten. Je mehr akkumulirt wird, desto besser. Die kapitalistische Produktionsweise selbst macht eine fortwährende Akkumulation von Kapital zur Nothwendigkeit. Wir haben gesehen, wie mit der technischen Entwicklung die Kapitalsumme immer größer wird, die zur Einrichtung und zum Betrieb eines Unternehmens in einem bestimmten Arbeitszweig nothwendig ist, wenn die Produkte unter Aufwendung durchschnittlich nothwendiger Arbeit erzeugt werden sollen. Wenn in einem Arbeitszweige heute z. B. 20 000 Mark die Minimalsumme sind, die in einem Unternehmen angelegt werden muß, um es konkurrenzfähig zu erhalten, so kann durch Einführung neuer Arbeitsmethoden, neuer, umfangreicher Maschinen ꝛc. nach 20 Jahren diese Minimalsumme auf 50 000 Mark erhöht worden sein. Der Kapitalist, der ursprünglich ein Unternehmen mit 20 000 Mark begann, es aber verabsäumte, genügenden Mehrwerth zu akkumuliren, so daß ihm etwa nach 20 Jahren statt 50 000 nur 30 000 Mark zur Verfügung stehen, wird wahrscheinlich konkurrenzunfähig und geht zu Grunde. Aber es bedarf dieses Sporns nicht, um den Kapitalisten zum Akkumuliren zu bewegen. Der Drang, um der Akkumulation willen zu akkumuliren, wird durch die moderne Produktionsweise im Kapitalisten ebenso entwickelt, wie auf einer früheren Stufe der Waarenproduktion im Schatzbildner die Gier, Gold und Silber aufzuhäufen und zu verschließen. So wie die Anhäufung von Schätzen hat die Akkumulation von Kapital keine Grenze in sich selbst, sie ist maßlos. Wie viel auch der Kapitalist besitzen möge, und wenn seine Revenue längst über seine Genußfähigkeit hinausgewachsen, er hastet weiter nach dem Erlös neuen Mehrwerthes, nicht um seine Genüsse, sondern um seine Kapitalien zu vermehren.

Die klassische Oekonomie hat die Folgen und Ursachen der Akkumulation auf der einen Seite und der Konsumtion der Kapitalistenklasse auf der anderen Seite ganz unbefangen erörtert. Sie beschäftigte sich mit der Akkumulation von Kapital nur von der ökonomischen, nicht von der moralischen Seite, was freilich sehr unmoralisch war.

Da begann aber das Proletariat zu erwachen und ein bestimmtes Klassenbewußtsein zu erlangen. Die Arbeiterbewegung begann sich von Ende der zwanziger Jahre an in England wie in Frankreich energisch fühlbar zu machen. Jetzt galt es nicht mehr, die ökonomischen Probleme zu untersuchen, es galt, das Kapital zu rechtfertigen. Man führte die „Ethik" in die Oekonomie ein, die würdige Dame wurde auf ihre alten Tage moralisch. Das Wissen wurde Nebensache, das „Gefühl" die Hauptsache, und mit Hilfe dieses Gefühls entdeckte man bald, daß der Kapitalist einen bewunderungswürdigen Heroismus an den Tag lege, wenn er, statt den Mehrwerth zu konsumiren, sich dessen enthalte und ihn akkumulire. Daß diesem neuen Säulenheiligen Verehrung und Dankbarkeit von Seiten der Arbeiter gebührten, verstand sich von selbst, ebenso aber auch, daß der Heilige, trotz der größten Enthaltung, von Dankbarkeit und Verehrung allein nicht leben konnte; und so wurde ihm denn zur Beförderung der satten Tugend und zahlungsfähigen Moral von Seiten der Oekonomen ein moralisches Anrecht auf eine Belohnung für die Akkumulirung unbezahlter Arbeit zugesprochen: das so gemein klingende Wort „Profit" wurde verklärt und es erstand der Entbehrungslohn.

8. Die Enthaltsamkeit des Arbeiters und andere Umstände, die auf den Umfang der Akkumulation einwirken.

Je größer die „Entsagung" des Kapitalisten, desto größer der Umfang der Akkumulation. Zum Glück für ihn giebt es aber noch andere Faktoren, welche auf den Umfang der Akkumulation bestimmend einwirken. Alles, was die Masse des Mehrwerthes erhöht, erweitert den Umfang der Akkumulation — unter sonst gleichen Umständen. Wir kennen bereits die Ursachen, die auf die Masse des Mehrwerthes bestimmend einwirken. Nur einige derselben seien hier erwähnt, die von dem jetzt gewonnenen Standpunkte aus neue Gesichtspunkte bieten. Eine der wichtigsten unter ihnen ist die Enthaltsamkeit des Arbeiters. Es ist klar, je geringer die Bezahlung des Arbeiters, desto größer die Rate des Mehrwerthes, desto größer bei gleichbleibendem Konsum des Kapitalisten der zur Akkumulirung gelangende Theil des Mehrwerthes. Alles, was den Werth der Arbeitskraft senkt oder geeignet ist, den Lohn unter diesen Werth herabdrücken zu lassen, fördert die Akkumulation des Kapitals. Daher die moralische Entrüstung des Kapitals und seiner Anwälte über den „Luxus" der Arbeiter, die den „Volkswohlstand" untergraben, indem sie Zigarren rauchen und Bier trinken. Die Fabel von dem Champagner, den sich 1872 einmal ein Arbeiter in Berlin geleistet haben soll, machte durch die ganze Kapitalistenpresse die Runde als eine vernichtende Brandmarkung der Arbeiterklasse.

Mit bewunderungswürdigem Erfindungsgeist hat die Kapitalistenwelt eine Unzahl von Einrichtungen und Methoden ersonnen, die die Entsagung des Arbeiters fördern, von der Rumford'schen Suppe bis zur Volksküche und dem Vegetarianismus. Marx führt einige bezeichnende Beispiele solcher Einrichtungen im „Kapital" an. Wir verweisen darauf Diejenigen, die sich mit dem Thema eingehender beschäftigen wollen.

Sehr unangenehm für den Kapitalisten ist es, daß jede Geschäftsausdehnung eine verhältnißmäßig hohe Auslage von konstantem Kapital erfordert; eine Auslage, die immer größer wird, je mehr die Maschinerie der großen Industrie sich vervollkommnet. Aber es bleibt ihm der süße Trost, daß, wenn einmal das zum Betrieb nöthige konstante Kapital vorhanden, die Produktion innerhalb gewisser Grenzen durch zuschüssiges variables Kapital erweitert werden kann, ohne daß gleichzeitig ein Zuschuß von konstantem Kapital in demselben Verhältniß nöthig ist. Wenn ein Fabrikant gute Geschäfte macht und er mehr produziren lassen will, kann er das vielleicht dadurch erreichen, daß er 2—3 Stunden länger arbeiten läßt. Er braucht keine neuen Maschinen anzuschaffen, kein neues Fabrikgebäude herzustellen, blos die Roh- und Hilfsstoffe sind zu vermehren.

Aber es giebt Industrien, die keinen Rohstoff zu kaufen haben, z. B. Bergwerke, oder nur geringen Rohstoffvorschuß zu machen haben, z. B. in der Landwirthschaft Samen und Dünger. Es sind das Industrien, die den Rohstoff der Erde entnehmen. In diesen genügt oft einfacher Arbeitszusatz, um die Masse des Produkts zu vermehren. Diese Vermehrung des Produkts ist allein der Erde und der Arbeit geschuldet, aber das Kapital hat sich beider bemächtigt und erlangt damit die Möglichkeit, „die Elemente seiner Akkumulation auszudehnen jenseits der scheinbar durch seine eigene Größe gesteckten Grenzen, gesteckt durch den Werth und die Masse der bereits produzirten Produktionsmittel, in denen es sein Dasein hat."

Sowie die Erde und den Arbeiter hat das Kapital sich auch die Wissenschaft zu eigen gemacht; obwohl es an der wissenschaftlichen Entwicklung als solches keinen Antheil hat, fallen ihm doch allein alle Früchte in den Schooß, die der Fortschritt der Wissenschaft erzeugt, indem er die Produktivität der Arbeit fördert. Er fördert damit die Akkumulation des Kapitals. Mit der Probuktivkraft der Arbeit sinkt der Werth der Arbeitskraft, steigt die Rate des Mehrwerthes; das Steigen der Produktivität der Arbeit ermöglicht es aber auch dem Kapitalisten, für seinen persönlichen Konsum eine größere Menge der im Werthe sinkenden Lebens- und Genußmittel ohne Mehrausgabe von Mehrwerth, oder dieselbe Menge, wie früher, mit geringerer Ausgabe zu erlangen, bequemer zu leben oder ohne Einschränkung mehr zu akkumuliren; oft Beides gleichzeitig.

Je größer das angewandte Kapital, desto produktiver die Arbeit, desto größer aber nicht nur die Rate, sondern auch die Masse des Mehrwerths, desto mehr kann der Kapitalist genießen und auch akkumuliren.

Man sieht bereits aus den gegebenen Andeutungen, daß das Kapital keine fixe, sondern eine sehr elastische Größe ist, die bedeutender Ausdehnungen und Verengerungen fähig ist; es bildet nur einen Theil des gesellschaftlichen Reichthums; es kann durch Zuschüsse aus anderen Theilen desselben, dem Konsumtionsfonds der Kapitalistenklasse und auch der Arbeiterklasse vermehrt, durch Abgaben an diese Fonds vermindert werden. Seine Wirkung wird vergrößert durch Verlängerung der Arbeitszeit, Vermehrung der Produktivität der Arbeit, größere Ausbeutung der Erde. Wir sehen hier ganz ab von den Verhältnissen des Zirkulationsprozesses, z. B. Beschleunigung oder Verlangsamung des Umschlags des Kapitals, wir sehen auch ab von den Verhältnissen des Kreditsystems, die für die Ausdehnung und Einschränkung des Kapitals und seines Spielraums von so großer Bedeutung sind. Diese können hier noch nicht behandelt werden. Aber bereits die Verhältnisse des Produktionsprozesses zeigen uns die Elastizität des Kapitals. Bei den Oekonomen gilt jedoch das Kapital als eine bestimmte Größe mit bestimmtem Wirkungsgrad. So erscheint ihnen auch das variable Kapital als eine fixe Größe, der sogenannte Arbeitsfonds. „So und so viel Kapital,“

sagen sie, „ist bestimmt, als Bezahlung der Arbeiter zu dienen. Je mehr Arbeiter, desto geringer der Antheil, der auf jeden einzelnen fällt; je weniger Arbeiter, desto größer dieser Antheil." Das variable Kapital wurde auch den Lebensmitteln, die es für den Arbeiter repräsentirt, gleichgesetzt, und man sagte: „Die Zahl der Arbeiter, die in einem Lande beschäftigt werden und die Höhe ihres Lohnes hängt von der Menge der vorhandenen Lebensmittel ab. Ist der Lohn zu niedrig oder können viele Arbeiter keine Beschäftigung finden, so rührt dies blos daher, daß die Zahl der Arbeiter sich schneller vermehrt, als die der Lebensmittel. Es ist die Natur, nicht die Produktionsweise, der das Elend der Arbeiterklasse geschuldet."

Auf diesen Voraussetzungen baute sich die sogenannte Malthus'sche Theorie auf.

Fünftes Kapitel.

Die Uebervölkerung.

---

1. Das „eherne Lohngesetz."

Die Malthusianer erklären bekanntlich, daß die Arbeiter in Folge ihrer „leichtsinnigen Gewohnheiten" sich rascher vermehren, als die Masse der verfügbaren Lebensmittel, oder um genauer zu sprechen, das variable Kapital, anwachsen kann. Auf diese Weise komme es, daß eine Uebervölkerung eintrete, daß mehr Arbeiter sich den Kapitalisten anböten, als diese beschäftigen könnten, daß die verfügbaren Lebensmittel nicht für alle vorhandenen Arbeiter hinreichten, daß also, so lange die Vermehrung der Arbeiter nicht eingeschränkt werde, Arbeitslosigkeit und Hunger und alles daraus folgende Laster und Elend naturnothwendig das Loos mindestens eines Theils der Arbeiterklasse seien.

So die Malthusianer. Untersuchen wir nun an der Hand von Marx, wie die Wechselbeziehungen zwischen dem Wachsthum des Kapitals und der Vermehrung der Arbeiterklasse sich in Wirklichkeit gestalten.

„Der wichtigste Faktor bei dieser Untersuchung," sagt Marx (S. 628 der 3., S. 576 der 4. Aufl. des „Kapital." In der 1. und 2. Aufl. fehlt diese Auseinandersetzung), „ist die Zusammensetzung des Kapitals und die Veränderungen, die sie im Verlaufe des Akkumulationsprozesses durchmacht."

„Die Zusammensetzung des Kapitals ist in zweifachem Sinn zu fassen. Nach der Seite des Werths bestimmt sie sich durch das Verhältniß, worin es sich theilt in konstantes Kapital oder Werth der Produktionsmittel und variables Kapital oder Werth der Arbeitskraft, Gesammtsumme der Arbeitslöhne. Nach der Seite des Stoffs, wie er im Produktionsprozeß fungirt, theilt sich jedes Kapital in Produktionsmittel und lebendige Arbeitskraft; diese Zusammensetzung bestimmt sich durch das Verhältniß zwischen der Masse der angewandten Produktionsmittel einerseits und der zu ihrer Anwendung erforderlichen Arbeitsmenge andererseits. Ich nenne die erstere die Werthzusammensetzung, die zweite die technische Zusammensetzung des Kapitals. Zwischen beiden besteht enge Wechselbeziehung. Um diese auszudrücken, nenne ich die Werthzusammensetzung des Kapitals, insofern sie durch seine technische Zusammensetzung bedingt wird und deren Aenderungen widerspiegelt: die organische Zusammensetzung des Kapitals. Wo von der Zusammensetzung des Kapitals kurzweg die Rede, ist stets seine organische Zusammensetzung zu verstehen."

Diese ist bei den verschiedenen Einzelkapitalien verschieden. Wir nehmen im Folgenden die durchschnittliche Zusammensetzung des gesellschaftlichen Kapitals eines Landes an.

Gehen wir nach diesen Vorbemerkungen an unsere Untersuchung.

Vor Allem betrachten wir den einfachsten Fall: die Akkumulation gehe vor sich ohne Veränderung in der Zusammensetzung des Kapitals, das heißt, ein bestimmtes Maß von Produktionsmitteln erheische stets dieselbe Masse Arbeitskraft, um in Bewegung gesetzt zu werden. Nehmen wir zur Veranschaulichung ein Kapital von 100 000 Mark an, das zu drei Viertheilen aus konstantem, einem Viertheil aus variablem Kapital bestehe. Werden von dem Mehrwerth 20 000 Mark zum ursprünglichen Kapital geschlagen, so wird das Zuschußkapital unter unserer Voraussetzung in demselben Verhältniß getheilt sein, wie jenes; das Ge-

sammtkapital wird jetzt aus 90 000 Mark konstantem und
30 000 Mark variablem Kapital bestehen; das letztere ist in
demselben Verhältniß gewachsen, wie das erstere, um 20 Prozent.
Soll aber das neue zuschüssige Kapital sich verwerthen, so bedarf
es zuschüssiger Arbeitskraft. Der zu akkumulirende Mehrwerth
von 20 000 Mk. kann in unserem Fall nur Kapital werden,
wenn die Zahl der ihm zur Verfügung stehenden Lohnarbeiter
sich um 20 Prozent vermehrt.

Vermehren sich die Lohnarbeiter bei gleichbleibender Zu=
sammensetzung des Kapitals nicht so rasch, wie dieses, dann wächst
die Nachfrage nach Arbeitern schneller als deren Angebot, und
der Lohn steigt.

Diesen Fall haben die Malthusianer im Auge, wenn sie
zur „Lösung der sozialen Frage" die Einschränkung der Ver=
mehrung der Arbeiter empfehlen. Sie übersehen dabei zunächst,
daß das Kapitalverhältniß, das Verhältniß zwischen Kapitalisten
und Lohnarbeitern, durch das Steigen des Lohnes nicht auf=
gehoben wird. Die Akkumulation des Kapitals bedeutet Repro=
duktion des Kapitalverhältnisses auf erweiterter Stufenleiter,
bedeutet das Wachsthum der Kapitalien und der Masse des Mehr=
werthes, der unbezahlten Arbeit, auf der einen, Vermehrung
des Proletariats auf der anderen Seite.

Selbst wenn die Akkumulation des Kapitals den Preis der
Arbeit steigert, so kann das nicht geschehen ohne gleichzeitige Ver=
mehrung des Proletariats, es kann nicht geschehen ohne Er=
weiterung des Herrschaftsgebietes des Kapitals.

Der Lohn kann aber nie so hoch steigen, daß er den Mehr=
werth selbst gefährdet. Die Nachfrage nach Arbeitskraft wird
unter der kapitalistischen Produktionsweise hervorgerufen durch das
Bedürfniß des Kapitals nach Selbstverwerthung, nach der Produktion
von Mehrwerth. Das Kapital wird daher nie die Arbeitskraft zu
einem Preise kaufen, der die Produktion von Mehrwerth ausschließt.

Steigt der Arbeitslohn in Folge der Akkumulation des Kapitals, dann ist zweierlei möglich: entweder der Fortschritt der Akkumulation wird durch das Steigen des Preises der Arbeit nicht gestört — wenn auch die Rate des Mehrwerthes sinkt, so kann doch gleichzeitig in Folge der Akkumulation die Masse des Mehrwerthes steigen. „In diesem Falle ist es augenscheinlich, daß eine Verminderung der unbezahlten Arbeit die Ausdehnung der Kapitalherrschaft keineswegs beeinträchtigt." Oder die Akkumulation erschlafft, „weil der Stachel des Gewinns abstumpft." Die Akkumulation nimmt ab, damit aber auch die Ursache, welche den Arbeitslohn in die Höhe trieb. Dieser fällt in Folge dessen, bis er den dem Verwerthungsbedürfniß des Kapitals genügenden Stand erreicht. „Der Mechanismus der kapitalistischen Produktionsweise beseitigt also selbst die Hindernisse, die er schafft."

Wir sehen da eine eigenthümliche Wechselwirkung zwischen bezahlter und unbezahlter Arbeit. „Wächst die Menge der von der Arbeiterklasse gelieferten und von der Kapitalistenklasse akkumulirten unbezahlten Arbeit rasch genug, um nur durch einen außergewöhnlichen Zuschuß bezahlter Arbeit sich in Kapital verwandeln zu können, so steigt der Lohn, und alles Andere gleichgesetzt, nimmt die unbezahlte Arbeit im Verhältniß ab. Sobald aber diese Abnahme den Punkt berührt, wo die das Kapital ernährende Mehrarbeit nicht mehr in normaler Menge angeboten wird, so tritt eine Reaktion ein: ein geringerer Theil der Revenue wird kapitalisirt, die Akkumulation erlahmt und die steigende Lohnbewegung empfängt einen Gegenschlag. Die Erhöhung des Arbeitspreises bleibt also eingebannt in Grenzen, die die Grundlagen des kapitalistischen Systems nicht nur unangetastet lassen, sondern auch seine Reproduktion auf wachsender Stufenleiter sichern."

Die Schwankungen in der Akkumulation des Kapitals, die den Lohn innerhalb gewisser Grenzen festhalten, erscheinen den bürgerlichen Oekonomen als Schwankungen in der Menge der sich anbietenden Lohnarbeiter. Sie unterliegen da einer Täuschung, ähnlich der von Leuten, die glauben, die Sonne bewege sich um die Erde und diese stehe still.*) Verlangsamt sich die Akkumulation des Kapitals, so erweckt das den Anschein, als wachse die Arbeiterbevölkerung rascher als sonst; nimmt jene ein schnelleres Tempo an, so erscheint es, als nehme die Arbeiterbevölkerung ab, oder wachse langsamer als sonst. In der That wird, wie den meisten unserer Leser bekannt sein dürfte, die Erscheinung, daß der Lohn auf und nieder schwankt, ohne je gewisse Grenzen überschreiten zu können, das sogenannte „eherne Lohngesetz," damit begründet, daß, wenn der Lohn steigt, die Arbeiterbevölkerung sich in Folge dessen rasch vermehrt und das vermehrte Angebot den Lohn senkt, indeß ein Sinken des Lohnes größeres Elend und größere Sterblichkeit in der Arbeiterklasse zur Folge hat, welche das Angebot von Arbeitskraft verringert und so den Lohn wieder hebt.

Gegen diese Begründung spricht schon die einfache Thatsache, daß, wie Jedem bekannt, die Löhne nicht von Generation zu Generation schwanken, sondern in viel kürzeren Zwischenräumen. Wir kommen darauf noch zurück.

---

*) Marx sagt: „So drückt sich in der Krisenphase des industriellen Zyklus der allgemeine Fall der Waarenpreise als Steigen des relativen Geldwerths, und in der Prosperitätsphase das allgemeine Steigen der Waarenpreise als Fall des relativen Geldwerths aus. Die sogenannte Currency-Schule schließt daher, daß bei hohen Preisen zu wenig, bei niedrigen zu viel Geld zirkulirt. Ihre Ignoranz und völlige Verkennung der Thatsachen finden würdige Parallele in den Oekonomen, welche jene Phänomene der Akkumulation dahin deuten, daß das einemal zu wenig und das anderemal zu viel Lohnarbeiter existiren."

2. Die industrielle Reservearmee.

Wir haben bisher angenommen, die Akkumulation gehe vor sich ohne Aenderung in der Zusammensetzung des Kapitals. Solche Aenderungen treten aber im Verlauf der Akkumulation von Zeit zu Zeit mit Nothwendigkeit ein.

Die technische Zusammensetzung des Kapitals wird von jeder Veränderung in der Produktivkraft der Arbeit berührt. Die Masse der Produktionsmittel, welche ein Arbeiter unter sonst gleichen Umständen in Produkt verwandelt, wächst mit der Produktivität seiner Arbeit. Es wächst die Masse des Rohmaterials, das er verarbeitet, es wachsen die Arbeitsmittel, die er anwendet u. s. w. Mit der Produktivität der Arbeit wächst also die Menge der Produktionsmittel im Verhältniß zu der ihnen einverleibten Arbeitskraft, oder, was dasselbe, die Menge angewandter Arbeit nimmt ab im Verhältniß zu der von ihr bewegten Masse von Produktionsmitteln.

Diese Veränderung in der technischen Zusammensetzung des Kapitals spiegelt sich wieder in seiner Werthzusammensetzung. Sie erscheint hier als verhältnißmäßige Abnahme des variablen und Zunahme des konstanten Kapitaltheils. Die Aenderungen in der Werthzusammensetzung des Kapitals entsprechen jedoch nicht genau den Aenderungen seiner technischen Zusammensetzung, da mit dem Wachsthum der Produktivität der Arbeit nicht nur der Umfang der von ihr benutzten Produktionsmittel steigt, sondern auch deren Werth fällt, jedoch in geringerem Grade, als ihre Masse zunimmt. Im Anfang des vorigen Jahrhunderts war z. B. der in der Spinnerei angelegte Kapitalwerth etwa zur Hälfte konstant, zur Hälfte variabel. Die Masse von Rohmaterial, Arbeitsmitteln u. s. w., die ein Spinner heute bei gleichem Arbeitsaufwand verarbeitet, ist viele hundert-

mal größer, als damals; das Werthverhältniß zwischen kon=
stantem und variablem Kapital hat sich jedoch viel weniger geändert;
es verhält sich das konstante zum variablen Kapital in der
Spinnerei jetzt vielleicht wie sieben zu eins.

Auf jeden Fall aber bedeutet das Wachsthum der Pro=
duktivität der Arbeit unter der kapitalistischen Produktionsweise
verhältnißmäßige Abnahme des variablen Kapitals.

Die Produktivität der Arbeit und die Akkumulation des
Kapitals stehen aber in engster Wechselbeziehung zu einander.

Die Waarenproduktion bedingt es, daß die Produktions=
mittel Privateigenthum Einzelner sind. Die Entwicklung der
gesellschaftlichen Produktivkraft der Arbeit setzt aber Kooperation
auf großer Stufenleiter voraus, große Arbeitsräume, große Massen
aon Rohstoffen und Arbeitsmitteln u. s. w. Der Besitz so riesen=
hafter Produktionsmittel in den Händen Einzelner ist unter der
Herrschaft der Waarenproduktion nur möglich, wenn individuelle
Kapitalien in genügendem Umfange akkumulirt worden sind. „Der
Boden der Waarenproduktion kann die Produktion auf großer
Stufenleiter nur in kapitalistischer Form tragen." Eine gewisse
Höhe der Akkumulation von Kapital ist also Vorbedingung einer
gewissen Höhe der Produktivkraft der Arbeit. Jede Methode der
Steigerung der Produktivkraft der Arbeit wird aber unter der
kapitalistischen Produktionsweise zu einer Methode der gesteigerten
Produktion von Mehrwerth und ermöglicht damit eine Steigerung
der Akkumulation. Diese selbst bewirkt ihrerseits wieder eine Er=
weiterung der Stufenleiter der Produktion, welche wiederum der
mächtigste Stachel zu neuer Steigerung der Produktivkraft der
Arbeit ist. Die Akkumulation des Kapitals und die Produktiv=
kraft der Arbeit entwickeln einander also wechselseitig immer mehr
und mehr.

Dem Einfluß des Wachsthums der einzelnen Kapitale durch
die Akkumulation wirkt entgegen die gleichzeitige Spaltung alter

Kapitalien, z. B. durch Erbtheilungen, und die Ablösung neuer
selbständiger Kapitalien. Diese Gegenwirkung gegen die Akkumulation wird aber mehr als aufgehoben durch die Zentralisation, die Vereinigung bereits gebildeter Kapitalien,
wie sie namentlich durch die Aufsaugung der kleinen Kapitalien
durch die großen hervorgerufen wird. Diese Zentralisation bewirkt
ebenso eine Steigerung der Produktivität, eine Aenderung der
technischen Zusammensetzung des Kapitals, wie die Akkumulation.
Anderseits fördert die Akkumulation die Zentralisation und umgekehrt. Ein je größeres Kapital ich akkumulirt habe, desto
leichter wird es im Konkurrenzkampf die kleinen besiegen und
aufsaugen. Je mehr kleine Kapitalien mein Kapital aufgesaugt
hat, desto größer die Produktivität der von ihm in Gang gehaltenen Arbeit, desto umfangreicher die Akkumulation.

Die Ansammlung riesiger Kapitalmassen in wenigen Händen
entwickelt aber nicht blos die Produktivität in den bereits der
kapitalistischen Produktionsweise unterworfenen Arbeitszweigen.
Eine Reihe kleiner aus den großen Industriezweigen vertriebenen
Kapitalien wird in Arbeitszweige gedrängt, in denen der kapitalistische Betrieb noch nicht festen Fuß gefaßt hat, wo ein kleines
Kapital noch konkurrenzfähig ist, und bereitet so den Boden vor
für die Einverleibung auch dieser Gewerbszweige in den Bereich
des Kapitalismus.

So sehen wir die kapitalistische Produktionsweise in einer
beständigen technischen Revolution begriffen, deren Folge stetig
fortschreitende Vergrößerung des konstanten Kapitals, verhältnißmäßige Verkleinerung des variablen Kapitals.

Und die verhältnißmäßige Abnahme des variablen Kapitals
schreitet ungleich schneller, als die Akkumulation. Das im Fortgang der Akkumulation neugebildete Kapital beschäftigt im Verhältniß zu seiner Größe immer weniger zuschüssige Arbeiter. Gleichzeitig mit der Akkumulation geht aber auch die Revolutionirung

des alten Kapitals vor sich. Wenn eine Maschine abgenutzt ist, so wird sie, wenn inzwischen ein technischer Fortschritt statt= gefunden, nicht durch eine andere, die ihr gleich, sondern durch eine verbesserte ersetzt, durch deren Anwendung ein Arbeiter mehr Produkt als vorher liefern kann. Das alte Kapital wird in immer produktiverer Form neu produzirt; das hat aber zur Folge, daß es immer mehr Arbeiter entläßt, die es beschäftigte.

Die Zentralisation ist einer der mächtigsten Hebel dieser Umwandlung des alten Kapitals.

Je rascher die Zentralisation und technische Revolution des alten Kapitals vor sich geht, desto beschleunigter muß die Akku= mulation neuen Kapitals vor sich gehen, wenn die Zahl der beschäftigten Arbeiter nicht abnehmen soll. Je schneller aber die Akkumulation vor sich geht, desto mehr wird die Zentralisation und technische Revolution gefördert.

Die Malthusianer erzählen uns, die „Ueberbölkerung" rühre davon her, daß die Lebensmittel (oder genauer gesprochen, das variable Kapital) in einer arithmetischen Progression wachsen, im Verhältniß von $1:2:3:4:5$ u. s. w., indessen die Bevöl= kerung das Streben habe, in geometrischer Progression zu= zunehmen, wie $1:2:4:8:16$ u. s. w. Die Zunahme der Be= völkerung eile daher der der Lebensmittel stets voraus: die natür= liche Folge davon sei Laster und Elend.

Was aber in Wirklichkeit progressiv fortschreitet, das ist die Abnahme des variablen Kapitals, gleichzeitig mit dem Wachs= thum des Gesammtkapitals. Das variable Kapital, wenn ursprüng= lich $1/2$ des Gesammtkapitals, wird fortschreitend nur $1/3$, $1/4$, $1/5$, $1/6$ u. s. w. des Gesammtkapitals.

„Diese mit dem Wachsthum des Gesammtkapitals beschleu= nigte und rascher als sein eigenes Wachsthum beschleunigte relative Abnahme seines variablen Bestandtheiles scheint umgekehrt stets rascheres absolutes Wachsthum der Arbeiterbevölkerung als das des variablen Kapitals oder ihrer Beschäftigungsmittel. Die kapitalistische Akkumulation produzirt vielmehr und zwar im Verhältniß zu ihrer Energie und ihrem Umfang, beständig eine relative, das heißt, für die Verwerthungsbedürfnisse des Kapitals überschüssige, daher überflüssige oder Zuschuß-Arbeiterbevölkerung.“

Der Wechsel in der Zusammensetzung des gesellschaftlichen Gesammtkapitals geht nicht in allen seinen Theilen gleichmäßig vor sich. Hier wächst das Kapital durch die Akkumulation, ohne daß diese zunächst die gegebene technische Grundlage ändert, und nimmt daher zuschüssige Arbeitskräfte im Verhältniß seines Wachsthums auf. Dort verändert sich die Zusammensetzung des Kapitals ohne Wachsthum seiner absoluten Größe, blos durch Neuersatz alten Kapitals in produktiverer Form; — und die Zahl der beschäftigten Arbeiter sinkt relativ und absolut. Zwischen diesen beiden extremen Fällen treten unzählige Kombinationen ein, bedingt durch das Aufeinanderwirken von Akkumulation, Zentralisation und Umwandlung alten Kapitals in produktivere Form, die alle entweder direkte Entlassung von Arbeitern zur Folge haben, „oder die mehr unscheinbare, aber nicht minder wirksame erschwerte Aufsaugung der zuschüssigen Arbeiterbevölkerung in ihre gewohnten Abzugskanäle.“ Die Arbeiterbevölkerung wird so in beständigem Fluß erhalten, hier angezogen, dort abgestoßen, und diese Bewegung wird um so heftiger, je rascher der Wechsel in der Zusammensetzung des Kapitals, je größer die Produktivität der Arbeit, je mächtiger die Akkumulation von Kapital.

Marx bringt mehrere Belege aus dem englischen Zensus für die verhältnißmäßige und oft auch absolute Abnahme der Zahl der beschäftigten Arbeiter in zahlreichen Industriezweigen. Aus neueren Zählungen entnehmen wir folgende zwei Beispiele einer absoluten Abnahme der Zahl der beschäftigten Arbeiter bei gleichzeitiger Ausdehnung der Produktion.

Das eine Beispiel zeigt uns die Baumwollindustrie Großbritanniens in der Periode von 1861 bis 1871. Es betrug in derselben

Die Zahl der	1861	1871
Fabriken	2 887	2 483
Spindeln	30 387 467	34 695 221
Dampfwebstühle . . .	399 992	440 676
Arbeiter	456 646	450 087

Wir sehen gleichzeitig mit der Abnahme der Zahl der beschäftigten Arbeiter eine Abnahme der Zahl der Fabriken und eine Zunahme der Spindeln und Maschinenstühle; Anzeichen einer Zentralisation und Akkumulation von Kapital.

Ein ähnliches Bild bietet die deutsche Baumwollspinnerei, soweit die allerdings höchst unzureichenden gewerbestatistischen Aufnahmen von 1875 und 1882 einen Einblick in deren Verhältnisse gestatten. Der Verbrauch von roher Baumwolle betrug durchschnittlich im deutschen Reich jährlich in der Periode von 1871—75 116 390 Tonnen, 1881—85 152 329 Tonnen. Die Zahl der in den Baumwollspinnereien beschäftigten Personen verminderte sich dagegen von 1875—1882 von 66 769 auf 61 140.

Der Verbrauch an Baumwollengarn stieg in der gleichen Zeit von 109 645 Tonnen im Jahr auf 134 630, die Zahl der Baumwollweber sank indeß von 201 781 auf 125 591. Allerdings vermehrte sich gleichzeitig die Zahl der Weber von gemischten Waaren von 6558 auf 73 750. Aber selbst wenn man diese ganz zu den Baumwollwebern rechnet, bleibt ein Rückgang der Weberzahl um fast 9000 binnen 7 Jahren, indeß die Produktion sich bedeutend ausgedehnt hat.

Wir haben bisher angenommen, daß der Zu= oder Abnahme des variablen Kapitals genau die Zu= oder Abnahme der beschäf= tigten Arbeiterzahl entspricht. Dies ist jedoch nicht immer der Fall. Wenn der Fabrikant bei gleichbleibendem Arbeitspreis die Arbeitszeit verlängert, so wird er mehr Arbeitslohn aus= geben; das variable Kapital wird wachsen, ohne daß mehr Arbeiter beschäftigt werden müssen — deren Zahl kann gleichzeitig sogar sinken.

Nehmen wir an, ein Unternehmer beschäftige 1000 Arbeiter, der Arbeitstag betrage 10 Stunden, der Tageslohn 2 Mark. Er will zuschüssiges Kapital in seinem Betrieb anlegen. Er kann dies in der Weise thun, daß er die Betriebsräumlichkeiten erweitert, neue Maschinen anschafft und mehr Arbeiter einstellt. Er kann aber auch das zuschüssige Kapital, soweit es nicht zur Anschaffung von mehr Rohmaterial dienen muß, in der Weise anwenden, daß er die Arbeitszeit der bereits beschäftigten Arbeiter verlängert. Nehmen wir an, er verlängere sie um 5 Stunden; der Preis der Arbeit bleibe derselbe; der Tageslohn wird dann 3 Mark betragen, das variable Kapital wird — unter sonst gleichen Um= ständen — um 50 Prozent gestiegen sein, ohne daß die Zahl der Arbeiter gewachsen wäre. Jeder Kapitalist hat aber das Interesse, eine Vermehrung der Arbeit eher durch Verlängerung der Arbeitszeit oder Vergrößerung der Intensität der Arbeit als durch Vermehrung der Arbeiterzahl zu erzielen, da der Betrag des konstanten Kapitals, den er auszulegen hat, in ersterem Fall viel langsamer wächst, als in letzterem. Und dies Interesse ist um so stärker, je größer die Stufenleiter der Produktion. Seine Kraft wächst also mit der Akkumulation des Kapitals.

Wenn z. B. das Arbeitsmittel des Arbeiters ein Spaten ist, der 2 Mark kostet, wird der Unternehmer sich kaum sehr dagegen sträuben, eine Vermehrung der Arbeit durch entsprechende Ver= mehrung der Zahl der Arbeiter zu erzielen. Anders wenn der Arbeiter eine Maschinerie anwendet, die 100 000 Mark kostet.

Mit der Akkumulation des Kapitals wächst aber nicht nur das Bestreben der Kapitalisten, eine Vermehrung der Arbeit ohne entsprechende Vermehrung der Zahl der Arbeiter zu erzielen, es nimmt damit auch die Kraft der Arbeiterklasse ab, dieser Tendenz Widerstand zu leisten. Die durch die Akkumulation des Kapitals produzirte überschüssige Arbeitermenge verringert durch ihre Konkurrenz die Widerstandskraft der beschäftigten Arbeiter. Diese werden so gezwungen, sich zur Ueberarbeit zu verstehen; die Ueberarbeit wieder schwellt die Reihen der überflüssigen Arbeiterbevölkerung. Die Arbeitslosigkeit der Einen bedingt die Ueberarbeit der Anderen und umgekehrt.

Wir sehen, die Akkumulation des Kapitals mit ihren Begleiterscheinungen und Folgen, der Zentralisation der Kapitalien, der technischen Umwälzung des alten Kapitals, der Ueberarbeit u. s. w., hat das Bestreben, die Zahl der beschäftigten Arbeiter im Verhältniß zum angewendeten Gesammtkapital, mitunter auch absolut, zu verringern.

Sie vermehrt aber gleichzeitig die Zahl der sich anbietenden, der dem Kapital zur Verfügung stehenden Arbeiter in einem Maße, das weit über das der Vermehrung der Bevölkerung überhaupt hinausgeht.

Wir haben im zweiten Abschnitt gesehen, wie die Manufaktur und noch mehr die große Industrie im Fortgang ihrer Entwicklung ungelernte Arbeitskräfte an Stelle von gelernten verwendbar machen; die Lehrzeit des Arbeiters schrumpft auf ein Minimum zusammen, der Arbeiter wird früher in Stand gesetzt, vom Kapital angewendet zu werden, die Zeit seiner Reproduktion verkürzt sich. Gleichzeitig werden erwachsene männliche Arbeiter in vielen Arbeitszweigen durch Frauen und Kinder entbehrlich gemacht. Damit wird nicht nur unmittelbar die Arbeiterarmee ungeheuer vermehrt; die ökonomische Selbständigkeit von Mädchen und jungen Leuten, ihr Zusammenarbeiten, sowie die Möglichkeit, die Kinder in früher Jugend mitverdienen laſſen zu können, befördern frühe Eheſchließungen, und verkürzen ſo ebenfalls die Reproduktionszeit der Arbeiterklaſſe.

Eine weitere mächtige Urſache des raſchen Anſchwellens der Arbeiterarmee tritt in Wirkſamkeit, ſobald die kapitaliſtiſche Pro= duktionsweiſe ſich der Landwirthſchaft bemächtigt. Hier bewirkt die Zunahme der Produktivität von vornherein nicht blos eine verhältnißmäßige, ſondern auch eine abſolute Abnahme der Zahl der beſchäftigten Arbeiter. In Großbritannien betrug die Anzahl der in der Landwirthſchaft Beſchäftigten 1861 2 210 449, 1871 nur noch 1 514 601, eine Abnahme von faſt 700 000. Die ſo „überzählig" gemachten ziehen in die induſtriellen Bezirke, ſoweit ſie nicht ganz auswandern, und vermehren dort die Arbeiterarmee, die ſich dem Kapital anbietet.

Vergeſſen wir endlich nicht die Wirkung der Eiſenbahnen und Dampfſchiffe, die es dem Kapital ermöglichen, neue Arbeiter= maſſen aus induſtriell zurückgebliebenen Gegenden zu ziehen, Jr= länder, Polen, Slovaken, Italiener, Chineſen u. ſ. w.

So vermehrt ſich die Arbeiterbevölkerung ungemein raſch, raſcher, als das Bedürfniß des Kapitals nach anzuwendenden Arbeitskräften, und die Folge iſt eine relative Uebervölkerung, die, wie wir geſehen, durch die Akkumulation des Kapitals erzeugt wird; nicht durch die Zunahme der Unproduktivität der Arbeit, wie die Oekonomen behaupten, ſondern durch das Wachsthum ihrer Produktivität.

Das Beſtehen einer ſogenannten Uebervölkerung, das Vor= handenſein einer induſtriellen Reſervearmee hemmt jedoch nicht die Entwicklung des Kapitals, ſondern bildet, von einem gewiſſen Punkte an, eine ihrer Vorausſetzungen.

Das Kapital iſt, wie wir wiſſen, eine elaſtiſche Größe. Je mehr die kapitaliſtiſche Produktionsweiſe ſich entwickelt, deſto heftiger und umfangreicher werden ſeine periodiſchen Ausdehnungen und

Zusammenziehungen. Die moderne Großindustrie bewegt sich, wie schon im zweiten Abschnitt angedeutet, in einem ihr eigenthümlichen Kreislauf, der sich bis 1873 in Perioden von ungefähr zehn Jahren wiederholte; mit mittlerer Lebendigkeit des Geschäftsganges hebt er an, diese wächst rasch, ein wirthschaftlicher Aufschwung tritt ein, eine kolossale plötzliche Ausdehnung der Produktion, ein Produktionsfieber — dann der Krach, Versumpfung des Geschäfts= lebens, bis die Märkte sich entsprechend erweitert und den Ueber= schuß an Produkten aufgesogen haben, worauf eine Erholung eintritt und das alte Spiel von Neuem in vergrößertem Maß= stabe beginnt.

So war es, als Marx sein „Kapital" verfaßte, das 1867 zuerst erschien. So war es, als er das Nachwort zu der zweiten Auflage seines „Kapital" schrieb (am 24. Januar 1873), in dem er erklärte, daß die allgemeine Krisis im Anmarsch sei.*)

Wir alle wissen, wie bald und nur zu genau diese Prophe= zeiung zur Wahrheit geworden ist.

Mit der Krise, die 1873 begann, scheint jedoch die kapi= talistische Produktionsweise in eine neue Phase getreten zu sein. Wenn sich die Produktivität der Großindustrie bis dahin so rasch

---

*) Der von uns schon im zweiten Abschnitt gekennzeichnete Dr. Stegemann bemerkt mit Schaudern mit Bezug auf diesen Satz: „Marx trägt kein Bedenken (!) die allgemeine Krise als nahe bevorstehend anzukündigen." (Preußische Jahrbücher, LVII, S. 227.) Marx spricht an der in Rede stehenden Stelle von „den Wechsel= fällen des periodischen Zyklus, den die moderne Industrie durchläuft und deren Gipfelpunkt — die allgemeine Krise." Deutlicher kann man wohl nicht reden. Das hindert jedoch nicht, daß der gelehrte Herr Doktor die Krise, von der die Rede, als — die Revolution auffaßt. Aehnliche „Verwechslungen," um uns parlamentarisch auszudrücken, natürlich stets zu Gunsten der schau= rigsten Auffassung — passirten nur zu vielen „Gelehrten," die Marx gelesen — oder auch nicht gelesen — und zitirt haben.

entwickelte, daß sie zeitweilig schneller wuchs, als die Ausdehnung des Weltmarktes, so scheint jetzt in Folge der kolossalen Fortschritte der Technik und der enormen Erweiterung des Herrschaftsgebietes der kapitalistischen Produktion — bis nach Rußland, nach Amerika, Ostindien, Australien — die Zeit gekommen zu sein, wo der Weltmarkt nur vorübergehend und ausnahmsweise im Stande ist, die Produkte der Weltindustrie aufzusaugen: anstatt eines Kreislaufs von zehn Jahren, in dem mittlere Lebendigkeit des Wirthschaftslebens, fieberhafter Produktionsschwindel, Krach, Versumpfung, Wiederaufleben mit einander abwechseln, haben wir seit 1873 die chronische Geschäftsstockung, die dauernde Versumpfung auf ökonomischem Gebiet, die erst 1889 durch eine Verbesserung des Geschäftsganges unterbrochen wurde, ein kurzes Aufflackern des Spekulationsgeistes, das bald wieder vorüberging und einer noch ärgeren Versumpfung des wirthschaftlichen Lebens Platz machte. Es scheint, als sollte es zu einem bedeutenderen „wirthschaftlichen Aufschwung“ überhaupt nicht mehr kommen.

Unsere Oekonomen suchen nach festen, unwandelbaren „Naturgesetzen“ der Wirthschaft. Indessen geht heute die thatsächliche ökonomische Entwicklung so schnell vor sich, daß selbst die Ausführungen des „Kapital“ — dieses modernsten aller ökonomischen Werke — über die Krisen zum Theil Erscheinungen behandeln, welche die jetzt in den Schulen aufwachsende Generation nicht mehr kennt.

In diesem Zusammenhange kommt es jedoch nur auf die zeitweisen Ausdehnungen und Zusammenziehungen des Kapitals an, und solche finden während der chronischen Geschäftsstockung ebenso statt, wie in dem zehnjährigen Kreislauf von Krise und wirthschaftlicher Blüthe. Nur dauern die günstigen „Konjunkturen“ heute nicht so lange und sind nicht so allgemein, wie ehedem: um so nothwendiger für das Kapital, sie rasch ausnützen zu können.

Eine solche günstige Konjunktur erzeugt ein größeres Bedürfniß nach Arbeitskraft; wie wird dem entsprochen? Der Arbeitslohn steigt, und das hat nach der Theorie der Oekonomen eine Vermehrung der Bevölkerung zur Folge — nach zwanzig Jahren wird die Arbeiterbevölkerung zahlreich genug geworden sein, daß das Kapital die Konjunktur ausnützen kann. Aber diese dauert jedesmal nur 2—3 Jahre — jetzt vielleicht nur ebenso viele Monate! Zum Glück für das Kapital verhält sich die Sachlage in Wirklichkeit anders, als nach der Theorie des „ehernen Lohngesetzes." Die kapitalistische Produktionsweise erzeugt, wie wir gesehen haben, künstlich eine überschüssige Arbeiterbevölkerung; und diese ist die Reservearmee, aus der das Kapital in jedem Augenblick so viel zuschüssige Arbeiter entnehmen kann, als seinen Bedürfnissen entspricht; ohne sie wäre die so eigenthümliche stoßweise Entwicklung der kapitalistischen Großindustrie unmöglich. Wo wäre die deutsche Industrie, wenn sie Anfangs der siebziger Jahre nicht so viele Hände gefunden hätte, die „frei" waren und zu ihrer Verfügung standen, ganze Arbeiterarmeen, die sie auf den Eisenbahnbau werfen konnte, in neue Kohlengruben, Eisenhütten u. s. w. Diese Reservearmee ermöglicht aber nicht nur die plötzliche Ausdehnung des Kapitals, sie drückt auch auf den Lohn, und da sie kaum in den Zeiten blühendster Geschäfte völlig in Anspruch genommen wird, wirkt sie darauf hin, daß dieser selbst zur Zeit des größten Produktionslärms eine gewisse Höhe nicht zu übersteigen vermag.

Was als Auf= und Abschwanken der Bevölkerungszahl erscheint, ist in Wahrheit nur das Spiegelbild der periodischen Ausdehnung und Zusammenziehung des Kapitals. Wenn die Malthusianer von den Arbeitern verlangen, sie sollen ihre Vermehrung nach dem Grade der für sie vorhandenen Beschäftigung einrichten, so heißt das also nichts anderes, als sie sollen ihre Zahl den jeweiligen Bedürfnissen des Kapitals anpassen.

Der Malthusianismus beruht auf einer Verwechslung der so veränderlichen Produktionsbedürfnisse des Kapitals mit der Produktivkraft der vorhandenen Produktionsmittel; war diese Verwechslung stets absurd, so wurde sie es am offenbarsten seit dem Eintritt der permanenten Krisis: Uebervölkerung aus Ueberfluß an Lebensmitteln, Uebervölkerung in Folge der amerikanischen, indischen, australischen Fleisch= und Brot=Konkurrenz!

So absurd dies auch klingt, so sind doch die Forderungen des Malthusianismus nur der entsprechende Ausdruck der Stellung, welche der Arbeiter heute dem Kapital gegenüber einnimmt: er ist nur Zubehör des Kapitals; während des Produktionsprozesses wendet das Produktionsmittel ihn an, nicht er das Produktionsmittel; aber er gehört auch außerhalb der Arbeit dem Kapital, wie wir gesehen haben; wenn er konsumirt, wenn er sich erhält und fortpflanzt, so hat er es in der Weise zu thun, die den Interessen des Kapitals am besten entspricht. Sein eigenes Produkt unterjocht den Arbeiter: es macht sich nicht nur seine Arbeitskraft dienstbar, sondern alle Bethätigungen seines menschlichen Wesens.

Sechstes Kapitel.

Die Morgenröthe der kapitalistischen Produktionsweise.

————

Wir haben in den letzten der vorhergehenden Kapitel ge=
sehen, wie das Kapital seine eigenen Vorbedingungen immer
wieder neu erzeugt. Aber es ist klar, daß sich das Kapital in
seiner klassischen Form nicht bilden konnte, so lange nicht diese
Vorbedingungen bis zu einem gewissen Grade entwickelt waren.
Welche Verhältnisse sie ins Leben gerufen, das ist eine Frage,
die wir noch nicht beantwortet haben. Wir gingen bei unserer
Untersuchung der Verwandlung von Geld in Kapital von der
Voraussetzung aus, daß auf der einen Seite größere Geldsummen
im Besitz von Privatpersonen vorhanden waren, auf der anderen
Seite Arbeitskraft als Waare sich auf dem Markte feilbot. Wie
die Arbeitskraft zur Waare geworden, was diese Geldsummen
vereinigt hat, das ließen wir ununtersucht.

Hierüber bleibt uns jetzt noch das Wesentlichste zu sagen.

Die Akkumulation des Kapitals bedeutet die Erneuerung der
Vorbedingungen des Kapitals. Die ursprüngliche Entstehung der
Vorbedingungen des Kapitals, die dessen Entwicklung vorausging,
nennt Marx die ursprüngliche Akkumulation.

Auf die Frage nach dem Ursprung des Kapitals ertheilen
uns die Oekonomen diejenige Antwort, die sie stets bereit haben,
wenn sie die thatsächlichen Verhältnisse nicht kennen oder nicht

kennen wollen: eine Robinsonade. Eine solche hat den doppelten Vortheil, daß man zu ihrer Erfindung gar keine Vorkenntnisse braucht und sie stets so einrichten kann, daß sie das sagt, was man mit ihr beweisen will.

Und diejenigen Robinsonaden, die den Ursprung des Kapitals erklären und mit den landläufigen Rechtsvorstellungen in Einklang bringen wollen, gehören zu den plattesten Erzählungen ihrer Art. Von den Geschichten unserer Kinderfibeln unterscheiden sie sich nur durch größere Langweiligkeit.*)

Es ist immer die alte Geschichte von dem braven, fleißigen und mäßigen Arbeiter, der Kapitalist wurde, und von den nichts-nutzigen Lumpen, die ihr Alles verjubelten und zur Strafe dafür von da an in alle Ewigkeit mit Kind und Kindeskind für die Braven und deren Nachkommen im Schweiße ihres Angesichts schanzen müssen.

Anders sieht die ursprüngliche Akkumulation aus, wenn wir die Geschichte Europas vom 14. Jahrhundert an durchforschen. Sie bietet zwei Seiten: Nur eine davon ist in den Kreisen des Volkes durch die liberale Geschichtschreibung bekannt geworden.

Das industrielle Kapital konnte nicht entstehen ohne freie

---

*) Man höre z. B. Roscher: „Denken wir uns ein Fischer-volk ohne Privatgrundeigenthum und Kapital, das nackt in Höhlen wohnt und sich von Seefischen nährt, welche, bei der Ebbe in Ufer-lachen zurückgeblieben, mit bloßer Hand gefangen werden. Alle Arbeiter mögen hier gleich sein und jeder täglich 3 Fische sowohl fangen als verzehren. Nun beschränkt ein kluger Mann 100 Tage lang seinen Konsum auf 2 Fische täglich und benutzt den auf solche Art gesammelten Vorrath von 100 Fischen dazu, 50 Tage lang seine ganze Arbeitskraft auf Herstellung eines Bootes und Fischnetzes zu verwenden. Mit Hilfe dieses Kapitals fängt er fortan 30 Fische täglich." („Grundzüge der Nationalökonomie," Stuttgart 1874, I, S. 423.) Auf solche faule Fische laufen alle diese Märchen vom Ursprung des Kapitals hinaus.

Arbeiter, Arbeiter, die in keinem Verhältniß der Leibeigenschaft, der Hörigkeit oder des Zunftzwanges standen. Es bedurfte der Freiheit der Produktion gegenüber den Fesseln des Feudalismus, es mußte sich befreien von der Bevormundung der Feudalherren. Von diesem Standpunkt erscheint der Kampf des aufstrebenden Kapitalismus als ein Kampf gegen Zwang und Privilegien, als ein Kampf für Freiheit und Gleichheit.

Diese Seite ist es, die von den literarischen Anwälten des Bürgerthums dem Volke immer und immer vorgeführt wird. Wir haben nicht die Absicht, die Bedeutung dieses Kampfes herabzusetzen, am allerwenigsten jetzt, wo die Bourgeoisie selbst ihre Vergangenheit zu verleugnen beginnt. Aber man darf über dieser stolzen und prunkenden Seite der Geschichte ihre Kehrseite nicht vergessen: die Schaffung des Proletariats und des Kapitals selbst. Diese Seite ist noch nicht völlig beleuchtet worden. Marx hat dies in seinem „Kapital" jedoch in Bezug auf ein Land gründlich besorgt, England, das Mutterland der kapitalistischen Produktionsweise, das einzige Land, in dem die ursprüngliche Akkumulation in ihrer klassischen Form aufgetreten ist. Einige Andeutungen der betreffenden Verhältnisse findet man auch im „Elend der Philosophie," 2. Kap., § 2, S. 121.

Die entsprechende Entwicklung in Deutschland ist leider nur unvollkommen nachweisbar, weil sie durch die Veränderung der Handelswege nach dem Orient aus dem Becken des Mittelmeers in das des Atlantischen Ozeans, und dann durch den dreißigjährigen Krieg und die jahrhundertelange Verdrängung Deutschlands vom Weltmarkte gehemmt und verkümmert wurde.

Das größte Hemmniß, welches das aufkeimende Kapital vorfand, war neben der zünftigen Organisation in den Städten das Gemeineigenthum an Grund und Boden der Dorfgemeinden — mitunter auch größerer Genossenschaften. So lange das bestand, gab es keine Proletariermassen. Zum Glück für das

Kapital besorgte der Feudaladel dessen Geschäfte. Seit den Kreuz=
zügen entwickelten sich Handel und Waarenproduktion immer mehr.
Neue Bedürfnisse entstanden nach Waaren, welche die städtische
Industrie oder die städtischen Kaufleute für Geld lieferten. Aber
der Reichthum des Feudaladels beruhte auf den dinglichen oder
persönlichen Leistungen der abhängigen Bauern. Das Geld war
bei ihm dünn gesät. Er suchte zu rauben, was er nicht kaufen
konnte. Jedoch entwickelte sich die Staatsgewalt immer stärker.
Den Lehensaufgeboten des niederen Adels traten die Söldner
der reichen Städte und Fürsten entgegen; das Wegelagern wurde
unmöglich. Die Feudalherren suchten aus den Bauern Geld und
Gut herauszuschinden; sie trieben dadurch den Bauer zur Ver=
zweiflung — siehe die Bauernkriege — ohne selbst wesentlich
dabei zu gewinnen. So entschlossen sich endlich die adeligen
Herren nach und nach, um an den neuen Genüssen theilnehmen
zu können, auch ihrerseits Waarenproduzenten zu werden wie
die Städter, und Geld dadurch zu erlangen, daß sie landwirth=
schaftliche Produkte, wie Wolle, Korn und dergleichen, für den
Verkauf, und nicht blos, wie bis dahin, für den Selbst=
gebrauch produzirten.

Dies bedingte Ausdehnung ihrer landwirthschaftlichen Be=
triebe, deren Leitung an Inspektoren, Intendanten oder Pächter
überging, eine Ausdehnung, die nur möglich war auf Kosten der
Bauernschaft. Die in Leibeigene verwandelten Bauern konnten
nun gelegt, das heißt, von ihren Heimstätten vertrieben und
diese mit dem vom Grundherrn bewirthschafteten Gebiet vereinigt
werden. Das Gemeineigenthum der Dörfer, über welche die
adeligen Herren die Oberherrlichkeit hatten, wurde in Privat=
eigenthum der letzteren verwandelt und dadurch der Bauer
ökonomisch ruinirt.

Eine besonders gesuchte landwirthschaftliche Waare war die
Wolle, deren die städtische Textilindustrie bedurfte. Die Er=

weiterung der Wollproduktion bedeutete aber Umwandlung von Ackerland in Weidegründe für Schafe, und Verjagung zahlreicher Bauern aus ihren Gütern, sei es durch gesetzliche oder ungesetzliche Mittel, durch ökonomischen oder direkten physischen Zwang.

In demselben Maße, in dem die städtische Textilindustrie wuchs, wuchs die Zahl der verjagten und besitzlos gemachten Bauern.

Dazu kam, daß der Adel seine zahlreichen Gefolgschaften auflöste, die für ihn unter den neuen Verhältnissen kein Mittel der Macht, sondern nur eine Ursache finanzieller Schwäche waren, und endlich wirkte zu Gunsten des Kapitals auch die Reformation, die nicht blos die Bewohner der Klöster ins Proletariat schleuderte, sondern auch die Kirchengüter Spekulanten preisgab, welche die alten, erblichen Untersassen verjagten.

Durch solche Mittel wurde ein großer Theil der Landbevölkerung vom Grund und Boden, von ihren Produktionsmitteln getrennt, und damit jene künstliche „Uebervölkerung" geschaffen, jenes Heer besitzloser Proletarier, die von Tag zu Tag gezwungen sind, ihre Arbeitskraft zu verkaufen, deren das Kapital bedarf.

Es waren die Feudalherren, welche in dieser Weise den Boden ebneten für das Kapital, welche dem ländlichen wie städtischen Kapital die Proletarier lieferten und gleichzeitig das Feld frei machten für die ländliche Waarenproduktion in großem Maßstab, für die kapitalistische Landwirthschaft. Der kapitalistische Charakter, den die Landwirthschaft beim großen Grundbesitz seitdem annahm, wurde durch die Leibeigenschaft und Hörigkeit, die ihm anhafteten, nicht verwischt, sondern nur verzerrt.

Um so komischer, wenn die Großgrundbesitzer sich heute als diejenige Klasse aufspielen, die von Natur aus zum Schutz der Arbeiter vor dem Kapital und zur Herstellung der Harmonie zwischen beiden berufen sei.

Ein allgemeines Vagabundenthum war in Westeuropa im 15. und 16. Jahrhundert die Folge der zahlreichen Expropriationen der Bauernschaft. Es drohte der Gesellschaft über den Kopf zu wachsen, und um sich davor zu schützen, bestrafte man es auf das Grausamste, mit Peitschen, Brandmarken, Ohrenabschneiden, selbst mit dem Tod.

Während aber mehr Arbeiter freigesetzt wurden, als das Kapital aufsaugen konnte, blieb oft gleichzeitig die Zufuhr von verwendbaren Arbeitern hinter den Bedürfnissen des Kapitals zurück. So lange die kapitalistische Produktionsweise noch in der Periode der Manufaktur stand, war sie abhängig von den Arbeitern, die in ihren Theiloperationen eine gewisse Handfertigkeit erlangt hatten. Es erforderte oft Jahre, ehe ein solcher Arbeiter die nöthige Geschicklichkeit erlangte. Das variable Element des Kapitals wog damals aber auch sehr vor über sein konstantes. Die Nachfrage nach Lohnarbeit wuchs daher rasch mit jeder Akkumulation des Kapitals, während die Zufuhr von verwendbarer Lohnarbeit nur langsam nachfolgte. Die geschickten Arbeiter waren indeß nicht nur verhältnißmäßig selten und gesucht, die Traditionen des Handwerks waren noch in ihnen lebendig, wo der Geselle noch dem Meister sozial nahe stand und selbst hoffen durfte, Meister zu werden. Die Lohnarbeiter hatten Selbstbewußtsein, waren trotzig und widerspenstig; sie konnten und wollten sich nicht in die Disziplin und das ewige Einerlei der kapitalistischen Industrie fügen. Eine „höhere Macht" mußte da eingreifen, um dem Kapital unterwürfige Arbeiter zu schaffen.

Wie zum Schutz des Eigenthums vor den Vagabunden, wie zur Förderung der Verwandlung von Gemeineigenthum in Privateigenthum (was Marx für England ausführlich darthut), so trat die Staatsgewalt auch ein, als es galt, die Arbeiter an die kapitalistische Disziplin zu gewöhnen. Strenge Erlasse setzten das Maximum des Arbeitslohnes fest, dehnten den Arbeitstag aus und verboten die Arbeiterkoalitionen.

Wie sehr das Alles dem Geiste des damals nach „Freiheit"

ringenden Bürgerthums entsprach, zeigte dieses, als es in der französischen Revolution die politische Macht eroberte; es führte damals einen erbitterten Krieg gegen die Reste des Gemeineigenthums an Grund und Boden, die sich in Frankreich noch erhalten hatten, und erließ ein strenges Verbot gegen Arbeitervereinigungen.

Mit dem Proletariat erstand aber auch der innere Markt für das Kapital. Früher produzirte jede Bauernfamilie selbst, was sie bedurfte, Lebensmittel und Produkte der Hausindustrie. Jetzt wird es anders. Die Lebensmittel werden jetzt als Waaren auf den großen Gütern produzirt, die aus Gemeindeeigenthum und einzelnen Bauerngütern zusammengeschlagen worden, und finden ihren Markt in den industriellen Bezirken. Die Produkte der kapitalistischen Industrie — in dieser Epoche die der Manufaktur — finden Absatz bei den Lohnarbeitern der Industrie und der großen Güter — und bei den Bauern selbst. Vielfach ist deren Land zu klein geworden, um sie zu erhalten, die Landwirthschaft wird für sie Nebengewerbe, die Hausindustrie zu Zwecken des Selbstbedarfs tritt zurück und macht einer Hausindustrie Platz, die Waaren für den Kapitalisten, den Kaufmann produzirt; einer der scheußlichsten und profitabelsten Formen kapitalistischer Ausbeutung.

Wir haben gesehen, wie das Proletariat und die künstliche Uebervölkerung geschaffen wurden, welche die Entwicklung der kapitalistischen Produktionsweise ermöglichten, die ihrerseits wieder das Proletariat und die relative Uebervölkerung in stets steigendem Maße reproduzirt.

Woher stammten aber jene Reichthümer in wenigen Händen, die eine weitere Vorbedingung der kapitalistischen Produktionsweise waren?

Zwei Arten von Kapital hatte das Mittelalter aus dem Alterthum übernommen, das Wucherkapital und das Kaufmannskapital. Seit den Kreuzzügen war der Handelsverkehr mit dem Orient enorm gewachsen und damit das Kaufmannskapital und dessen Zentralisation in wenigen Händen — es sei hier nur an die Fugger in Augsburg erinnert, diese deutschen Rothschilde des 15. und 16. Jahrhunderts.

Wucher und Handel waren jedoch nicht die einzigen Quellen, aus denen die Geldsummen flossen, die sich seit dem 15. Jahrhundert in immer steigendem Maße in industrielles Kapital verwandeln sollten. Marx hat die anderen Quellen desselben in seinem „Kapital" dargestellt. Wir verweisen betreffs der Details auf diese Darstellung, die einen würdigen Abschluß des glänzenden historischen Exkurses über „die ursprüngliche Akkumulation" bildet. Hier sei nur die kurze Zusammenfassung der verschiedenen Methoden dieser Akkumulation mit Marx' prägnanten Worten wiedergegeben:

„Die Entdeckung der Gold= und Silberländer in Amerika, die Ausrottung, Versklavung und Vergrabung der eingeborenen Bevölkerung in die Bergwerke, die beginnende Eroberung und Ausplünderung von Ostindien; die Verwandlung von Afrika in ein Gehege zur Handelsjagd auf Schwarzhäute, bezeichnen die Morgenröthe der kapitalistischen Produktionsära. Diese idyllischen Prozesse sind Hauptmomente der ursprünglichen Akkumulation. Auf dem Fuß folgt der Handelskrieg der europäischen Nationen, mit dem Erdrund als Schauplatz. Er wird eröffnet durch den Abfall der Niederlande von Spanien, nimmt Riesenumfang an in Englands Antijakobinerkrieg, spielt noch fort in den Opiumkriegen gegen China u. s. w.

„Die verschiedenen Momente der ursprünglichen Akkumulation vertheilen sich nun mehr oder minder, in zeitlicher Reihenfolge, namentlich auf Spanien, Portugal, Holland, Frankreich, England. In England werden sie Ende des 17. Jahrhunderts systematisch zusammengefaßt im Kolonialsystem, Staatsschuldensystem, modernen Steuersystem, und Protektions=(Schutzzoll=)System. Diese Methoden beruhen zum Theil auf brutalster Gewalt, z. B. das Kolonialsystem. Alle aber benutzten die Staatsmacht, die konzentrirte und organisirte Gewalt der Gesellschaft, um den Verwandlungsprozeß der feudalen in die kapitalistische Produktionsweise treibhausmäßig zu fördern und die Uebergänge abzukürzen. Die Gewalt ist der Geburtshelfer jeder alten Gesellschaft, die mit einer neuen schwanger geht. Sie selbst ist eine ökonomische Potenz (Macht)."

Der vorletzte Satz der zitirten Stelle ist sehr oft angeführt worden, aber meistens aus dem Zusammenhang gerissen. Wer ihn in Verbindung mit dem vorhergehenden überdenkt, wird wissen, wie er ihn aufzufassen hat. Zu den Gewalten, welche als Geburtshelfer der kapitalistischen Produktionsweise gedient haben, gehört auch „die Staatsmacht, die konzentrirte und organi=sirte Gewalt der Gesellschaft," allerdings nicht die Macht des „Staates an sich," der über den Klassengegensätzen in den Wolken thront, sondern die Macht des Staates als Werkzeug einer mächtig aufstrebenden Klasse. —

Die zunehmende Proletarisirung der Bevölkerung, namentlich der bäuerlichen, und das Erstehen des inneren Marktes auf der einen Seite, auf der anderen Seite die Anhäufung und Kon=zentrirung großer Reichthümer und gleichzeitig, namentlich in Folge von Handelskriegen und Kolonialpolitik, das Erstehen des äußeren Marktes, das waren die Bedingungen, die vom 15. Jahrhundert an in Westeuropa zusammentrafen, die gesammte Produktion mehr und mehr in Waarenproduktion und die einfache Waaren=produktion in kapitalistische verwandelten. Die zersplitterten Klein=betriebe der Bauern und Handwerker wurden von da an fort=schreitend vernichtet und verdrängt, um kapitalistischen Großbetrieben Platz zu machen.

Siebentes Kapitel.

Der Ausgang der kapitaliſtiſchen Produktionsweiſe.

Wir ſind am Ende der Darſtellung des kapitaliſtiſchen Produktionsprozeſſes angelangt, die wir an der Hand von Karl Marx verſucht.

Wir haben geſehen, daß die urwüchſige Produktionsweiſe auf geſellſchaftlicher, planmäßig organiſirter Arbeit beruht und bedingt, daß die Produktionsmittel und Produkte geſellſchaftliches Eigenthum ſind. Die Produkte werden allerdings vertheilt und dadurch individuelles Eigenthum, aber nur ſoweit ſie Gebrauchsgegenſtände für die Einzelnen ſind. Als unmittelbarer Ertrag der geſellſchaftlichen Arbeit fallen die Produkte zunächſt der Geſellſchaft anheim.

Dieſe Produktionsweiſe wird verdrängt durch die einfache Waarenproduktion unabhängig von einander wirkender Privatarbeiter, deren Jeder mit ihm ſelbſt gehörenden Produktionsmitteln Produkte erzeugt, die dann ſelbſtredend auch ſein Privateigenthum ſind.

Aber aus der einfachen Waarenproduktion entwickelt ſich die kapitaliſtiſche Waarenproduktion, an Stelle der von einander unabhängig produzirenden Einzelarbeiter treten große konzentrirte Arbeitsbetriebe, jeder vom anderen unabhängig und Waaren produzirend, aber jeder auch in ſeinem Innern zur planmäßigen

gesellschaftlichen Produktion organisirt. Da diese großen kapita=
listischen Betriebe einander als Waarenproduzenten gegenüberstehen,
so bleibt in ihrem gegenseitigen Verkehr der Waarenaustausch
und damit das Eigenthumsrecht der einfachen Waarenproduktion
in Geltung, das Privateigenthum an den Produktionsmitteln und
Produkten.

Aber damit ist auch das Privateigenthum in sein Gegen=
theil verkehrt.

Unter der einfachen Waarenproduktion war das Privat=
eigenthum Folge und Frucht der Arbeit. Der Arbeiter war
Eigenthümer seiner Produktionsmittel und seiner Produkte. Die
kapitalistische Produktion zerreißt den Zusammenhang zwischen
Arbeit und Eigenthum. Der Arbeiter hat kein Eigenthum mehr
an seinem Produkt. Produktionsmittel und Produkte gehören
im Gegentheil dem Nichtarbeiter. Die Verwandlung der Pro=
duktion in eine gesellschaftliche auf kapitalistischer Grundlage
vollzieht immer mehr die Verwandlung der Nichtarbeiter in Be=
sitzer alles Reichthums, der Arbeiter in Besitzlose:

Damit ist der Widerspruch zwischen der herrschenden Pro=
duktionsweise und der herrschenden Aneignungsweise noch nicht
erschöpft.

Wir haben gesehen, wie einfach und durchsichtig die Pro=
duktion unter dem urwüchsigen Kommunismus sich gestaltete, wie
die Gesellschaft sie nach ihrem Willen und ihren Bedürfnissen lenkte.

Unter dem System der Waarenproduktion werden die gesell=
schaftlichen Produktionsbedingungen zu einer Macht, die dem
einzelnen Produzenten über den Kopf wächst. Er wird ihr
willenloser Sklave und seine Stellung wird um so kläglicher, da
die neuen Herren ihm seine Leistungen nicht vorschreiben, ihm
ihre Bedürfnisse nicht mittheilen, sondern es ihm überlassen, sie
zu errathen. Die Produktion unterliegt jetzt Gesetzen, die un=
abhängig von den Produzenten, und oft auch gegen deren Willen

wirken, gleich Naturgesetzen; Gesetzen, die sich durch das periodische
Eintreten von abnormen Zuständen durchsetzen, wie Preisfall,
Theuerung u. s. w. Indeß bleiben diese Abnormitäten, soweit
sie gesellschaftlichen Ursachen entspringen, geringfügig und auf
enge Gebiete beschränkt unter der Herrschaft der einfachen Waaren=
produktion, entsprechend der niederen Produktivität zersplitterter
Betriebe von Einzelarbeitern.

Da wird die Produktivität der Arbeit riesenhaft gesteigert
durch die kapitalistische Produktionsweise, die alle jene Produktions=
kräfte entfesselt und kolossal anwachsen läßt, welche gesellschaft=
licher, zielbewußt organisirter Arbeit eigen sind, welche die von
der Wissenschaft unterjochten Naturkräfte in ihre Dienste nimmt.
Die Folge ist, daß das periodische Eintreten von abnormen Zu=
ständen, durch die sich die Gesetze der Waarenproduktion durch=
setzen und die früher nur vorübergehende, lokale Unbequemlichkeiten
im Gefolge hatten, die sich leicht verschmerzen und oft auch bannen
ließen, sich jetzt zu periodischen Katastrophen gestaltet, die jahre=
lang dauern, ganze Reiche und Kontinente heimsuchen und die
entsetzlichsten Verheerungen anrichten; zu periodischen Katastrophen,
die an Ausdehnung und Intensität mit der kapitalistischen Pro=
duktionsweise wachsen und die jetzt auf ein chronisches Siechthum
hinauszulaufen scheinen.

Und noch eines: Unter dem urwüchsigen Kommunismus,
wo das Produkt der gesellschaftlichen Arbeit der Gesellschaft gehört
und von dieser den gesellschaftlichen Bedürfnissen entsprechend an
die Individuen vertheilt wird, wächst der Antheil eines Jeden
mit dem Wachsthum der Produktivität der Arbeit.

Unter der Herrschaft der Waarenproduktion wächst die Masse
der Gebrauchswerthe, die einer bestimmten Werthgröße entsprechen,
mit der Produktivität der Arbeit. Das Produkt seiner Arbeit
gehört unter der einfachen Waarenproduktion in der Regel dem
Arbeiter. Er kann es ganz oder zum Theil selbst konsumiren:

16*

in diesem Falle wächst offenbar die Menge der ihm zur Ver=
fügung stehenden Gebrauchsgegenstände in demselben Maße, wie
die Ergiebigkeit seiner Arbeit. Er kann aber auch das Produkt
seiner Arbeit ganz oder zum Theil austauschen — nur ein kleiner
Theil des Produkts wird unter der einfachen Waarenproduktion
Waare.

Für das Produkt einer bestimmten Arbeit, das er austauscht,
wird er umsomehr Gebrauchswerthe erhalten, je größer im All=
gemeinen die Produktivität der Arbeit. Auch hier kommt das
Wachsthum der Ergiebkeit der Arbeit unverkürzt dem Arbeiter
zu Gute.

Unter der kapitalistischen Waarenproduktion ist die Arbeits=
kraft selbst eine Waare, deren Werth, wie der jeder Waare, in
dem Maße sinkt, in dem die Produktivität der Arbeit steigt. Je
größer also die Produktivität der Arbeit, desto weniger verhältniß=
mäßigen Antheil an ihren Vortheilen erhält der Arbeiter im Preis
der Arbeitskraft. Je mehr aber die kapitalistische Produktions=
weise die vorherrschende, desto mehr besteht die Masse des Volkes
aus Lohnarbeitern, desto mehr bleibt sie also ausgeschlossen von
den Früchten der gesteigerten Produktivität ihrer Arbeit.

Alle diese Gegensätze erzeugen naturnothwendig aus sich selbst
heraus Konflikte zwischen der Kapitalistenklasse und den Arbeitern,
Konflikte, welche diese zum Klassenbewußtsein erwecken, zu einer
politischen Thätigkeit drängen und in allen kapitalistischen Ländern
Arbeiterparteien hervorrufen. Die eben berührten Umstände er=
zeugen aber auch Leiden der mannigfachsten Art und nicht allein
solche, die auf die Arbeiterklasse beschränkt sind, Leiden, welche die
jetzigen Zustände immer weiteren Kreisen auch außerhalb der
Klasse der Lohnarbeiter unerträglich erscheinen lassen.

So drängt Alles nach einer Lösung des Widerspruchs, der
in der kapitalistischen Produktionsweise verkörpert ist, des Wider=
spruchs zwischen dem gesellschaftlichen Charakter der Arbeit und

der überkommenen Aneignungsform der Produktionsmittel und Produkte.

Nur zwei Wege scheinen möglich, ihn zu lösen; beide laufen darauf hinaus, die Produktionsweise und die Aneignungsweise in Einklang mit einander zu setzen. Der eine Weg führt zur Auf=hebung des gesellschaftlichen Charakters der Arbeit, zur Rückkehr zur einfachen Waarenproduktion, zur Ersetzung des Großbetriebes durch Handwerk und kleinbäuerliche Landwirthschaft. Der andere Weg sucht nicht die Produktion der Aneignungsweise anzupassen, sondern die Aneignungsweise der Produktion, er führt zum gesell=schaftlichen Eigenthum an den Produktionsmitteln und Produkten.

Viele versuchen es heute, den Gang der Entwicklung auf den ersten Weg zu drängen; sie gehen von der irrigen Ansicht aus, daß die Produktionsweise durch juristische Vorschriften beliebig gestaltet werden könne. Die bürgerliche Vulgärökonomie, der Anwalt des Kapitals, verurtheilt diese Versuche — wo sie nicht ganz heruntergekommen ist.

Sie selbst aber versucht ein ähnliches Spiel. Um die herr=schende Produktionsweise im Einklang mit der herrschenden An=eignungsweise erscheinen zu lassen, sieht sie in ihren ökonomischen Darstellungen von den eigenthümlichen und wesentlichen Eigen=schaften der modernen Produktionsweise ab und stellt diese so dar, als wäre sie einfache Waarenproduktion: man lese nur die gangbaren Schriften der Vulgärökonomen: da werden heute noch die Waaren getauscht, wie bei Barbaren, da erscheinen Jäger und Fischer, die frei über Wald und Meer verfügen, als Lohn=arbeiter, Pfeil und Bogen, Boot und Netz als Kapital.*)

---

*) Die Illusionen, welche diese Herren zu erwecken suchen, werden zu nichte gemacht in den Kolonien, das heißt in solchen mit jungfräulichem Boden, die durch Einwanderer kolonisirt werden. Wir finden da volle Freiheit des Arbeitsvertrages, das Eigenthum des Arbeiters an seinen Produkten, also am Ertrag seiner Arbeit,

Dieser Sorte von Oekonomen hat Marx in seinem „Kapital" das Handwerk gründlich gelegt.

Aber sein Werk hat noch mehr geleistet, als blos die Vulgär=ökonomie in ihrer ganzen Plattheit und Unwahrheit zu enthüllen.

Man liebt es, Marx den Geist zu nennen, der stets verneinte, der nur kritisch zu zersetzen, nicht aber positiv zu wirken vermochte.

———————

wir finden da überhaupt die Verhältnisse, welche unsere Oekonomen als die der kapitalistischen Produktionsweise hinstellen: aber sonder=barerweise hört unter diesen Verhältnissen das Kapital auf, Kapital zu sein!

In solchen Kolonien ist noch freies Land im Ueberfluß vor=handen und der Zugang dazu steht Allen offen. Jeder Arbeiter kann da in der Regel selbständig produziren, er ist nicht gezwungen, seine Arbeitskraft zu verkaufen. In Folge dessen zieht es Jeder vor, für sich zu arbeiten, anstatt für Andere. Damit hören Geld, Lebensmittel, Maschinen und andere Produktionsmittel auf, Kapital zu sein. Sie verwerthen sich nicht.

Dieselben Oekonomen, welche in den kapitalistischen Ländern so pathetisch von der Heiligkeit des Eigenthums und der Freiheit des Arbeitsvertrages deklamiren, verlangen daher in jungen Kolonien, damit das Kapital daselbst gedeihen könne, Ausschließung der Ar=beiter vom Grundeigenthum und Beförderung ihrer Einwanderung von Staatswegen oder auf Kosten der früher angekommenen Ar=beiter selbst, mit anderen Worten, gewaltsame Trennung des Ar=beiters von den Produktions= und Lebensmitteln und künstliche Er=zeugung einer überschüssigen Arbeiterbevölkerung, die thatsächlich nicht frei, sondern gezwungen ist, ihre Arbeitskraft zu verkaufen. Und wo eine gefügige Arbeiterklasse — namentlich wenn von einer zurückgebliebenen Rasse — vorhanden, der man das bieten darf, proklamirt man die unverhüllte Zwangsarbeit, die Sklaverei.

„Dasselbe Interesse, welches den Sykophanten des Kapitals, den politischen Oekonomen, im Mutterland bestimmt, die kapi=talistische Produktionsweise theoretisch für ihr eigenes Gegentheil zu erklären, dasselbe Interesse treibt ihn hier (in den Kolonien) to make a clear breast of it (Alles offen zu gestehen) und den Gegensatz beider Produktionsweisen laut zu proklamiren."

Jedoch bereits der vorliegende Abriß der Darstellung des Produktionsprozesses des Kapitals, die uns Marx gegeben, mag zeigen, daß er thatsächlich ein neues ökonomisches und historisches System geschaffen hat. Die Kritik seiner Vorgänger bildet nur dessen Begründung.

Man kann das Alte nicht überwinden, ohne selbst einen höheren Standpunkt über dieses hinaus erklommen zu haben; man kann nicht kritisiren, ohne eine höhere Erkenntniß erworben zu haben; man kann kein wissenschaftliches System niederreißen, ohne dahinter ein anderes, großartigeres und umfassenderes aufgerichtet zu haben.

Marx war der Erste, der den Fetischcharakter der Waare bloßlegte, der das Kapital nicht als ein Ding, sondern als ein durch Sachen vermitteltes Verhältniß, und als eine historische Kategorie erkannte. Er war der Erste, der die Gesetze der Bewegung und Entwicklung des Kapitals erforschte. Und er war der Erste, der die Ziele der jetzigen sozialen Bewegung als naturnothwendige Konsequenzen aus der bisherigen historischen Entwicklung ableitete, anstatt sie in seinem Kopfe als Forderungen irgend einer „ewigen Gerechtigkeit" nach seinem Belieben zu konstruiren.

Von dem Standpunkte, auf den uns Marx erhebt, erkennt man nicht nur, daß alle Versuche der Vulgärökonomen, die gegenwärtigen Verhältnisse in patriarchalisch einfache umzulügen, ebenso vergeblich sind, wie die, sie in solche zurückumzugestalten.

Man erkennt auch den einzigen Weg, der für die Fortentwicklung der Gesellschaft übrig bleibt: die Anpassung der Aneignungsform an die Produktionsweise, die Besitzergreifung der Produktionsmittel durch die Gesellschaft, die vollendete, rückhaltlose Durchführung der vom Kapital nur halb durchgeführten Verwandlung der Produktion aus Einzelproduktion in gesellschaftliche Produktion. Damit aber beginnt für die Menschheit eine neue Epoche.

An Stelle der anarchischen Waarenproduktion tritt die plan=
mäßig bewußte Organisation der gesellschaftlichen Produktion; die
Herrschaft des Produkts über den Produzenten hat ein Ende.
Der Mensch, der in immer steigendem Maße Herr der Natur=
kräfte geworden, wird damit auch Herr der gesellschaftlichen Ent=
wicklung. „Erst von da an werden die Menschen ihre Geschichte
mit vollem Bewußtsein selbst machen," sagt Engels, „erst von
da an werden die von ihnen in Bewegung gesetzten, gesellschaft=
lichen Ursachen vorwiegend und in stets steigendem Maße auch
die von ihnen gewollten Wirkungen haben. Es ist der Sprung
der Menschheit aus dem Reich der Nothwendigkeit in
das Reich der Freiheit."

Lightning Source UK Ltd.
Milton Keynes UK
UKHW050756110621
385337UK00005B/356